国家重大出版工程项目
"十二五"国家重点图书

中国古建筑丛书

○ 左满常 主编

河南古建筑

（下册）

中国建筑工业出版社

审图号：GS（2015）2780号

图书在版编目（CIP）数据

河南古建筑（下册）/左满常主编. —北京：中国建筑工业出版社，2015.12

（中国古建筑丛书）

ISBN 978-7-112-18799-7

Ⅰ.①河… Ⅱ.①左… Ⅲ.①古建筑-介绍-河南省 Ⅳ.①K928.71

中国版本图书馆CIP数据核字（2015）第292122号

责任编辑：李东禧　唐　旭　吴　绫　杨　晓
书籍设计：康　羽
责任校对：李美娜　党　蕾

中国古建筑丛书

河南古建筑（下册）

左满常　主编

*

中国建筑工业出版社出版、发行（北京西郊百万庄）
各地新华书店、建筑书店经销
北京锋尚制版有限公司制版
北京顺诚彩色印刷有限公司印刷

*

开本：880×1230毫米　1/16　印张：16¼　字数：426千字
2015年12月第一版　2015年12月第一次印刷
定价：298.00元
ISBN 978-7-112-18799-7
（25818）

版权所有　翻印必究
如有印装质量问题，可寄本社退换
（邮政编码100037）

《中国古建筑丛书》总编委会

总顾问委员会：

罗哲文　张锦秋　傅熹年　单霁翔　郑时龄

总编辑委员会：

主　任：吴良镛　周干峙
副主任：沈元勤　陆元鼎
总主编：陆　琦　戴志坚
委　员（按姓氏笔画排序）：

丁　垚　王　军　王　南　王金平　王海松　左满常　朱永春
刘　甦　李　群　李东禧　李晓峰　李乾朗　杨大禹　杨新平
吴　昊　张玉坤　张兴国　张鹏举　陆　琦　陈　琦　陈　颖
陈　蔚　陈伯超　陈顺祥　范霄鹏　罗德启　柳　肃　胡永旭
姚　糖　徐　强　徐宗威　翁　萌　高宜生　唐　旭　黄　浩
谢小英　雍振华　蔡　晴　谭刚毅　燕宁娜　戴志坚

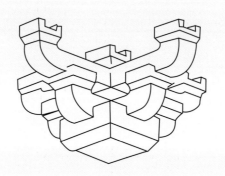

《河南古建筑》

主　　编：左满常

副 主 编：李　丽　渠　滔

参编人员：王　放　张献萍　董　阳　郭　玮　时宗伟

审 稿 人：张家泰

总　序

中国历史悠久，地大物博，人口众多，是一个多民族的国家，文化遗产极为丰富。中国古建筑是世界建筑史上的四大体系之一，五千年来，光辉灿烂，独特发展，一脉相传，自成体系。在建筑历史发展过程中，从来都没有中断过，因而，积累了大量的极为丰富的优秀建筑文化遗产。中国古代建筑的实践经验、创作理论、工艺技术和艺术精华值得总结、传承和发扬。

中国古代建筑具有强大的生命力，首先是独特的地理环境。中国位于亚洲东方，北部有长白山、乌苏里江高山河流阻挡，西有天山、喀喇昆仑山脉和沙漠横贯，西南有喜马拉雅山脉，东南则沿海，形成封闭与外界隔绝的地域，加上地处热带、温带和寒带，宽阔的地理和悬殊的气候，促进建筑与环境的巧妙和谐结合。

其次，独特的民族性格。中国是以汉族为主的多民族所组成。以中原文化为主的汉族人民团结、凝聚着居住和生活在各地的少数民族。由于各民族的历史、文化、宗教信仰、生活习俗与审美爱好的不同，以及他们所处地区的自然条件和地理环境的差异，长期的劳动实践，形成了各民族独特的性格和绚丽灿烂的建筑风貌。

其三，文化的独特体系。中国文化是以黄河流域中原文化为中心，周围有燕赵文化、晋文化、齐鲁文化、吴越文化、楚文化、秦文化和巴蜀文化所烘托，具有历史渊源长久、人类智慧集中、思想资源丰富的特点。中国传统文化思想的集中表现是以儒学、道学为代表，其后，佛教的传入与中国传统文化的结合，形成以儒学为主的儒、道、释三者合一的中国传统文化思想。归纳起来，就是天人合一的宇宙观念，以人为本、和为贵的人文思想，整体直觉的思维方式，真善美相结合的美学观念。

封闭而独特的地理环境，团结凝聚而又富于创造的民族性格，以儒学为主的文化独特体系，创造了中华民族的雄伟壮丽的建筑工程。长期的经验积累，独树一帜，虽经战争的炮火，民族之间的斗争与融合，外来文化之传入及本土化，但中华民族建筑始终一脉相传，傲然生存下来，顽强发展，独树一帜而不倒，在世界建筑史发展中是罕见的、独有的。

中国古代建筑发展经历了原始社会、奴隶社会和封建社会三个历史阶段。

旧石器时代，原始人群利用天然崖洞作为居住场所。南方湿热多雨，虫害兽多，出现巢居。1973年，在浙江余姚河姆渡村发现大约建于6000～7000多年前的、长约23米、进深约8米的木构架建筑遗址，推测是一座长方形、体量相当大的干阑式建筑，这是我国最早采用榫卯技术构筑房屋的一个实例。

原始社会晚期，黄河流域有广阔而丰厚的黄土层，土质均匀，含有石灰质。黄河中游的氏族部落，在利用黄土层作为壁体的土穴上，用木架和草泥建造简单的穴居，逐步发展到浅穴居，再到地面上的房屋，形成聚落。

奴隶社会，夯土技术逐步成熟，宫室建于高大的夯土台上，木构建筑逐步成为中国古代建筑的主要结构方式。等级制度出现。工程管理有了专职的"司空"，以后各朝代沿袭发展成为中国特有的工官制度。

封建社会初期，高台建筑盛行，修建了长城、驰道和水利工程。东汉时代，建筑中已大量使用成组的斗栱，木构楼阁增多，城市和建筑类型扩充，中国古代独特的木构建筑体系基本形成。

两晋南北朝是我国历史上充满着民族斗争和民族融合的时期，佛教的传入，宗教建筑大量兴建，高大的寺庙、壮丽的塔幢，石窟中精美的雕塑和壁画，这是我国古建筑吸收外来文化使之本土化的创造时期。

隋、唐统一全国，开凿贯通南北的大运河，促进了我国南北物资和文化的交流和发展。唐代的长安、洛阳成为世界上最大的城市。木构建筑的宫殿、楼阁和石窟、塔、桥，无论布局或造型都具有较高艺术和技术水平，唐代建筑已发展到成熟的阶段。

宋、辽、金时期，南方在经济和文化方面居于先进地位。由于手工业分工更加细致，国内商业和国际贸易活跃，城市逐渐开放，改变了汉以来历代都城采用的封闭式里坊制度，形成沿街设店的方式。建筑的设计和施工达到一定程度的规格化、制度化，公元12世纪初在总结经验的基础上编写了《营造法式》这一部重要文献。

元代大都建立，喇嘛教和伊斯兰教建筑影响到各地。明、清时期官式建筑已经达到完全程式化、定型化阶段。明代后期出现资本主义萌芽，清代在城市规划上、建筑群体布局和建筑艺术形象上有所发展，例如北京城、故宫、天坛等。民居、园林和民族建筑遍布各地，呈现一片繁荣景象。

中国古建筑有明显的特征。在城市规划上，严谨规整、对称宏伟，表现出庄重威武的中华民族性格。单体建筑中，雄伟的飞檐屋宇、大红的排列柱廊、高大的汉白玉台基，呈现出崇高壮丽又稳定的形象。黄河流域盛产的木材资源，形成了中国古建筑木构架体系的特色。室外装饰的富丽堂皇、金碧辉煌，室内陈设装修的华丽多样、细腻雕饰，体现了中国古建筑绚丽多彩的民族风格。

聚居建筑方面，包含民居、祠堂、家庙、书院等遍布全国各地，它们与人民生活息息相关。各地各族人民根据自己的生活习俗、生产需要、经济能力、民族爱好和审美观念，结合本地的自然条件和材料，因地制宜、因材致用地进行设计与营造。他们既是设计者，又是营建者、使用者，可以说设计、施工、使用三位一体，因而，这种建造方式所形成的民宅民间建筑，既实用简朴，又经久美观，并富有民族风格和地方特色。

中国古园林的特征。以自然山水即中国山水画为蓝本，并以景区、景物和建筑、山水、花木为构件，由景生情，产生意境联想，达到艺术感受。皇家园林因其规模大、范围广，其园林布局自秦、汉时期的一池三岛，到唐、宋以山水画为蓝本，明、清仍沿袭池中置岛古制，但采用人工造山置水的方法。

明、清私家园林因属民间，士大夫文人常在宅后设园休闲宴客，吟诗享乐，其特点是以最小的场所造成无限的景色为目的。因其规模小，常以叠石或池水为主，峰峦洞壑、峭壁危径或曲径通幽取胜。在情景中则采用巧于因借、精在体宜的手法。

我国是一个人口众多的多民族国家。相传秦汉以前，中华大地上主要生存着华夏、东夷、苗蛮三大文化集团，经过连年不断的战争，最终华夏集团取得了胜利，上古三大文化集团基本融为一体，历史上称为华夏族。春秋、战国时期，东南地区古老的部族称为"越"，逐渐为华夏族所兼并而融入华夏族之中。秦统一各国后，到汉代都用汉人、汉民这个称呼，直到隋、唐，汉族这个名称才固定下来。

由于各民族的历史文化、宗教信仰、生活生产、习俗性格的不同，又由于各族人民所处地区的自然条件和环境的不同，导致他们各自产生了富有特色的建筑和民宅，如宏伟壮丽的藏族布达拉宫，遍布各族聚居地的寺院庙宇、寨堡围村、楼阁宅居，反映了绮丽多彩的民族风貌。

中国传统文化渗透了中国古建筑，中国古建筑深刻地体现了中国文化。

新中国成立后，作为全国性有领导有组织地编写中国古代建筑史，第一次是1959年，由原建筑科学研究院组织"编写三史"开始。当时集中了全国高等院校、科研部门分工编写，1962年由中国工业出版社出版《中国建筑简史》第一册（古代部分）。随后，又组织有关院校、文化、历史、考古等单位对古代建筑史有研究的人员，经多次修改，由刘敦桢教授执笔主编的《中国古代建筑史》，于1966年完成。由于"文化大革命"，未能出版，1980年才由中国建筑工业出版社正式出版。作为高等院校的中国建筑史教材则由全国高校教师编写，参考了上述专著，由中国建筑工业出版社1982年出版。

作为系统的、全面的、编写中国古建筑丛书是从1984年开始，当时作为《中国美术全集》中的一个门类——建筑艺术，称为《中国美术全集·建筑艺术编》，共6辑，包含宫殿、坛庙、陵墓、宗教建筑、民居、园林，1988年完成出版。

第二次编写从1992年开始，编写的原因是《中国美术全集·建筑艺术编》6辑出版后，各界反映良好，但感到篇幅不够，它与我国极为丰富的建筑文化遗产大国不相适应。于是，再次组织编写《中国建筑艺术全集》丛书30辑，其中古建筑24辑，近现代建筑6辑。古建筑部分仍按类型编写。该丛书中的24辑于1999年5月出版。

由于这两次丛书都是全国性编写，按类型写，又着重在艺术，因此，一些地方特色和民族特色的、中型的优秀古建筑就难于入选。为了弘扬和传承优秀传统建筑文化体系，总结经验和规律，保护我国优秀传统建筑文化遗产，因此，全面地、系统地、按省（区）来编写古建筑丛书是非常必要的、合时宜的。

本丛书编写的主要特点是：其一，强调本省（区）古建筑的民族特色和地方特色；其二，编写不限于建筑艺术，而是对本省（区）古建筑的全面叙述，着重在成就、价值、特色、技术和经验、规律等各个方面，这是我国民族和地区的资料比较全面和丰富的传统建筑文化丛书。

陆元鼎

2015年1月10日

前 言

古代黄河中下游地区气候温暖宜人，日照充足，降水丰沛，适宜于农、林、牧、渔各业发展。境内不仅有绵延高峻的山地，也有坦荡无垠的平原；既有波状起伏的丘陵，还有山丘环抱的盆地，具有多种多样的地貌类型。中原温和有利的气候环境、广袤肥沃的膏腴之地、便利通达的交通条件加之黄河一往情深的无私哺育，使中原成为早期人类的理想栖息地、原始文化的发展中心和华夏文明最重要的发源地。在5000年绵延不断的文明进程中，河南长期作为王者之都，是中国政治、经济、文化的中心。同时，也为中国传统建筑的发展作出了巨大贡献。

河南古建筑遗址丰富，上至50万年前的南召猿人遗址到两万年前安阳小南海人类居住的洞穴，至今尚存。新石器早期的裴李岗文化遗址发掘出四五十座建筑基址；仰韶文化时期的房基发掘出的更多，并且很多房屋已成为地面建筑；郑州西山发掘出仰韶文化晚期的城墙遗址，为我国已知最早的大型城址；汤阴白营发现人类早期的水井，使得人们在选择栖息地时能够远离河流、湖泊等自然水源；在豫东、豫北地区发现不同大小的土坯砌块，则可大大缩短建筑的建造时间；淮阳平粮台、登封王城岗等十余处城址的发掘，对国家的起源与城市发展都具有重要的研究价值；还有郝家台房屋基址内发掘的木质地板，为研究我国房屋装修历史提供了罕见的历史实物资料；淮阳平粮台发掘出的陶制排水管道开启了中国给水排水设施的先河；偃师二里头遗址、尸乡沟商城遗、郑州商城遗址和安阳殷墟所发掘的大型宫殿遗址，有的还有城门、道路及给水排水设施；洛阳、小浪底发掘出汉代地下粮仓和仓储建筑等，这些弥足珍贵的建筑基址，充分展示出中国古代建筑在中原大地上萌芽、成长、发展到形成的清晰脉络，为以后的建筑成熟以及高峰期奠定了坚实基础。

河南现存古建筑类型丰富。古都和历史文化名城、名镇（村）数量位居全国之冠，因这一突出的资源优势，我们在《河南古建筑》书中专门列出一章，阐明这些内容。大量的建筑群体及单体建筑，则按我们习以为常的使用功能类型，分门别类，独立成章。如河南还保存有完整的清代府级和县级衙门，这些古建筑资源在我国现存古建筑中是很宝贵的，我们特设一章衙门衙署类建筑。宗教类建筑、会馆类建筑、祭祀与纪念类建筑、书院文庙类建筑和陵墓建筑等均独立成章。河南的石窟石刻世界闻名，如洛阳龙门石窟已成为世界文化遗产，按中国建筑历史的习惯，石窟石刻也属古建筑的覆盖范围，本书中也单列一章加以介绍。另有一些其他类型的建筑，如开封龙亭、登封汉代三阙、登封观星台、临颍小商桥等，这些建筑数量虽少，但名扬天下。民居建筑在河南古建筑中也占有重要位置，且量大面广，因有《河南民居》专著介绍，在本书中只拣极少案例简要叙述，并与上述建筑共同归类为其他类建筑。

河南地处"华夏腹地，是全国文物大省之一。这方神奇的热土，自古中天下而立，群山起伏，大河纵横，平原辽阔，深得天时地利之便，孕育了中华民族悠久的历史和灿烂的文化。由于战争的频发，王朝的更迭，人民的迁徙，这里又成为民族汇合交融的熔炉。自夏商周以来，迄宋代为止，这里长期是我国政治、经济、文化的中心。漫长的历史岁月，留下了丰富的遗迹和遗物，它不仅是历史的见证，更展示了我们祖先的光辉创造和中国人民对人类文明的伟大贡献。"[①]河南古建筑作为一项极其宝贵的历史文化资源，价值之高，难以言表。建筑作为人造物和人工环境，是满足人类物质和精神生活需要的重要组成部分。社会的可持续发展是必由之路，深入研究和理解传统建筑，对于发展现代观念中的节能与绿色建筑，消除千城一面的模式，从中国古建筑与环境和谐共生中可能会得到一些启示。

改革开放以来，随着我国经济的高速发展，城市化进程不断加快，城市人口的快速增长，使得新城区的建设或旧城区的改造也在随之加快。城市化在给人们带来很多便利的同时，也引发了城市建设或改造与古建筑保护和发展的矛盾。因此，很有必要在加强城市化进程中进一步做好古建筑的保护与发展，协调好城市化建设与古建筑保护的关系。要处理好这种关系，笔者认为，首先应使当政者认识到古建筑保护的意义：古建筑是城市面貌和特点的主要组成要素之一，沉淀了人类文明的精神和物质财富。古建筑是抵御外来文化侵袭，激发爱国热情和增强民族自信的实物；许多工程宏大、艺术精湛的古建筑，都是过去劳动人民多少年来智慧的结晶，象征着民族的优良传统和优秀文化；古建筑是研究历史科学的实物例证；古建筑对于研究建筑史来说，更是直接的实物例证。中国现存的古建筑本身就是一部实物建筑史，对于研究我国历代建筑的布局、艺术造型、民族风格和建筑结构、材料、施工，以及有关的科学技术等，都是生动可靠的资料；古建筑是新建筑设计和新艺术创作的重要源泉，是古人留给我们的宝贵财富；中国古建筑的装饰艺术，如木雕、石刻、砖雕、琉璃、彩画、壁画等，皆独具一格，成就很高。这些都是古代艺术遗产的一部分，对于研究艺术发展史、创造时代新艺术，都有重要的借鉴价值，其中许多技艺、技巧和经验，千百年来不断地为人们所继承和借鉴；古建筑是人民文化游憩的好场所，是发展旅游的重要物质基础；古建筑是城市精神的延伸，是城市昨日诗情和灵性的体现。

作者受工作条件、学识水平所限，文中论述不妥、引证疏漏讹误之处在所难免。"中国古建筑丛书"《河南古建筑》一书将要面世，期盼今后能够得到专家、学者和广大读者的斧正。

左满常
2015年5月18日

---

① 河南文物考古学会.河南文物考古论集[D].张文彬（国家文物局前任局长）前言.郑州：河南人民出版社，1996.

目　录

（上册）

总　序

前　言

第一章　绪　论
第一节　自然环境概况 / 〇〇二
　一、地理水文 / 〇〇二
　二、气候条件 / 〇〇四
第二节　历史与文化 / 〇〇五
　一、历史沿革 / 〇〇五
　二、历史文化 / 〇〇六
第三节　建筑发展与演变 / 〇一一
　一、史前建筑 / 〇一一
　二、奴隶社会时期的建筑 / 〇二三
　三、封建社会前中期的建筑 / 〇三二
　四、明清时期的建筑 / 〇四六
第四节　河南古建筑成就与现状 / 〇四八
　一、古建筑成就 / 〇四八
　二、李诫与《营造法式》 / 〇四八
　三、河南古建筑现状 / 〇五二

第二章　城市与聚落
第一节　概述 / 〇五九
第二节　古都 / 〇六二
　一、洛阳 / 〇六二
　二、开封 / 〇七二
　三、安阳 / 〇八九
　四、郑州 / 〇九四
第三节　历史文化名城 / 〇九六
　一、南阳 / 〇九六
　二、商丘 / 〇九八
　三、许昌 / 一〇〇
　四、濮阳 / 一〇二
　五、浚县 / 一〇三
　六、汤阴 / 一〇四
　七、淇县 / 一〇五
　八、卫辉 / 一〇六
　九、沁阳 / 一〇七
　十、济源 / 一〇八
第四节　历史文化名镇名村 / 一一〇
　一、社旗镇 / 一一〇
　二、朱仙镇 / 一一二

三、陈桥镇 / 一一三
四、荆紫关镇 / 一一四
五、神镇 / 一一七
六、历史文化名村——临沣寨 / 一一七

第三章 河南衙署类建筑
第一节 衙署功能和建筑组成 / 一二三
一、衙署功能 / 一二三
二、衙署建筑组成 / 一二四
三、河南衙署类建筑现存概况 / 一二五
第二节 南阳府衙 / 一二五
一、南阳府衙概述 / 一二五
二、府衙建筑 / 一二六
第三节 内乡县衙 / 一三三
一、内乡县衙概述 / 一三三
二、县衙建筑 / 一三四
第四节 其他衙门 / 一四〇
一、密县县衙 / 一四〇
二、叶县县衙 / 一四一
三、许州州衙 / 一四三
四、荆紫关协镇都督府 / 一四三
五、赊店厘金局 / 一四四

第四章 宗教类建筑
第一节 河南宗教类建筑概述 / 一四九
第二节 佛教建筑 / 一四九
一、洛阳白马寺 / 一四九
二、登封少林寺 / 一五四
三、汝州风穴寺 / 一六三
四、开封相国寺 / 一六六
五、武陟千佛阁 / 一六九
六、其他寺阁 / 一七一
第三节 道教建筑 / 一七六
一、济源奉仙观 / 一七六
二、开封延庆观 / 一七九
三、许昌天宝宫 / 一八〇
四、温县遇仙观 / 一八三
五、睢县吕祖庙 / 一八三
六、其他庙观 / 一八四
第四节 清真寺 / 一八五
一、沁阳北大寺 / 一八五
二、朱仙镇清真寺 / 一八七
三、开封东大寺 / 一九〇
四、博爱西关清真寺 / 一九二
五、宁陵县清真寺 / 一九二

六、其他伊斯兰教建筑 / 一九三

第五章　会馆类建筑
第一节　会馆类建筑概述 / 一九七
第二节　会馆建筑实例 / 一九七
一、社旗山陕会馆 / 一九七
二、开封山陕甘会馆 / 二〇四
三、周口关帝庙 / 二一〇
四、洛阳潞泽会馆 / 二一四
五、洛阳山陕会馆 / 二一六
第三节　其他帮会建筑 / 二一九
一、禹州怀帮会馆 / 二一九
二、禹州十三帮会馆 / 二一九
三、辉县山西会馆 / 二二〇

河南古建筑地点及年代索引 / 二二一

参考文献 / 二三五

后记 / 二三七

主编简介 / 二三八

（下册）

总　序

前　言

第六章　祭祀纪念类建筑
第一节　概述 / 〇〇三
第二节　祭祀山河建筑 / 〇〇三
一、中岳庙 / 〇〇三
二、济渎庙 / 〇一〇
三、武陟嘉应观 / 〇一六
四、荆紫关平浪宫 / 〇二二
第三节　城隍庙 / 〇二三
一、卢氏城隍庙 / 〇二三
二、安阳城隍庙 / 〇二五
三、郑州城隍庙 / 〇二六
第四节　纪念类建筑 / 〇二八
一、卫辉比干庙 / 〇二九
二、洛阳周公庙 / 〇三一
三、洛阳关林 / 〇三三
四、汤阴岳飞庙 / 〇三六
五、南阳武侯祠 / 〇四〇

第七章　书院文庙类建筑
第一节　书院文庙概述 / 〇四七

第二节　书院 / 〇四七
一、嵩阳书院 / 〇四八
二、花洲书院 / 〇五三
三、扶沟大程书院 / 〇五七
第三节　文庙 / 〇五九
一、河南府文庙 / 〇五九
二、郏县文庙 / 〇六一
三、太康文庙 / 〇六一
四、归德府文庙 / 〇六一

第八章　塔幢类建筑
第一节　河南古塔概述 / 〇六七
第二节　楼阁式塔 / 〇六九
一、开封佑国寺塔 / 〇六九
二、开封繁塔 / 〇七一
三、安阳天宁寺塔 / 〇七三
四、汝南无影塔 / 〇七六
五、鄢陵乾明寺塔 / 〇七七
六、睢县圣寿寺塔 / 〇七八
七、原阳玲珑塔 / 〇七八
八、许昌文峰塔 / 〇七九
九、滑县明福寺塔 / 〇八〇
十、鹤壁玄天洞石塔 / 〇八〇

十一、尉氏兴国寺塔 / 〇八一
十二、卫辉镇国塔 / 〇八三
十三、修武胜果寺塔 / 〇八四
十四、邓州福胜寺塔 / 〇八四
十五、西平宝严寺塔 / 〇八五
第三节　密檐式塔 / 〇八五
一、登封嵩岳寺塔 / 〇八五
二、沁阳天宁寺三圣塔 / 〇八七
三、武陟妙乐寺塔 / 〇八八
四、登封永泰寺塔 / 〇八九
五、登封法王寺塔 / 〇九〇
六、汝州法行寺塔 / 〇九一
七、三门峡宝轮寺塔 / 〇九一
八、洛阳白马寺齐云塔 / 〇九二
九、新郑凤台寺塔 / 〇九三
十、济源延庆寺塔 / 〇九四
第四节　其他类型塔 / 〇九五
一、安阳修定寺塔 / 〇九五
二、安阳灵泉寺双石塔 / 〇九六
三、安阳灵泉寺摩崖塔 / 〇九七
四、宝丰文笔峰塔 / 〇九八
五、登封净藏禅师塔 / 〇九八
第五节　塔林 / 一〇〇

一、登封少林寺塔林 / 一〇〇
二、汝州风穴寺塔林 / 一〇〇
三、宜阳灵山寺塔林 / 一〇二
四、博爱月山寺塔林 / 一〇三
五、南召丹霞寺塔林 / 一〇三
六、登封法王寺塔林 / 一〇五
第六节 经幢 / 一〇五
一、新乡县水东石经幢 / 一〇五
二、沁阳陀罗尼经幢 / 一〇六
三、卫辉陀罗尼经幢 / 一〇六
四、温县慈胜寺经幢 / 一〇七
五、许昌千佛幢 / 一〇七
六、郑州尊胜经幢 / 一〇八
七、内黄佛说般若波罗蜜多心经幢 / 一〇八
八、荥阳佛顶尊胜陀罗尼经幢 / 一〇九

第九章 陵墓建筑
第一节 河南陵墓建筑概述 / 一一三
第二节 帝王陵 / 一一四
一、宋陵 / 一一五
二、其他帝王陵 / 一二〇
三、北魏景陵 / 一二一
四、安阳袁林 / 一二二

第三节 诸侯王陵 / 一二五
一、虢国墓 / 一二五
二、郑国墓 / 一二七
三、梁孝王陵 / 一二九
四、潞简王陵 / 一三三
五、朱载堉墓 / 一三九
六、妇好墓 / 一四〇
第四节 先贤名人墓葬 / 一四一
一、许慎墓 / 一四一
二、张衡墓 / 一四二
三、张仲景墓 / 一四三
四、欧阳修墓 / 一四三
五、二程墓园 / 一四四
第五节 民间墓葬 / 一四五

第十章 其他类型建筑
第一节 民居类建筑 / 一五一
一、康百万庄园 / 一五一
二、马丕瑶府第 / 一五四
第二节 古天文建筑 / 一五八
一、周公测景台 / 一五九
二、观星台 / 一六〇
第三节 桥梁 / 一六一

一、小商桥 / 一六一
二、彰善桥 / 一六三
三、光山永济桥 / 一六三
第四节　阙 / 一六三
登封汉三阙 / 一六三
第五节　高台建筑 / 一六六
一、开封龙亭 / 一六六
二、卫辉望京楼 / 一六八
第六节　牌坊、牌楼 / 一六九
一、牌坊、牌楼概述 / 一六九
二、浚县恩荣坊 / 一七一

第十一章　石窟石刻
第一节　概述 / 一七七
第二节　龙门石窟 / 一七七
一、地理环境及历史背景 / 一七七
二、现状 / 一七八
三、价值 / 一八四
第三节　巩义石窟 / 一八四
一、历史背景 / 一八五
二、现状 / 一八五
第四节　其他石窟 / 一八八
一、水泉石窟 / 一八八

二、鸿庆寺石窟 / 一八八
三、小南海石窟 / 一八九
四、灵泉寺石窟 / 一八九
五、窄涧谷太平寺摩崖造像 / 一九〇
六、大伾山大佛 / 一九二

第十二章　河南古建筑营造与装饰手法
第一节　概述 / 一九八
第二节　木结构 / 一九九
梁架与斗栱体系 / 一九九
第三节　建筑装饰及其手法 / 二一二
一、石雕 / 二一三
二、砖雕、陶塑 / 二一六
三、木雕 / 二一九

河南古建筑地点及年代索引 / 二二三

参考文献 / 二三七

后记 / 二三九

主编简介 / 二四〇

河南古建筑

第六章 祭祀纪念类建筑

河南祭祀纪念类建筑分布图

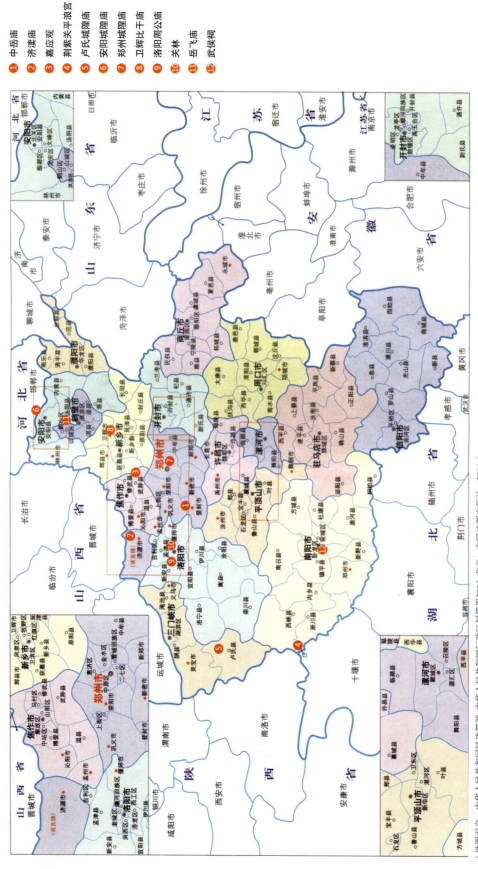

① 中岳庙 ② 济渎庙 ③ 嘉应观 ④ 荆紫关平浪宫 ⑤ 卢氏城隍庙 ⑥ 安阳城隍庙 ⑦ 郑州城隍庙 ⑧ 卫辉比干庙 ⑨ 洛阳周公庙 ⑩ 关林 ⑪ 岳飞庙 ⑫ 武侯祠

(地图引自：中华人民共和国民政部编. 中华人民共和国行政区划简册2014. 北京：中国地图出版社，2014.)

第一节 概述

礼制建筑即广义的坛庙建筑、祭祀建筑。中国古代社会除以"礼"来制约各类建筑的性质之外，同时也因"礼"的要求而产生符合礼制建筑的坛、庙、祠等建筑类型。这种非宗教的建筑，随着人们对天、地、日、月、山、川、祖先、帝王、先贤、祖宗等之崇敬，对其建筑规制的形成与发展，产生了不同凡响的推动作用。

礼制建筑包括自然神祇坛庙与人文神祇庙宇两大部分。因祭祀对象不同，故其配享也有差异，在建筑形制及规模上，亦视其在人们心中的地位，而有相当大的差别，并形成不同的建筑形制与艺术特色。

河南省礼制建筑也有很多，重要的有：祭祀山神的登封中岳庙；祭祀河渎的武陟嘉应观、济源济渎庙；祭祀保护地方平安城隍神的庙宇，如郑州城隍庙、安阳城隍庙等；祭祀先贤、名人、英雄的庙宇，如比干庙、关庙、岳飞庙等。其中登封中岳庙是五岳中现存规模最大、保存较完整的古建筑群，庙内遗存覆盖东汉至清代，为研究中国岳祭制度的典型资料；济源济渎庙是中国古代四渎庙遗存中规模最大、保存早期建筑最多、布局最典型的祭祀水神的遗存，是研究中国祭水制度的珍贵实物资料，庙内以对比手法构建的小北海胜景和宋代寝殿、临水石栏及元明遗构，在中国建筑史上享有盛誉；武陟嘉应观为衙署、庙观合一的清代建筑群，是黄河流域现存规模最大、规格最高、保存最完整的河神庙。

第二节 祭祀山河建筑

"五岳"是我国五大名山的总称。即东岳泰山、西岳华山、北岳恒山、南岳衡山、中岳嵩山。它们是封建帝王仰天功之巍巍而封禅祭祀的地方，更是封建帝王受命于天、定鼎中原的象征。论景观，五岳又各具特色：泰山雄、衡山秀、华山险、恒山奇、嵩山奥。

嵩山属伏牛山脉，其主体在今登封市境内，东邻省会郑州，西邻古都洛阳。嵩山古称外方山，周平王东迁洛阳后，以左岱（泰山），右华（华山），嵩山位于中央，是为天地之中，故定嵩山为中岳。武则天天册万岁元年（公元695年）封禅嵩山时，改中岳为神岳。北宋以后，又称之为中岳嵩山。五岳各有其"特"，各有其"妙"。唯中岳嵩山雄险兼具，奇秀并存，突出在一个"奥"字上。在嵩山留下了覆盖政治、经济、文化、艺术、宗教、科技全方位博奥精深的历史文化遗产，"佛、道、儒"三教荟萃，"天、地、人"和谐共生，"山、寺、貌"同辉互补。

在中国人的早期宇宙观中，中国是位居天地中央之国，而天地之中心则在中国中原，中原的核心则在登封一带，登封的嵩山是天地的中心。中国早期王朝将这里作为建都之地，以象征皇权神授。据统计，从周武王开始至清代末年，中国历史上有史可查的巡狩、祭祀、封禅嵩山的帝王就有72位。以"天地之中"理念为动力，中国古代礼制、天文、儒教、佛教、道教等文化流派均热衷于在嵩山建立核心基地，逐渐成为中华文明的核心。历代礼制、宗教、科技和教育等建筑类型的代表作品会聚于此并得到了真实保留，具有很高的历史、艺术和科学价值。中岳庙就是立于这"天地之中"的大型庙宇，是世界历史文化遗产——嵩山历史文化建筑群的重要组成部分。

一、中岳庙

中岳庙位于河南省登封市境内嵩山太室山南麓的黄盖峰下，又称"天中小故宫"，距登封市4公里，是河南省规模最大的古建筑群。1983年，被国务院公布为全国重点道教宫观。2001年，中岳庙被国务院公布为全国重点文物保护单位。

（一）历史沿革

中岳庙的前身为太室祠，始建于秦（公元前221年～公元前207）年，为祭祀太室山神的场所。西汉元封元年（公元前110年），汉武帝游览和礼祭嵩山时下令叫祠官增建太室神祠，禁止砍伐山上的树木，以山下之百产封给神祠作为供奉之用，使中岳庙地位更加巩固。同时，太室山也被封为"嵩高山"，简称"嵩山"。庙址屡有变迁，秦至西汉庙址在嵩山万岁峰上；东汉安帝元年初五（公元118年），建立太室阙时迁至今中岳庙之南，石阙之北；唐开元十八年（公元730年），唐玄宗李隆基增建太室祠时，定建于现在庙址。祠址经过三次迁移后，定名为"中岳庙"，从此由道教管理。唐代中岳庙得到了进一步发展。武则天于万岁通天元年（公元696年）登嵩山封中岳时，加封中岳神，改嵩阳县为登封县。武氏对中岳庙"情"有独钟，使它的声望日益兴盛，八方传播。

唐开元年间，唐玄宗李隆基仿照汉武帝加增太室祠的故事，对中岳庙大加整饬，扩建殿宇，其时是中岳庙的鼎盛时期，为之奠定了坚固的基础。宋太祖金妆神像，岳神的冠戴衣着沿袭至今。以后又绘饰壁画，遍植松柏，不断为之增添光彩。

元末由于战乱庙宇损毁严重。明清两朝对中岳庙又多次整修，特别是清乾隆时按照北京清故宫的建造方法，对中岳庙作了一次大规模的全面整修，又设宜道会司，以掌管全县的道教事务。从此，中岳庙雕梁画栋，金碧辉煌，整个庙宇的建筑布局形制成为清代官式建筑。

（二）中岳庙现存概况

中岳庙，是五岳中规模最大的一组古建筑群。庙院南北长650米，东西宽166米，占地10.8公顷。该庙沿中轴线建有太室阙、名山第一坊、遥参亭、天中阁、配天作镇坊、崇圣门、化三门、峻极门、嵩高峻极坊、峻极殿、寝殿和御书楼，共七进十一层院落，地势由低至高相差37米。中轴甬道，全用条石平铺而成。庙院现有规制是清代乾隆年间按照北京皇宫的布局重修的，有殿、宫、楼、阁、亭、台、廊庑等清代及现代修复建筑342间。中轴两侧有太尉官、火神宫、祖师宫、神州宫、小楼宫、行宫遗址等跨院建筑，以及东汉、北魏及唐至清金石造像36座、碑碣83通、汉至清代古柏331株，构成了一座完整的古代建筑群（图6-2-1）。

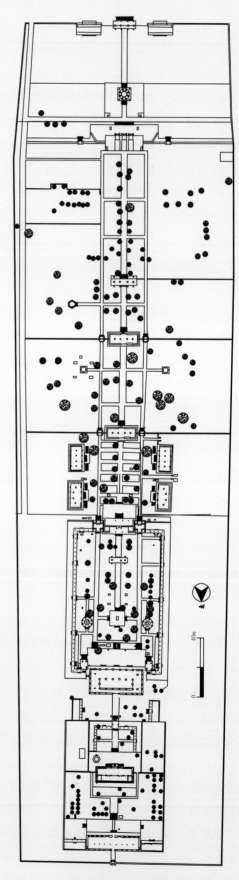

图6-2-1　中岳庙总平面图

（三）主要建筑

庙门南有东汉太室阙。太室阙建于东汉元初五年（公元118年），为中岳第一门。中岳庙太室阙为我国现存最古老的阙。山门前有汉代石翁仲雕像一对，刻立于东汉安帝元初五年，高1.22米，平头大脸，腰中系大扣纽带，造型古朴，庄严肃穆，为汉代石雕艺术之珍品。中华门（名山第一坊）原为木牌楼，1942年改建为砖瓦结构的庑殿式牌坊。中华门为三券（图6-2-2），两侧门洞上方书有"嵩峻"、"天中"、"依嵩"、"带颖"八个大字。遥参亭八角重檐，八卦藻井顶，精致玲珑。

天中阁，原名"黄中楼"，是中岳庙的大门，阁额楷书"中岳庙"三字（图6-2-3）。明嘉靖四十一年（1562年），知县刘汝登改建此门，始命名为今名。据清代进士景日昣《说嵩》所释"嵩高正当天之中"故名"天中阁"，清代重修。阁房建筑在高约7米、面积约298平方米的砖砌墩台上，为一座面阔五间、进深两间、精致秀丽的重檐歇山式建筑，顶部覆以绿色琉璃瓦，正脊两端置大吻，垂脊和戗脊上均饰以琉璃花图案和脊兽。上层檐下置双昂五踩斗栱，其中明间和两次间补间斗栱各为四攒，梢间设三攒。下层檐下有回廊，周围共有20根木质檐柱，柱顶置额枋、雀替，平板枋上置单昂三踩斗栱，其中明间和两次补间斗栱均为四攒，两梢间为三攒，两廊檐下施补间斗栱一攒，它们组合起来将殿檐稳稳托起。前檐明间装有隔扇门四扇，其他各间均置槛窗，前后相同。斗栱与檐枋之上的梁架均有彩绘图案。下部墩台中砌有三座高大、宽阔的圆券洞式大门，厚大的门扉上钉着重达1.5公斤的虎头门钉（9路，每路7枚，两扇门）126个。正中门洞额上嵌有石刻匾额，上刻"天中阁"。整座建筑高约20米，居高临下，可以环视周围群山，观看中岳全景（图6-2-4）。

图6-2-2 中岳庙中华门（名山第一坊）外景

图6-2-3 中岳庙天中阁外景

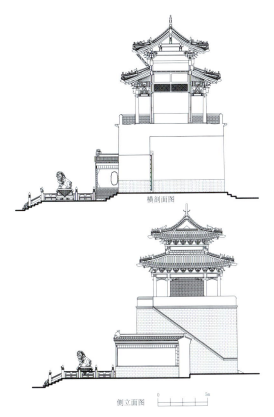

图6-2-4 天中阁侧立面图、横剖面图

配天作镇坊，原名宇宙坊，三楼四柱，庑殿式屋顶。主楼题有"配天作镇"四字匾额。两侧书"宇宙"、"具瞻"（图6-2-5）。"五行"中为"土"，古时称中岳为土神，意思是以地配天。

崇圣门、化三门（图6-2-6），均为1942年改建。化三门后东西两侧，有互相对称的两座四角亭。东为神库，西为无字碑亭，均为无梁建筑，清乾隆年间重修。面阔进深各一间，宽5.2米，占地面积27.04平方米。现存神库四面的砖券门被砖墙封堵，原为放置火池及祭器的地方，因宋代重修时曾将旧不可复的神像集中埋于地下，上建亭子，谓神库。神库四角各立一铁人，北宋治平元年（1064年）铸造，高约3米。其中一铁人身上有铭文"忠武军匠董檐记治平元年元月二十八日"，另一铁人肩部铸有"忠武军匠董襟"字样，是国内现存体形最大、保存最好的4个"守库铁人"。为免火灾，宗教信仰者往往称铁人为"四大水星"或"镇庙铁人"（图6-2-7）。西亭形制与神库形制相似，亭内有一通只有线刻花边而没有碑记文字的无字碑，寓意岳神天中王德高望重，无法用文字形容。再向外是东华门和西华门，两门内各立2碑，合称为宋金"四状元碑"，分别为宋代的王曾、卢多逊、骆文蔚和金代的黄久约撰写，是研究中岳庙的重要史料。

峻极门又名将军门，创建于金大定年间（1161～1189年），明崇祯十四年（1641年）毁于火灾，清顺治十年（1653年）重建，乾隆年间重修。该门规模很大，建筑面积290平方米，面阔五间，进深六架椽，单檐歇山顶，覆绿琉璃瓦，中开三门，正门上方置一匾，上书"峻极门"三字，檐下施五踩斗栱，门两侧彩塑高达5米的守门将军各一尊，故该门又叫将军门。左右两侧为东西掖门，再向外为廊房。门前东西有4个高台，为四岳殿殿基。

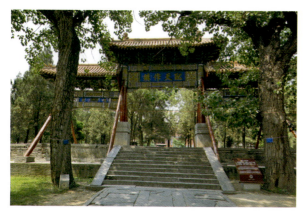

图6-2-5 中岳庙"配天作镇"坊外景

图6-2-6 中岳庙化三门外景

图6-2-7 中岳庙北宋铸造铁人

门东有北魏太安二年（公元456年）立《中岳嵩高灵庙》之碑，碑高2.82米，碑文为魏体，记载重修中岳庙经过和中岳庙沿革。另外还有唐碑、宋幢、金代铁狮子、中岳庙图碑等重要文物。门北有四柱三楼式峻极坊，工艺精巧。后边为拜台，台左右有清乾隆时所建御碑亭（图6-2-8）。

峻极殿，亦名中岳大殿（图6-2-9～图6-2-11），是中岳庙的主体建筑，面阔九间，进深五间，寓意九五至尊。大殿面积约920平方米，现存为清官式重檐庑殿式建筑，黄琉璃瓦覆顶。构架平面布局仍采用宋式建筑的金箱斗底槽形式。清顺治、乾隆年间多次重修，并增饰彩绘，雕梁画栋。大殿上层檐下正中竖匾"峻极殿"，上层檐下施七踩斗栱，下层檐下施五踩斗栱。四周檐柱支撑额枋斗栱，牢牢托起殿檐。前檐明间为隔扇门四扇，其余各间为隔扇槛窗。殿内明间顶棚上置蟠龙藻井，藻井四边用木雕小斗栱砌合成攒尖形，上面镶雕有"独龙盘踞"的板面，雕龙昂首下垂，龙须卷扬，玲珑剔透（图6-2-12）。殿内神龛塑中天王坐像，龛内外配以侍臣、将帅等塑像。据《嵩岳庙史》碑记载：峻极殿增修于宋真宗大中祥符六年（1013年），现存殿内光滑的石砌地面和石刻透花覆盆式柱础，应为宋代原物。金代重修时，沿袭旧制，仍为北宋皇宫建筑风格。中岳大殿高大雄伟，是五岳大殿体量之最，也是河南现存最大的寺庙殿宇建筑。表现了我国古代劳动人民建筑艺术上的高超造诣。

峻极殿前筑有1.3米高月台，周围置石雕栏杆。月台正面有3道石阶，中间的台阶分为两路，两路间镶有垂带式"御路"一条，上浮雕精美图案。

峻极殿后建有垂花门楼和寝殿（图6-2-13）。寝殿为明成化庚子年（1480年）重建，清乾隆元年（1736年）重修，是年代较早的木构建筑。面阔七间，进深三间，单檐歇山式黄色琉璃瓦建筑，面积356.24平方米。檐下施重昂五踩斗栱。正面有隔扇门，外侧有槛窗。殿中间一排五根中柱承托屋脊，天花架于梁架之上，下施双翘五踩斗栱。明间天花绘腾龙，次间绘翔凤，图案华丽精美（图6-2-14）。殿内神龛内，正中供有岳神天中王和天灵妃塑像。

寝殿后为御书楼，原名"黄箓殿"，是庙院最后一座殿宇，明万历年间建，清代皇帝游中岳时，在殿内题碑书铭，因名"御书楼"，民国年间重修时改变了原建风格。现存的御书楼，面阔十一间，进深三间，仿单檐歇山式二层楼房，上覆黄琉璃瓦（图6-2-15）。

化三门之后、峻极门之前中轴线两侧的4座殿宇引人注目。按顺时针方向从峻极门开始依次是东岳殿（图6-2-16）、南岳殿、西岳殿和北岳殿，加上中岳共为五岳。五行中为土，故中岳庙为土神之宫，五行土为尊，所以中岳为五岳之首，配之以四岳殿，表示"五岳共存，五行俱全"的道家理念。

峻极门外台阶下东侧，有一座《五岳真形图碑》（图6-2-17），刻立于明万历三十二年（1604年），碑上按照五岳的坐落方位，雕刻着五岳图，图下刻记着关于五岳的传说。《五岳真形图碑》是根据"华山如立、泰山如坐、北岳如行、南岳如飞、中岳如卧"等不同特点绘制的代表五岳的象形碑。这通碑刻立已400多年，无任何遮蔽，任凭风霜雨雪，至今图形清晰如初。

出中岳庙后门约500米，可至黄盖峰，峰巅建亭，名黄盖亭。此亭与庙前石阙相照，前后连绵1400多米。此地原为北魏时庙址，庙下迁后，改作中岳行宫。峰上旧有殿宇3间，清康熙五十四年（1715年）扩建。现为清代八角重檐黄琉璃瓦亭。亭正面开门，其余各面雕饰假方窗，亭外周围绕有三层石雕栏杆，亭的东侧竖有明代登封知县丁应泰书《岳灵》碑刻题记。于此之上可俯瞰中岳庙全景，遥望中岳山色风光。

中岳庙布局具备中国传统中典型的风水模式，应为中国寺庙风水模式之祖。嵩岳居天地之中，绵延数十里，磅礴深厚。风雨之所交，阴阳之所会，中州清淑之气于此聚焉。山纡折而东，岳庙居其下，选址符合中国古代堪舆学之道，其传统文化价值不言而喻。

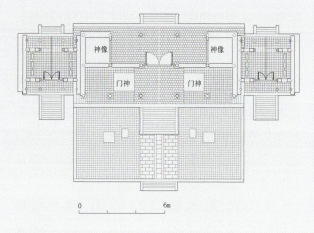

图6-2-8 中岳庙峻极门及东、西角门平面图

图6-2-9 中岳庙峻极殿外景

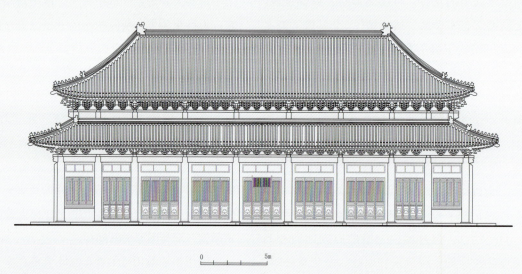

图6-2-10 中岳庙峻极殿正立面图

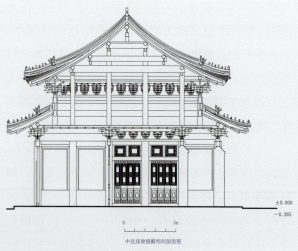

图6-2-11 中岳庙峻极殿当心间横剖面图

图6-2-12 中岳庙峻极殿天花藻井

图6-2-13 中岳庙寝殿外景

图6-2-14 寝殿清代原始彩绘

图6-2-15 中岳庙御书楼外景

图6-2-16 中岳庙内东岳殿外景

图6-2-17 中岳庙明代碑刻——五岳真形图

中岳庙作为著名的道教庙宇，庙内文物荟萃，是研究我国道教历史的重要史迹。中岳又为五岳之首，历代为帝王所推崇。中岳庙保存了大量珍贵的金石文物，峻极门东侧有北魏《中岳灵庙碑》，是嵩山历史最早的碑石。峻极门北有明代《五岳真形图碑》、《宋金四状元碑》、《谒中岳碑》和金代《重修中岳庙全图》等历代碑石100余通，非常珍贵。古神库中的宋代镇庙铁人是我国现存最大的铁人。山门前汉代石刻翁仲像是我国现存最早的石刻翁仲。金代《中岳庙全图碑》，保留了金代中岳庙的建筑风貌，为研究宋元时期官式祭祀建筑提供了难得的实物。庙内最为珍贵的是北魏古碑，为著名嵩山道士、北魏国师寇谦之书写，字迹结构严整，笔力朴实刚健，虽经风雨侵蚀，仍不失昆山片玉的书法价值。庙内的古建筑群和书法高超、铸造精美的金石文物，不仅体现了古代劳动人民在建筑、雕塑、石刻等方面的艺术成就和智慧结晶，而且也是对广大人民群众进行爱国主义和历史唯物主义教育的历史见证和实物教材。

中岳庙规模宏大，从石阙到黄盖亭中轴线长达1.6公里。现有建筑布局完整，保存基本完好，是五岳庙中最大规模的一组古建筑群，也是河南省现存规格最高的大型古建筑群。其主殿及殿前三门在制度上皆仿照宫廷做法。中岳大殿明显继承了北宋皇宫式样，殿面积近千平方米，气魄宏伟，为中州寺庙殿宇之首，具有较高的建筑科学价值，能成为世界文化遗产当之无愧。

二、济渎庙

（一）济水简介

在清晚期咸丰五年（1855年）以前，我国的中原地区还流淌着一条闻名全国的大河——济水。济水是一条古老的自然水系。发源于济源王屋山太乙池，顺流东去经山东入海。曾经与江、河、淮齐名，并称"四渎"。历经千百年地貌之变化，近代以来，济水中下游被黄河吞噬，它已淡出人们的视野，唯有济水源头的济源和山东的济宁、济南、济阳等地名成为济水永远的记忆。

早在人类社会的初期，由于人们对大自然缺乏科学认识，便将各种自然现象，如日、月、天、地、山、水等，当作自然神加以崇拜，希望获得其护佑，消灾降福。"天子祭天下名山大川，五岳视三公，四渎视诸侯。诸侯祭其疆内名山大川。"①帝王祭祀五岳、四渎，地方官祭祀地区性的名山大川，老百姓祭祀当地的山水。中国古代的五岳四渎均为皇帝的重点祭祀对象。我国古代把流径独立入海的河流谓之"渎"，四渎即长江、黄河、淮河、济水。其中，淮河为"东渎"，长江曰"南渎"，黄河名"西渎"，济水称"北渎"。

济水作为一条古老的水系（图6-2-18），虽细虽短，历史上的名气却很大，济水神的地位很高。对济水水神的崇拜，突出表现在历代历朝对济水的封禅。周代已被列为封禅的对象。《史记·封禅书》记载："秦并天下，令祠官所常奉天地名山大川，鬼神可得而序也……水曰济、曰淮、曰江、曰河。"可见，秦时已经尊济水为水神，并且将济水名位列于淮河、长江、黄河之首。从隋开皇二年（公元582年）文帝颁诏在济水源头兴建济渎庙开始，历代历朝对济水的加封逐步升级。济水先被列为"公"，后又被列为"王"。唐天宝三年，唐玄宗加封四渎，"河渎封'灵源公'，济渎封'清源公'，江渎封'广源公'，淮渎封'长源公'。"宋徽宗封济水为"清源忠护王"，元仁宗封济水为"清源善济王"，明太祖封北渎为"大济之神"（图6-2-19②）。到了清朝，康熙和乾隆分别为济渎庙亲书"沇济灵源"、"流清普惠"的牌匾。对济水水神的崇拜和不断加封，使得济水产生了"清流"文化。济水自源头而达海，波澜不惊，温文尔雅。这种润泽万物、泽被万物的品德，正是君子们必备的恩泽天地、不求闻达的秉性。与此相对应，中国古代通常把品德高尚，不慕荣华的知识分子比拟为"清流"。其高洁之品德始终记忆在每一位中国人的心目中。

（二）济渎庙历史沿革

济渎庙初建于隋代，隋开皇二年（公元582年），朝廷为祭祀"四渎"神之一的济渎神建庙。唐玄宗天宝三年（公元744年）晋封清源公，因此又名清源祠。唐贞元十二年（公元796年），鉴于北海远在大漠之北，难以祭祀，故在济渎庙后增建北海祠，宋徽宗宣和七年（1125年），济渎神被封为清源忠护王，北海神被封为北广泽王。宋、元扩建，至明天顺四年（1460年）庙宇扩建到400亩（约26.66公顷），占地33万余平方米。自隋起，历代皇帝遣使莅临，举行盛大祭典活动。唐宋时期，但凡国之大事，如战争、政权更迭、祈雨甚至皇室成员的生死都要向济水神、北海神祭告，民间的祭祀活动更是频繁有加，对祭祀活动更是推波助澜，一直延续到清代，祭祀未断，庙貌不衰。"济渎庙受破坏最严重的一次是清同治六年（1867年），捻军火烧渊德殿、三渎殿、元君殿和大回廊计280间，文物精华毁于一旦。1929年之后，庙院长期由学校占用，1956年占用单

图6-2-18 济水流域图

图6-2-19 济渎庙《大明诏旨》碑拓片

位又拆除了拜殿和渊德殿台基遗址等重要古迹,造成了又一次重大的人为破坏。至20世纪60年代,当地政府主管部门收复庙院,并先后修缮了寝宫、临渊门等十多座建筑"③成为现在模样。

济渎庙,全称济渎北海庙,位于济源市现在的市区内庙街,是古四渎保存最完整、规模最宏大的历史文化遗产,现为国家级重点文物保护单位。济渎庙坐北面南,现存殿宇60余间,为河南现存规模较大的古建筑群之一。济渎庙地理环境幽雅,交通便利,周围名胜古迹丰富,具有浓厚的历史文化氛围。庙四周分布着众多历史文化遗迹和佛道寺院。庙东是创建于金大定十七年(1177年)的望春桥(通济桥),庙南有全国重点文物保护单位的奉仙观和大明寺。西墙外为新石器时期的夏代遗存庙街遗址和宋景祐三年(1036年)创建的延庆寺舍利塔。这些古迹与风光秀丽、气势磅礴的太行、王屋二山,以及黄河和济水,构成以济渎庙为中心的济水文化带。

(三)济渎庙主要建筑

济渎庙现存基地规模庞大,南北长500余米,东西宽200余米。现存宋元明清各代建筑30余座。济渎庙的布局相对自由,中轴线上前一部分为济渎庙的主体,后面一部分为北海神庙,东有御香院,西有天庆宫。现存主要建筑有山门(清源洞府门)、清源门、渊德门、寝宫和临渊门,龙亭、灵源阁等;两侧有御香殿、接官楼、玉皇殿和长生阁(图6-2-20)等。

山门,即清源洞府门(图6-2-21),为明代遗构,三间四柱挑山造木牌楼,斗拱九踩重翘重昂,比例雄奇,气度非凡。单檐悬山顶,出檐较大,上悬匾额"济渎庙",两侧有单开间的披门。该门是一座原构纯度高,造型奇特,保留古制较多的明代木构建筑,为河南现存最为珍贵的明代木牌楼。

清源门,建于明代中期,清代重修,面宽三间,单檐悬山顶(图6-2-22),两侧有偏门,用材硕大,制作规整,是研究明代建筑珍贵的实物资料。"水清莫若济",唐玄宗封济水为清源公,"清源"寓意"清济之源",故此门称"清源门"。据明天顺四年《济渎北海庙图志碑》载,清源门"五

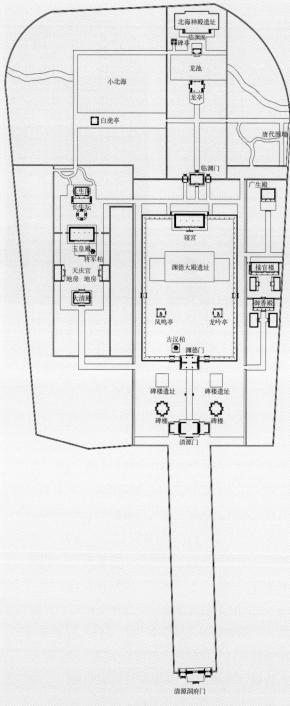

图6-2-20 济渎庙总平面图

间,三高二低",惜两侧掖门历史上被毁。现存掖门为2004年复建。

渊德门(图6-2-23)内原有渊德大殿等殿宇数座,构成济渎庙中心建筑群。清咸丰、同治年间,庙内屡遭战乱侵袭,中心建筑群仅存渊德门、寝宫两座建筑。2002年重建回廊90楹。

渊德大殿为济渎庙主殿,建于北宋初期,历代重修,规模宏大。据明天顺四年《济渎北海庙图志碑》记载,渊德大殿面阔七间,进深四间,宏伟壮观。两侧各有配殿三间,东为元君殿,西为三渎殿。渊德大殿与其后的寝宫以复道回廊相连接,构成"工"字形布局,为宋金元时期建筑的典型做法。渊德大殿虽已不存,遗构柱础仍在。柱础顶直径0.60米,柱径(底面)应为0.56米。按《营造法式》柱高与柱径之比十分之一推算,柱高当为5.6米。清康熙皇帝题写"沇济灵源"、乾隆皇帝题写"留清普惠"的匾额,就悬于殿前,只惜同治六年被毁。

寝宫(图6-2-24),建于北宋开宝六年(公元937年),面阔五间,开间尺寸依次为明间4.64米、次间4.18米、梢间3.9米;进深四椽架,前后檐柱间距8.24米。单檐歇山屋顶。柱头阑额上施普拍枋,转角处阑额不出头,普拍枋出头。檐下设五铺作,明间及次、梢间各施一朵补间铺作,两山面柱间不设补间铺作,所有铺作均为一挑偷心,二挑计心造转内檐完全偷心(图6-2-25、图6-2-26)。整体结构稳定齐整。笔者考查时量得台基下檐出为2.35米,由此推定上檐出2.5米以上。屋檐出挑深远,屋顶举折平缓,做法非常古朴,唐宋风韵十足。寝宫已经历近11个世纪,为河南省现存最早的木构建筑,也是济渎庙内唯一逾千年的单体建筑,在全国木构建筑中占有重要地位。我国著名古建筑专家刘敦桢于1936年对此考察时评价说:此殿檐柱比较粗矮,其上再加雄巨疏朗的斗栱和坡度平缓的屋顶,无一不是宋代初期建筑的特征。在著者知道的河南省木构物中,要算它的年代为最早。

寝宫以北为临渊门(图6-2-27)。临渊门为北海祠山门,意为"临水之门"。建于元代大德年间(1298年),面阔三间,进深四椽架,建制精良,纯度较高。单檐悬山顶,用梭柱,柱下为莲花瓣柱础。其为中原地区时代较早的木结构建筑,具有较高的文物价值。

临渊门北为龙亭(图6-2-28),重修于明代,因北临龙池而得名。龙亭四面开敞,是供放皇帝祭

图6-2-21 济渎庙山门——清源洞府门

图6-2-22 济渎庙清源门

图6-2-23 济渎庙渊德门内景

图6-2-24 济渎庙寝宫外景

图6-2-25 济渎庙寝殿前檐铺作

图6-2-26 济渎庙寝殿室内构架局部

图6-2-27 济渎庙临渊门外景

图6-2-28 济渎庙之龙亭外景

文的地方。面阔和进深均为三间，单檐歇山顶，檐柱与额枋硕大，柱高与柱径的比例为6∶1，实属罕见。斗栱为四铺作单下昂，有一部分补间铺作用真昂，昂下垫真华头子，单材耍头上置齐心斗。梁枋制作规整，全系明栿造。梁栿间用毡笠驼峰。殿内四角设垂莲柱。此亭结构极为奇特，是一座保留有较多宋、元遗构的明代建筑，具有重要的研究价值。亭内原有"灵石"一块，传说故事"李继安揩书"就发生在此亭。

龙亭以北为北海。北海为方形"水池"，水源是济水东侧源头，经北海而汇入济水。北海四周风景甚佳（图6-2-29）。

北海北侧有临渊阁，临渊亭为单檐歇山亭式建筑，五踩单翘单昂斗栱。这座明代早期的亭子采用了宋、元时期及其以前的建筑手法，如平身科斗栱用真昂，昂嘴扁瘦，单材蚂蚱头上置齐心斗等，较具研究价值。值得注意的是，月台上石栏杆为宋代遗构，其盆唇、地栿之间雕有透空"万"字纹，其上镂刻卷草、宝瓶雕饰等，极其精细。该石勾栏为全国唯一现存的宋代《营造法式》所记的单勾栏，具有极高的文物价值。

临渊阁西北方向有一碑亭，俗称无梁殿，建于明万历年间。亭内存放《邑侯史公重修济渎庙记碑》，记录了济源知县史记言率众重修济渎庙的善举，对研究济渎庙的历史具有重要价值。

东侧为北海神殿遗址。北海神殿重建于北宋时期，是北海祠的主殿和历代朝廷祭祀北海神的场所。可惜历史上被摧毁，仅遗址尚存。

西侧院内北海南侧有一白虎亭，建于清代，是一座别具风格的砖石结构建筑，檐下砖雕精美绝伦。亭内有泉水一泓，清澈甘冽，可饮可濯，故事传说有眼疾者汲水濯之即愈。

白虎亭向南可见长生阁，清代高台建筑，道家祈求长生不老之所。台前天然生出的古柏虬枝盘曲、横斜逸出，与藤蔓倒垂、郁郁葱葱的何首乌均寓意长寿。台前为长生坛，据文献记载，长生坛为历代朝廷祈求长寿、安康、福运之所，其形制蕴含天圆地方、天人合一之意。

中轴线西侧为天庆宫。天庆宫最北侧为玉皇殿（图6-2-30），重建于清康熙年间，面阔五间，进深三间，是一座保留有明代风格的清初建筑。檐下斗栱雕刻形态各异的龙头，精致灵巧，体现玉皇大帝在道教的尊崇之位。玉皇殿前有将军柏一株，高20余米，树龄近2000年（图6-2-30）。相传唐代大将军尉迟敬德奉命监修济渎庙时，曾将其钢鞭挂于此树，故名将军柏。明代尹安曾赞曰："夜来明月枝头劲，疑是将军宝剑光。"

玉皇殿南为太清殿，太清殿为天庆宫主殿之一，初创于隋朝，重建于明代，清朝末年毁于战乱，殿内原有太上老君金身塑像一尊。2006年于原址依旧制重修。

中轴线东侧为御香苑，重建于清代，为历代钦差大臣及随从官员祭祀济渎水神时，存放贡品和下榻之所。主殿御香殿及其侧殿现为济水文化展览

图6-2-29 济渎庙内北海景观

图6-2-30 济渎庙玉皇宫与将军柏

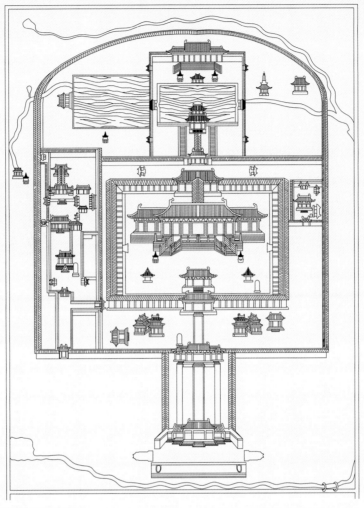

图6-2-31 济渎庙《济渎北海庙图志碑》图形部分

馆。其北侧的接官楼现为办公区。

御香苑北侧为广生殿，为历代香客求神祈子之所。重建于清代，后人多加修葺，是一座具有浓厚地方特色的木结构建筑。

广生殿以北，是与北海祠东侧相邻的唐苑。东南角保存有唐代围墙。建于唐代的围墙，系糯米汤拌土，层层夯筑而成，距今已有千余年历史，与明朝《济渎北海神庙图志碑》所示围墙走向一致，显示了唐宋之际济渎庙的庞大规模。国内遗存较少，具有较高的科研价值。

济渎庙内，存有大量珍贵的石刻作品。其中，《济渎北海庙图志碑》，明天顺四年（1460年）刻立，圆首，鳌座，通高2.65米，宽1.04米，厚0.25米，欧廉撰文，樊英作画，碑详细刻画了济渎庙的整体轮廓和各个建筑的形制、殿宇名称，文字记述了庙宇的整体布局和单体建筑的位置、功能（图6-2-31）。《大明诏旨碑》是济渎庙鼎盛时期的真实记录载体，是研究济渎庙建筑的宝贵资料。明洪武三年刻立《大明招旨》碑，赑屃碑首，鳌座，通高5.51米，宽1.7米，厚0.47米，碑文为明太祖朱元璋的一道圣旨，内容为改革神号称谓，诏定五岳、五镇、四海、四渎、城隍等神号，以便天下统一。另外，临渊门东还保留有27米长的唐代夯土围墙以及40余通各代珍贵碑碣石刻。其中元赵孟頫所书的《投龙简记》、宋《重书龙池石块记》和《灵符碑》、金《济源县创建石桥记》、唐《济渎之记》、元许有壬书《天下第一洞天》碣石和历代祭文碑刻均为珍贵的史料。

济渎庙历史悠久，规模宏大，建筑布局完整，是现存中国四渎庙中规模最大、保存古建筑最多、时代最早的一组古建筑群，也是河南省现存规格较高的大型古建筑群。其充满吉祥寓意的平面形状、以小中见大的对比艺术手法形成的富有园林风格的北海祠、蕴含古代礼制与建筑制度信息的建筑实物及大量的古代珍贵石刻，使济渎庙成为我国古代建筑瑰宝中的一颗耀眼的明珠。

三、武陟嘉应观

（一）嘉应观地理位置

嘉应观位于武陟县城东南13公里大杨庄与刘庄之间的二铺营村东，地处黄河北岸（图6-2-32）。

华夏炎黄子孙既得益于黄河与黄土的哺育而生息繁衍，又受害于黄河与黄土相伴造成的黄河下游河道"善淤、善决、善徙"而治水不止。武陟地处黄河中下游结合部与黄沁河交汇处，又是古黄河向北转折处。武陟与黄河河道变迁有着密切的关系。

自上古以来，这里就是黄河险工段，也是黄（河）海（河）流域治水的关键地段。相传大禹治水"覃怀厎绩"。据考证，覃怀即当今的武陟一带。武陟为黄河左岸堤防起点。古阳堤是最古老的黄河堤防，起自木栾店（今武陟县城），经获嘉、新乡、延津、卫辉、浚县，终止于滑县。它兴起于春秋，形成于战国，统一完臻于秦。失去防御洪水功能的古阳堤，随着时光流逝早已湮没无闻，但先人们面对洪水敢于抗争、不屈不挠的精神将永存于人类历史中。在历史的长河中，黄河在黄淮海平原来回滚流，是以武陟为顶点的。故而武陟在黄河上的位置被总结为："华北轴，悬河头，百川口。"黄河流至武陟，河道水势平缓，宽浅散乱，河床很不稳定，主流经常摆动，泥沙淤积严重，河床逐年升高，易徙决。加之沁河入河口也在这里，更加重了黄河在此地之患（图6-2-32）。

清康熙六十年（1721年），黄河在马营决口，河水自长垣直注运河，危及华北京津地区。当时著名的治河专家张鹏翮、陈鹏年、牛钮、齐苏勒先后赶到武陟。在沁河口钉船帮修建挑水坝后，詹家店、魏家口和马营口相继堵复。康熙六十一年二月凌汛，马营口复决。牛钮、齐苏勒主张在黄河北岸自沁河堤至詹家店十八里无堤处接筑遥堤，河南巡抚杨宗义主张仍留这段空隙以泄洪，署河道总督陈鹏年裁定暂不修遥堤，采取在对岸王家沟开引河、沁河口建挑水坝、秦家厂筑坝的办法，保证了马营口的堵复。清雍正元年，从沁河堤至詹家店大月堤建成遥堤一座，长3351丈。同时，于秦家厂大坝内添筑土坝，名曰御坝。雍正二年（1724年）四月，雍正皇帝胤禛亲书"御坝"二字，由新增黄河同知刻石立碑。

嘉应观的修建是清雍正皇帝为纪念武陟堵口筑坝成功、祭祀河神而建。立祠建庙折射着古代帝王对黄河治理的重视，也凸显武陟在黄河治理中的重要位置。"河涨河落维系皇冠顶戴，人心泰否关乎大清江山"，清康熙皇帝的话道出了黄河治理与国家稳定的关系。康熙曾亲赴黄河从事实地调查，先后6次南巡视察河工，与河臣讨论治河方案。雍正皇帝重视黄河治理不逊乃父康熙末年到雍正元年，黄河在武陟频频决口，为患华北，威胁京津，震惊朝野。雍正一上任首先派出重臣堵复黄河决口，堵口成功后，亲拨国库白银288万两，命人建造嘉应观，一为祭祀河神，二为纪念治河功臣，也有彰显治理黄河取得重大成就之意。

（二）嘉应观的地位与作用

嘉应观建成后，雍正帝亲书"敕建嘉应观"为观名。雍正五年三月，大臣奏报黄河水清两千里，持续26天，请求庆贺。雍正皇帝为此写了近千言的《圣世

图6-2-32　黄河、沁河汇流处——嘉应观位置示意图

河清普天同庆谕》，并亲自撰写《告河神祭文》命钦差大臣赴嘉应观祭祀河神，祭文内称黄河之神为"四渎称宗"，使淮黄诸河龙王庙嘉应观在江渎庙、淮渎庙、济渎庙之上，成为全国江河神之首。嘉应观由此成为雍正王朝专门祭祀黄河之神的庙宇。雍正在位13年，共4次亲撰祭文，命人前来祭祀。乾隆皇帝也曾在嘉应观御祭河神，并御书"瑞应荣光"匾额给嘉应观。

治黄河专门管理机构在嘉应观的设立，体现了嘉应观的特殊地位。清廷从前朝继承而来的水利系统本身一片混乱，为加强黄河的管理，清廷因此组建了一个特别机构来经管两河（黄、淮）事务。这个新机构既不隶属于工部，也不隶属于户部，而是直接向皇帝负责。它的长官为河道总督。这个机构的设立，对于吸引调动治水专家参与治河、促进国家经济的复苏作出了突出贡献。雍正二年专设河道副总督驻武陟嘉应观，主管河南、山东黄河的河务。嘉应观由此成为治黄指挥中心，这就是黄河水利委员会的雏形。

（三）嘉应观建筑概况

嘉应观古建筑群由雍正皇帝敕建，河道总督齐苏勒督建，历时5年建成。中路建筑采用典型的清官式建筑工艺。布局规整、构图精妙、装饰富丽、工艺精湛（图6-2-33）。它不仅是河南省目前保护

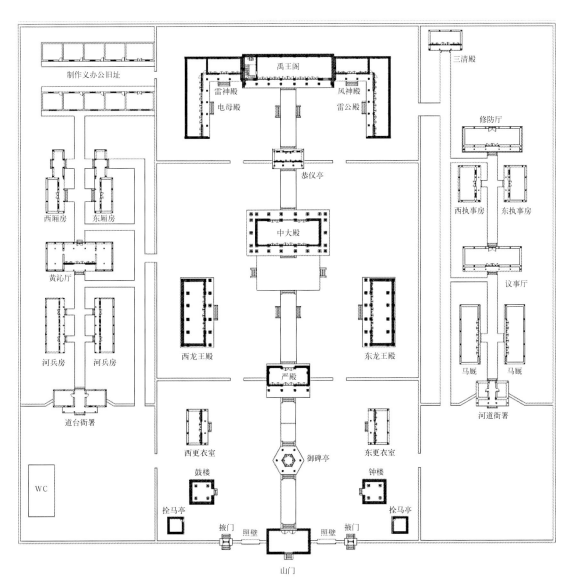

图6-2-33 嘉应观总平面图

最完整的清代官式建筑群，而且是黄河流域最大的龙王庙，号称黄河第一庙。建成后，雍正皇帝、乾隆皇帝都曾驾临观内朝祭。雍正三年（1725年）二月，中轴线建筑落成，雍正皇帝钦赐龙匾，定名"敕建嘉应观"（图6-2-34），后又亲自撰写并书丹碑文，立铜碑，建御碑亭。雍正四年，兴建东西跨院，即河台、道台衙署，年底，嘉应观全部竣工。雍正年间，皇帝四次颁《祭告河神文》，命钦差在嘉应观御祭河神。乾隆皇帝出巡至此，御书"瑞应荣光"金字匾，悬于大殿门首。

嘉应观原占地八顷九十一亩，分南、北两个院落。由于历尽沧桑，南院的戏楼仍存但岌岌可危，石牌坊和观西侧的陈公祠④已荡然无存。北院保存较好。1963年被列为省级文物保护单位，2001年6月被国务院确定为"全国重点文物保护单位"。嘉应观现有面积21750平方米，主体建筑分三进院落。中轴线上有山门、御碑亭、前殿、中大殿、禹王阁，两侧有东西掖门、拴马亭、东钟楼、西鼓楼、更衣室、配殿和厢房等90余间，加东西跨院房屋共200余间。观之东跨院为河道衙署、西跨院为道台衙署，两跨院均为正或从三品高级别的行政机构，故嘉应观实际是宫、庙、衙三位一体的官式建筑群。嘉应观历史本不长，原来建筑基本完整，升级为国宝单位后，又修葺一新，难能可贵。

（四）嘉应观主要建筑

山门（图6-2-34）面阔三间，进深两间，单檐歇山顶，蓝色琉璃瓦，正脊两端为龙头鸱吻，制作精美。檐下置五彩重栱重昂斗栱，栱眼壁均有彩绘。大门为青石栱券，周围浅浮雕龙、云水纹图案，雕刻精湛。门额嵌"敕建嘉应观"石匾，门两边为月亮盲窗。山门内檐、檩、梁上均有纯满族风格的原始彩绘。山门两侧有两座青砖照壁和掖门。山门前原有铁狮子一对，1966年"文革"时被砸毁，1988年由省石刻艺术馆新雕石狮一对，踞原石雕须弥座上。

钟楼和鼓楼（图6-2-35）均为重檐歇山蓝色琉璃瓦顶，平面呈方形，脊上施有狮子、狎鱼、海马等。檐下置斗栱，为五踩重栱重昂。栱券门洞，沿木梯可盘旋而上。下层面阔三间，进深三间，斗栱为三彩单昂科。鼓楼上原置有两面鼓，楼上悬鼓供祭祀，楼下抬鼓供迎宾，平时晨钟暮鼓报平安，如遇汛情，钟鼓齐鸣，召集军民，抢险防洪，现已毁。钟楼上悬清雍正年间铜钟1口，高1.65米，厚0.05米，口径1.06米，周长3.20米，重约200公斤，钟上有河堤、堤防、坝、回纹带等纹样。钟身有八个角，一次敲击均发出不同的声音，故称八卦定音，具有很高的文物和科学价值。

御碑亭位于前院正中（图6-2-36）。为正六角形须弥座台基上建立的六角碑亭。圆形重檐顶，呈伞状，上覆黄色琉璃瓦，酷似清皇帝官帽。亭顶端有刹，由钵、宝珠组成，小巧玲珑。6条垂脊饰有

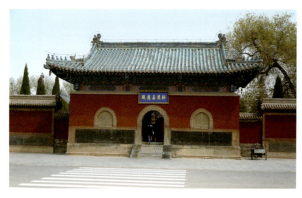

图6-2-34 嘉应观山门外景

图6-2-35 嘉应观鼓楼

图6-2-36 嘉应观碑亭外景

垂兽,两层檐下均置五踩重栱重昂斗栱,外层有檐柱6根,内层亦设金柱6根,各面均辟隔扇门,筒式结构。亭内顶部为一圆形平棋藻井,上绘八卦图案。亭中有一垂莲柱,如伞把。亭内立雍正二年(1724年)铜质御碑一通,雍正帝撰文并书丹,目睹雍正书法,令人起敬。碑体内为铁铸,外包黄铜,铁胎铜面,全国无二。黄铜厚1~2厘米。碑高4.3米,宽0.95米,厚0.24米。碑首浮雕三龙戏珠,正中刻"御制"二字。碑身四面外沿雕回纹,内沿雕8条龙,四升四降,环目张口。碑座为一铜质金龙独角蛟,横卧于莲座上,身长1.55米,宽1.16米,高0.65米,造型为龙头、牛身、狮尾、鹰爪。曲首回身,二目圆睁,口吐云气,大有翻江倒海之势,被认为是黄河泛滥的祸根,让雍正以巨碑压之。下为石质须弥座,雕刻如意、水纹、卷草图案。座下有口水井,与河通。河涨它涨,河落它落。河蛟头上有一水眼,人们往里丢铜钱,可以听见悦耳的叮咚水声。根据水声大小,可预测河水涨落。此为国内罕见的大型铜质御碑,有很高的文物价值与观赏价值,既是镇观之宝,亦是国之珍宝。

前殿又叫拜殿和严殿(图6-2-37),是王公大臣祭祀河神的仪殿。面阔三间,进深二间,单檐歇山蓝色琉璃瓦顶,正脊置大吻,垂脊置兽头,戗脊置五兽。挑角飞檐,檐下置斗栱。门首高悬雍正皇帝御书"嘉应观"龙匾,额框透雕龙云。匾中的"應"字少写个立人,为什么?至今不得而知。两侧有更衣室,各面阔三间,进深二间,硬山卷棚式灰色筒瓦顶,有隔扇门窗。西面更衣殿保存有大型彩陶双凤24龙壁,古色古香。

中大殿(图6-2-38),又名金龙四大天王殿,面阔五间,进深三间,重檐歇山回廊式建筑,蓝色琉璃瓦顶,斗栱雄奇,恢宏壮丽,气势磅礴,是故

图6-2-37 嘉应观拜殿外景

宫太和殿的缩影。正脊两端有大吻，四条戗脊上各有小兽。上下檐皆置五踩重昂重栱斗栱、檩枋、雀替均绘龙凤云朵花卉，十分瑰丽。明间、次间置12扇隔扇门，透雕雪花图案；两梢间为砖砌月亮窗各一。大殿内供奉有雍正帝赐的"万岁牌位"，殿顶藻井彩绘65幅龙凤图案，图中龙腾凤舞、姿态各异，至今色泽如新。专家鉴定，这种典型的前清满族艺术风格，即使在北京也已是很难寻觅，极其珍贵。明间后影屏上方横挂蓝底金字匾额，雍正御书"洽德敷仁"。殿内供奉四位治河功臣：南宋谢绪，明朝黄守才，清朝朱之锡、粟毓美。殿前有一月台（丹墀），上置亭式铁香炉1尊，高3.24米，上铸二龙戏珠，炉座为鼓形，束腰处铸有8个力士和8个兽头，造型别致，典雅古朴。

东西配殿均面阔五间，进深二间，单檐歇山蓝色琉璃瓦顶，滴水、瓦当为蟠龙图案，檐下置五踩重昂斗栱，均有彩绘。两殿内原供奉有十位龙王，均系彪炳史册的治河功臣。

中大殿之后为一高台甬道，长10米。北端有小过厅，称恭仪庭，俗称过庭（图6-2-39），面阔三间，进深一间，硬山卷棚建筑，上用灰筒瓦覆顶，此门为典型的清式北京做法。穿庭而过，可望禹王阁。

过庭后东侧，有雍正五年闰三月立黄河清水碑。碑高4.5米，宽0.16米，厚0.19米。碑头雕二龙戏珠，背身遍雕图案，上为双凤飞舞戏牡丹，下边一对狮子滚绣球，两边为四龙赏牡丹。精雕细刻，工艺极佳。嘉应观建成后，黄河水澄清了2000余里、20多天，雍正为纪念这一祥瑞事件，特下诏全国官员加升一级，命左副督御史觉罗常奉亲临嘉应观祭祀河神，特立此碑，以示纪念。

禹王阁，又名后大殿（图6-2-40）。两层高15米，面阔七间，进深三间，重檐硬山楼阁式建筑。灰色筒瓦顶，正脊中间饰5朵牡丹，两端鸱吻高大壮观。檐下无斗栱，犀头砖雕花鸟，工艺精湛，阑额为花牙子、垂莲柱。楼上为出廊平座，木雕竹节栏杆，颇有南方风格。楼之西头有梯可盘旋而上。阁东西两侧各有厢房6间，皆为硬山灰瓦顶。禹王阁建筑有一奇观——齐缝墙。我们知道，墙体都是砖与砖相互咬茬，尤其在转角处，更加强调咬茬工艺。而禹王阁的后檐墙和两山墙却彼此互不衔接，垂直向上，所以被称为"齐缝墙"。这种建筑方法是违反常规的，墙体极不稳定，很容易倒塌，而嘉应观建成至今已逾300年，其间经历过3次较大的地震，禹王阁依旧巍然屹立，稳固如初（图6-2-41）。

两跨院近年来经修葺，还原了本来面目。院内布局合理，堂室错落有致。东跨院为原河道衙署（图6-2-42），西跨院为原道台衙署（图6-2-43），现存建筑齐全。两跨院虽为衙署建筑，但并不具备官式特点，与中轴线建筑形成两种截然不同的风格。两跨院多为硬山式建筑，灰筒板瓦屋面，多数前出廊，面阔三间或五间不等，进深一至二间，无斗栱。梁架为简单的民间抬梁式结构，除个别主要建筑有隔扇门外，其余均为板门，在檐墙上开设正方形或长方形木棂窗，无论从内部构造还是外观形象都与豫北地区的民居极其相似。

嘉应观系顺治皇子、雍正皇叔、治河钦差牛钮

图6-2-38　嘉应观中大殿外景

图6-2-39　嘉应观恭仪门

的修行地，实质上是雍正把治理黄河的重任托付牛钮。东、西两跨院所设立的河台、道台衙署，为清朝治理黄河的指挥中心，也是现存最早、级别最高的治黄机构。

嘉应观中院建筑造型、结构具有官式建筑特征，为河南现存诸多清代建筑群中仅存的三处"官式"建筑群之一，完整雄伟，具有重要的文物价值。1984～1988年国家曾拨专款进行修葺。

图6-2-40　嘉应观禹王阁外景

图6-2-41　禹王阁后檐墙与山墙之齐缝　　图6-2-42　河道衙署大门

图6-2-43 道台衙署大门

嘉应观内大铜碑的铸造技术极其高超，是一件稀世珍品。碑乃铁胎铜面，铜和铁的熔点、凝固点均不同，两种物质很难结合在一起，即便用现代技术铸造起来也有很大困难。该碑对于研究中国的冶铁技术乃至中国的科技发展史均具有不可估量的价值。大铜碑碑文系由雍正皇帝亲笔书丹，为不可多得的书法珍品。在建筑构件上，运用木雕、砖雕、琉璃、铁铸、铜铸等多种工艺，并融合了圆雕、高浮雕、镂雕、阴刻等各种不同技术，件件作品精妙完美、形象传神，其数量之多、规模之大、工艺之精美均属罕见，充分体现了清王朝鼎盛时期经济、科学技术、文化的发展水平。

嘉应观已逾300年历史，人们在欣赏、品味它的同时，也提炼了它有"三绝"和"三奇"，作为真实美谈流传于民间。

三绝为：

一是钟绝。嘉应观钟楼上的钟为铜铸，钟头上铸着二龙戏珠，钟沿着周围按照8个方位铸着八卦图。用棒击，每个方位的音阶都不相同。钟楼上的八卦图与周易八卦乾坤位置倒置，有扭转乾坤之意，寓意人们治理黄河的决心。

二是碑绝。嘉应观御碑亭的铜碑，碑身上面额上铸着"御制"二字。御碑24条龙缠绕，由雍正皇帝亲笔撰文书丹，记载了黄河的地理面貌、流域历史、水患与治理情况，强调黄河与百姓、黄河与朝廷的利害关系，对黄河的治理和建造嘉应观的缘由加以说明。御碑"铁胎铜面"，铸艺精致卓绝。这在我国300年前的冶金和铸造史上，是个了不起的奇迹，属罕见的稀世珍宝，堪称"天下第一铜碑"。

三是图绝。嘉应观中大殿为重檐歇山回廊式建筑，殿内藻井彩绘65幅龙凤图，构图古朴典雅，色彩鲜艳明快，意蕴深沉幽远。龙凤图故宫里也有不少，但都是满汉合璧风格，而这里的龙凤图却是清一色的满族文化风格，甚为罕见，因而它成了全国的又一绝。

三奇为：

一奇齐缝墙。这种违反常规的高大墙体做法能巍然屹立300多年，稳固如新世所罕见。据传，三面墙当时由武陟县谢旗营王氏三兄弟所砌，他们都是御用工匠。为显示各自的手艺，每人砌一道墙，互补合作，互不相让，砌成后就成了今天的齐缝墙。

二奇庙产碑。在嘉应观内有一座令人惊奇的石碑——庙产碑。碑上精准而翔实地记录了嘉应观原有土地面积八顷九十一亩一分八厘五毫一丝七忽，在地亩的统计上竟然精确到毫、丝、忽等单位，如此精确的计量单位令人叫绝，就当下而言也精确不到这种程度，可称此碑为"天下第一土地证"。

三奇姊妹椿。在嘉应观东大殿门前，有两棵同年同月同日生的椿树，两棵树相依相偎、连根同生，高低形态相同，宛如孪生姊妹，故被人称为"姊妹椿"。

嘉应观是雍正皇帝为纪念在武陟治理黄河筑坝堵口，祭祀河神，封赏治河功臣敕建的集行宫、河神庙、衙署三体合一的清代建筑群，是河南省现存较大、较完整的清代建筑群之一，布局合理，工艺精巧，为我们研究清代官式建筑规范在地方上的运用、河南古代建筑地方手法、我国的治黄历史及水利工程史、清代衙署的发展及变迁提供了珍贵的实物资料。

四、荆紫关平浪宫

淅川县荆紫关镇是国家级历史文化名镇，为唐代后期形成的商业古镇，坐落在丹江岸边。巍巍荆紫关，背负群山，下临清流，北通中原，西接秦川，南达鄂渚，凭着优越而独特的地理位置成为历代贾客竞商云集和兵家逐鹿之地。丹江发源于商洛山，注入汉水，汇入长江，因而使之成为历史上可与运河、蜀栈并称的我国南北三大通道之一。丰富的丹江水力资源，使得荆襄沪杭巨商大贾，直挂云帆，溯江而来。明、清时期，是荆紫关的黄金时代，沿江码头，船舶弥津。江东沿海日杂百货，秦岭伏牛山间土特产亦多在此地集散，遂成为豫、鄂、陕附近7省商贾云集之地。这里地方不大，曾出现"八大帮会、十大骡马店和二十四大商号"的繁荣景象。现存古代建筑有：荆紫关古街道、关门、山陕会馆、禹王宫、平浪宫、万寿宫、法海寺、清真寺、一脚踏三省碑亭等，为省级重点文物保护单位。

荆紫关平浪宫就是祭祀丹江水神的，据碑文记：荆紫关镇平浪宫建于清崇德三年（1638年），是供奉水神杨泗爷的神庙，为船工船商集资而建。建筑精美气派，地方祭俗别致丰富，民间传说众多。荆紫关平浪宫原有百十平方米的大戏台，现已不存。

平浪宫位于古街南段，起伏的檐瓦如同波浪，涌动在清晨灿烂的冬阳里。用料奢华与装饰讲究；宽不过六七步的古街边，平浪宫没有铺垫与过渡，突兀拔起高大前宫与左右钟鼓楼，十分壮观。

由图6-2-44所示可见，三间前宫，须步8级台阶才抵门前，上方屋檐高翘，檐脊正中，装饰一座3层楼楼阁，楼阁左右各有瑞兽相向而坐，显得精致又有气势。门楣上嵌一块大理石竖匾，上刻"平浪宫"三字。匾额左右各有一方形墙框，内绘彩色墙面。前宫两侧墙上，各有一大大圆形窗，像现代轮船上的圆形舷窗，窗上刻"风平""浪静"四字。开宗明义，讲明了对神庙之祈求。南钟楼北鼓楼与前宫比肩而建，和前宫构成一组完美建筑群。钟鼓楼造型相同，正方形，纯用木构榫卯，四角高挑顶部攒尖，3层重楼叠起，每个檐尖都装饰木雕龙头，龙头挂风铃，微风过处，如同天籁。钟鼓楼内各有4根大柱，直托楼顶，还有12根小柱，分担大柱重量，寓意四季十二个月。平浪宫不大，建筑精巧，是祭祀小河神的代表性建筑。

第三节 城隍庙

《说文解字》说"城，以胜民也"，"隍，城池也，有水曰池，无水曰隍"。古人造城是为了保护城内百姓的安全，同时还认为与人们的生活、生产安全密切相关的事物，都有神在，于是城和隍被神化为城市的保护神。城隍是自然神，凡有城池者，都建有城隍庙。城隍庙再经道教之演化，便成为剪除凶恶、保国护邦之神，并管领阴间的亡魂。经历史的演进，宋代以后，城隍开始人格化，多以过世的英雄或名臣奉为城隍神，如郑州的城隍神是汉刘邦麾下大将纪信。时至明代，土地庙与城隍庙极为受崇，按城池级别授予城隍级别，城隍庙也演化为全方位守护地方平安的神庙。可以说，在中国庙宇类型中，最多的就是城隍庙，时至今日，留存最少的还是城隍庙。

一、卢氏城隍庙

卢氏县城隍庙位于卢氏县城内中华街路北。据庙内碑碣记载，城隍庙始建于元末；明洪武初年修建，宣德年间毁于兵火，天顺八年（146年）至成

图6-2-44 荆紫关平浪宫钟鼓楼景观

化二年（1466年）重建，嘉靖年间又遭火灾，万历九年（1581年）修复。清康熙、乾隆年间均有修葺。现存建筑基本上保持着清乾隆间年重修后的规模和布局，特别是殿顶琉璃瓦件绝大多数为此次重修时所配置。

该庙现存主要建筑有山门、舞楼、献殿、大殿（正殿）及东西厢房等，面积约2300平方米。

山门面阔三间8.98米，进深两间6.02米，单檐悬山顶建筑，绿琉璃瓦屋面。前檐斗栱为四铺作单下昂，每间补间铺作各一朵，补间铺作的栌斗呈瓜楞形，琴面昂，昂嘴扁瘦，耍头为足材蚂蚱头。上部撑头木前端作卷云状，后尾刻成蚂蚱头状。明间柱头铺作用真昂，栌斗为方形。真昂后尾挑斡斜插于中平槫下的垂莲柱，与中柱铺作上的上昂呈"八"字形布置，共同支撑平梁。后檐柱头铺作同前檐，为四铺作单杪计心造。中柱分上、下两段，采用叉柱造结构。柱之下段承托额枋，枋上置四铺作单杪铺作，前后华栱上置异形栱，栌斗为圆瓜楞形，其上再插童柱，柱身两边伸出上昂支撑中平槫下的垂柱，垂柱上置襻间铺作，承托平梁。该建筑为明代中叶建筑，保留了较多元代以前建筑特征，清代又曾维修，为城隍庙内时代较早、文物价值较高的建筑。

大门东西两侧，有过门及龙壁。过门面阔和进深各为一间，分别为3.16米和2.35米，为单檐硬山造，小青瓦屋面。比较珍贵的是过门墙壁上镶嵌有仿木结构琉璃门窗，前后檐下置仿木琉璃斗栱，显得古朴典雅。过门两侧又各有一砖雕龙壁，显得华贵庄重。

舞楼位于大门以内，面阔三间9.76米，进深6.86米，为单檐歇山二层楼阁式建筑。前檐为琉璃瓦，后檐为灰筒板瓦屋面，二层设回廊。前檐明间设平身科斗栱二攒，次间一攒。柱头科与平身科斗栱皆为五踩重昂重栱计心造，昂下刻假华头子，琴面形昂头，昂嘴扁瘦，有明显的斗䫜。柱头科耍头为麻叶头，而平身科为蚂蚱头。斗栱间距不等。山面各间平身科一攒，柱头科及平身科皆同前檐，后檐斗栱攒数及构造形式同前檐，仅少数构件有异。梁架为抬梁式，五檩四步架。木构架转角处置抹角梁承托老角梁，老角梁后尾直接搭在五架梁上。翼角冲出尺寸很小（6.4厘米），而起翘为69厘米，约七椽径。明代建筑，清代大修。

献殿位于戏楼之后，面阔三间14.05米，进深9.38米，建在一米多高的台基上。为重檐歇山式建筑，绿琉璃瓦屋面。前下檐斗栱明、次间平身科皆为二攒，柱头科与次间平身科为五踩重昂重栱计心造，昂头为琴面昂，昂嘴呈三角形，其正面中央竖刻一沟槽，是河南目前已发现的4座有沟槽昂的建筑之一。昂身下部刻出假华头子，且昂之下平出较长，昂后尾伸出翘头。次间平身科厢栱上承托卷云形足材如意耍头，后尾伸出同样形状的足材耍头。柱头科厢栱上为足材蚂蚱头，其上承托同梁身一样大的梁头。耍头后尾伸出蝉肚形雀替附于梁底。明间平身科亦为五踩斗栱，但头挑为翘头，二挑为蚂蚱头。厢栱上承托足材麻叶头。所有坐斗、十八斗等皆有斗䫜。斗栱间的攒距不等。明间为138厘米，次间为116.5厘米。后檐斗栱的布局和结构形制同前檐。山面每间平身科一攒，柱头及平身科皆为五踩重昂重栱计心造。斗栱下的平板枋与大额枋呈"T"字形，且至角柱处出头为平齐状。檐柱高3.74米，柱径57厘米，柱径与柱高之比为1∶6.56。前檐二层斗栱明间平身科二攒，次间一攒，柱头科及平身科皆为五踩重昂重栱计心造，三角形昂嘴的正面竖刻沟槽，昂下刻假华头子，后檐上层斗栱攒数同前檐，平身科系五踩单昂单翘斗栱，柱头科为五踩重翘，斗栱间攒距不等。山面斗栱为五踩重昂重栱计心造，各间平身科均一攒。梁架结构中重要承重构件大柁上立八角形金瓜柱，下檐明间单步梁前端伸至檐外承托檐檩，后端插入八角柱内。大柁中央立瓜柱，瓜柱下用卷云状角背，柱头置大斗承托顺扒梁后尾，顺扒梁前端外伸，承托山面挑檐檩。八角柱上置上层檐柱头科，其上为五架梁，再上为三架梁，三架梁上立脊瓜柱，柱头置大斗，使用叉手，共承脊檩。上层山面的顺扒梁一端搭五架梁下，一端外伸承托挑檐檩，明间金檩与金枋之间置隔架科斗栱。明间顶部四隅置抹角梁四根，并用呈"T"字形的枋木组成八卦藻井。八个角下各施垂莲柱一根，组成一幅优美的殿顶装饰图案。反映出河南地方古建筑的特点，就其斗栱、梁架等主要建筑结构特征分析，该殿建于明代，清代重修时更换了若干构件。

后殿紧接献殿之后。该殿建于明代，清代大修时改变了部分结构做法。面阔五间19.66米，进深二间12.57米，为单檐悬山式建筑，灰筒板瓦屋面。前檐平身科斗栱已不存，柱头科斗栱为五踩重昂重栱计心造。后檐柱头科为五踩出双翘斗栱，翘头前后形制相同，蚂蚱头后尾伸出蝉肚形雀替托梁头。梁架结构为五檩四步架，五架梁直接置在前、后柱头科上，其上置驼峰，驼峰与三架梁间置一斗二升隔架科，三架梁中央置鹰嘴驼峰，其上为断面呈"T"字形枋木，枋木之上置斗栱，与叉手共承脊檩，脊檩与金檩之下分别置一斗二升交麻叶头的隔架科。

卢氏城隍庙现存大门、舞楼、献殿、大殿和东西廊房，基本保持着明、清时期的建筑风格，是豫西地区保存最完整的古代木结构建筑群之一，是研究明、清建筑的科学依据和实物标本，也是河南省目前保存比较完整的城隍庙。

卢氏城隍庙大门使用真昂及上昂、下昂共承建筑屋架的梁架结构。献殿与后大殿的沟槽昂、献殿的藻井结构等均为河南省古建筑珍品。舞楼部分斗栱栱端向下伸出笏形附件，亦为少见。以上特色均为研究建筑史的重要实物资料。据《卢氏县志》载：明万历十三年（1585年）地震，楼舍崩塌，只存城隍、关帝二庙。由此可见，卢氏城陛庙是研究古代木结构建筑抗震性能的重要实例之一，具有较高的历史价值、科学价值和艺术价值。

二、安阳城隍庙

安阳城隍庙，即彰德府城隍庙，又名威灵公庙，位于安阳市老城鼓楼东街，占地面积6000平方米，是安阳市最大的一处祠庙建筑群，坐北朝南，南北长120余米，东西宽50米，中轴对称，为安阳市内现存规模最大、保护较好的古建筑群，河南省文物保护单位。1989年在此成立安阳市民间艺术博物馆，并正式对外开放。

据《彰德府志》图示，原建筑群为四进院落，五座大殿。每院以大殿为主体，配有左右对称的廊房或配房。后院东侧有三座道房。前院有牌楼、照壁、判池。中轴线上五座大殿。建筑类型有硬山式、悬山式、歇山式、单檐和重檐结构。庙始建于北朝至隋大业十四年（公元618年）之间，明洪武二年（1369年）大规模扩建，后历经改移更建，始为今日之规模。中轴线对称布局，有院落四进，大殿4座，廊房数十间。由南入，依次为牌楼、照壁、泮池、前殿、二殿、三殿、四殿等。布局结构严谨，殿堂造型及大部分建筑构件皆具中国北方的明清建筑特征。特别是前殿（建于明代）斗栱使用沟槽昂，甚为奇特，为此庙建筑结构最大特点，豫北仅见，具有重要的研究价值。

由于历史原因，现存古建筑有大门、前殿、抱厦、寝殿、后殿，重建建筑有牌坊、七县城隍庙、偏院道房、东西厢房、大殿等。

山门，建于明洪武年二年（1369年），面阔三间12.3米，进深三间8.8米，为重檐歇山式建筑，平面布局为长方形，柱网对称布置，下层檐部施三彩单昂斗栱，明间四攒，两次间各二攒，斗栱之间有栱垫板。上层檐部施七踩三昂斗栱，无正心檩，正心枋直接承接椽子，转角有擒檐。柱绿琉璃瓦覆顶。城隍庙大门柱网简洁，前后檐柱支撑一层斗栱和梁架，前后金柱直通上层檐，支撑三架梁、五架梁和上檐斗栱，柱础为凸面覆盆式。明间四攒平身科，次间不设平身科，仅有柱头科和角科。山面一攒平身科。斗栱之间无栱垫板，内外通透。梁架结构富有特色，使用大叉手，三架梁与五架梁之间的距离很小，故以方木代瓜柱。五架梁通跨，直接延伸至前后挑挑檐檩。下层使用了单步梁和双步梁，单步梁下由大斗和驼峰承托。大门在明间后金柱之后。

拜殿，明代悬山式建筑，面阔三间，进深一间，殿前有月台，平面布局呈"凸"字形，前后檐柱均为小八角石柱，明间前檐柱镌刻楹联，大额枋与普拍枋呈"T"字形，檐部施五踩重昂斗栱，为象鼻昂，梁架脊部施叉手，绿色琉璃筒板覆顶，1985年进行修缮。

大殿，清代歇山式建筑，面阔五间，进深三间，檐柱、金柱施覆盆式柱础，大额枋与普拍枋呈"T"字形，檐部施五踩重昂斗栱，昂嘴为拔塞昂，柱网为前后对称式布局，绿色琉璃筒板覆顶，1987年进行修缮。

寝殿，清代悬山式建筑，面阔五间，平面呈长方形，柱网布置左右对称，前檐柱施覆盆式柱础，大额枋与普拍枋呈"T"字形，檐部施一斗二升交麻叶式斗栱，屋面为灰筒板式覆顶，1988年进行修缮。

七县城隍殿，清代硬山式建筑，面阔三间，进深两间，平面布局为长方形，檐柱、金柱施覆盆式柱础，前檐施十字交麻叶式斗栱，两山有山花，灰筒板覆顶，1987年进行修缮。

东配殿，清代硬山式建筑，面阔三间，进深两间，平面布局为长方形，前檐柱、金柱施覆盆式柱础，前檐施十字交麻叶式斗栱，两山有山花，灰筒板覆顶，1987年进行修缮。

彰德府城隍庙是安阳保存不多的明代祠庙建筑群，尤其大门保留了明代建筑风格，为研究明代建筑提供了宝贵的实物资料。城隍庙大门和抱厦斗栱做法精致，雕刻线条顺畅，造型美观，富有地方特色。

三、郑州城隍庙

郑州城隍庙位于郑州市内商城路东段路北，全称城隍灵佑侯庙。始建于明初，距今600多年的历史。明弘治、嘉靖、隆庆；清康熙、乾隆、光绪年间重修。该庙坐北朝南，现存大门、二门、戏楼、大殿、寝宫等建筑，玲珑别致，特色鲜明，是郑州市区现存规模最大、群体最完整的一组明、清建筑群。充分体现了我国古建筑的特点，是研究明清古建筑的直观实物。

庙内有2004年按照民间工艺手法雕塑的城隍神像、神龛及六十花甲神像，存有明初郑州同知张大猷草书石碑《福赞》，笔迹苍劲挺拔。东西厢房为豫剧艺术陈列展览。

大门面阔三间、进深两间，悬山式建筑，绿色琉璃瓦顶，檐下施三昂七踩斗栱，三幅云嘴昂，耍头呈象鼻状，斗栱后尾平插垂莲柱。明间前后4根石柱，呈小八角形。门前砌有6级扇面形垂带式踩踏，二门，又称过庭（图6-3-1）。面阔三间、进深两间，硬山式建筑。灰筒瓦顶，正脊两端置大吻，中部是二龙戏珠和宝瓶，下有浮雕人物，中置神像，两侧各有一对追逐相斗的骑士，姿态各异，栩栩如生。檐下置一斗二升斗栱，山墙砌筑有弧形墀头，下部雕砖上饰有麒麟、花草和须弥座。

戏楼和二门相距咫尺，面阔三间、进深两间，为重檐歇山式高台楼阁（图6-3-2）。主楼居中，左右两侧檐下配以歇山式边楼，高低错落有致。主楼歇山顶，前后复有抱厦，顶覆绿色琉璃瓦，高台上的石栏板、望柱制作精巧，造型优美。全楼共有19条脊，纵横穿插，均饰脊兽，正脊浮雕龙、彩凤、荷花、狮子等，千姿百态。整体建筑小巧玲珑，造型别致，独具一格。

大殿（图6-3-3）面阔三间、进深三间，单檐歇山顶，绿色琉璃瓦顶，脊饰用黄色琉璃，脊置大吻脊兽，脊中部立一雄狮，背驮火焰宝瓶。檐下施重昂五踩斗栱，角科用把臂厢栱，前檐明间施有两攒溜金斗栱。殿前、后明间均装修有4扇六抹头隔扇，殿前次间装修有槛窗，均为正搭斜交棂花式。檐下的垫栱板上绘有八仙人物、二十四孝图等彩画，十分壮观。殿前砌有月台。明间设4扇隔扇门，殿内檐施垂莲柱一周。

后寝殿为此庙主要建筑，由拜厦和寝殿组成，中有地沟相隔（图6-3-4、图6-3-5）。拜厦面阔五间，进深四架椽，卷棚顶，屋面均覆有绿色琉璃

图6-3-1 郑州城隍庙二门

图6-3-2 郑州城隍庙戏楼

瓦，脊饰用黄绿花色琉璃。寝殿面阔五间，进深三间，悬山式建筑。正脊两端置两米高的大吻，中央饰一重檐歇山式阁楼，檐下施三昂七踩斗栱，昂嘴和耍头均似象鼻状。斗栱后尾平插垂帘吊柱一排，匠心独运，别具一格。檐下垫栱板上饰有色彩绚丽的琉璃浮雕，造型生动，题材丰富。

郑州城隍庙的整体布局序列清晰，主次分明，中轴线上有大门、二门、戏楼、大殿、寝宫，戏楼同寝宫，两侧还各有厢房，其中戏楼两侧的厢房为两层，以便观戏之需。庙内建筑形式丰富，集硬山、悬山、歇山、卷棚各式为一处，特别是戏楼为双层歇山式建筑，19条屋脊纵横交叉，设置巧妙，堪称建筑艺术之精华。

此庙建筑风格、造型艺术和雕刻装饰都具有较高的文物价值。新中国成立后，人民政府对其妥加保护。1963年6月，河南省人民政府委员会公布为省级文物保护单位。1982年，省、市政府拨款进行了较大规模的修葺。2004年，郑州市政府投资300余万元，对城隍庙进行维修保护与环境整治。

第四节　纪念类建筑

河南地处中原，在历史上长期是中国政治、经济、文化的中心，因而名人辈出，佼佼之才，灿如繁星，一大批产生于河南的政治家、思想家、科学家、军事家、文学家等活跃在中国各个历史时期的舞台上，对中国历史的进程产生了深远影响。他们在人民的心目中地位很高，为他们树碑立传，立祠建庙，以示永久纪念。这类纪念性建筑，如汤阴羑里城的文王庙、卫辉的比干庙、洛阳周公庙等，历史上就规模大，规格高，影响大；南阳医圣祠、武侯祠、洛阳关林等名震天下；汤阴岳飞庙为三大岳庙之首。其他如韩愈祠、欧阳修、包公等名人先贤

图6-3-3　郑州城隍庙大殿

图6-3-4　郑州城隍庙拜殿与寝殿

图6-3-5　拜殿与寝殿的关系

祠庙很多，有的不存、有的破败、有的是新建，这些不在本章记述之列。

一、卫辉比干庙

（一）比干其人

比干，沫邑人（今卫辉市北）。生于殷武乙丙子之七祀（公元前1125年）。比干幼年聪慧，勤奋好学，20岁就以太师高位辅佐帝乙，又受托孤重辅帝辛。从政40多年，主张减轻赋税徭役，鼓励发展农牧业生产，提倡冶炼铸造，富国强兵。比干是殷帝丁的次子，帝乙的弟弟，帝辛（即纣王）的叔父，官少师（丞相）。受其兄帝乙的嘱托，忠心辅佐侄儿——幼主纣王。帝辛戊寅三十二祀（公元前1063年）冬十月二十六日被纣王残杀，终年62岁。比干为中国历史中以死谏君的忠臣，称为"天下第一仁"。周武王封比干垄（垄为国神）。

（二）比干墓历史沿革

比干庙位于卫辉市北7.5公里处，坐北朝南，占地面积百余亩，尚存建筑多为明代遗存，是我国古老的忠臣庙之一。周武王时封墓。北魏太和十八年（公元494年），魏孝文帝出都巡视路过卫辉，对比干之墓封墓建庙，并亲笔撰文立魏孝文帝吊比干文碑。唐贞观十九年（公元645年），唐太宗追赠比干为太师，谥号"忠烈公"，并封墓，修缮庙院。明弘治七年（1494年），明孝宗重建比干庙。清乾隆十五年（1750年）九月，乾隆皇帝亲至年比干庙祭吊，并亲笔书丹祭文。明清历代曾有多次修缮。现为全国重点文物保护单位。

（三）比干庙概况

卫辉比干墓庙现存建筑群格局为明代弘治年间重修。庙南北长410米，东西宽153米，占地6.8公顷，中轴线建筑依次为照壁、山门、仪门、木牌坊、碑亭、拜殿与大殿、石牌坊、碑亭、比干墓和魏孝文帝"吊比干文碑"（宋重刻）、唐太宗"祭比干文碑"、清乾隆"御制诗碑"等唐、宋、元、明、清历代碑刻86通，以及庙内外300余株古柏，从而构成了一座布局完整、规模宏大、庙墓合一的古代建筑群。

（四）主要建筑

照壁（图6-4-1），高3米，宽9.6米，厚1.3米，绿色琉璃瓦顶，壁体正中镶嵌由24块琉璃方砖砌成的花卉图案"落叶归根"，构图精巧，色彩绚丽。

山门，面阔三间，单檐歇山顶，檐下置五彩重昂斗栱，顶覆绿色琉璃瓦，门额上书"比干庙"，门前立石狮1对（图6-4-2）。

二门，面阔三间，门仿上题"谏臣极则"，四字，左右刻对联"犯颜直谏丹行炳炳昭太岳，杀身成仁正气堂堂壮卫川"。

三门，面阔三间，木牌坊式建筑，檐下置斗栱，正面黄色琉璃瓦，北面绿色琉璃瓦，门额上书"殷太师庙"四字（图6-4-3）。门两旁为碑廊，内现存唐、宋、元、明、清各代碑刻64通，其中著名的有魏孝文帝《吊比干文》（为宋代重刻）、陈宣帝《祭比干文》、《唐太宗赠殷太师比干诏》等，都十分珍贵。

大殿，面阔五间，进深三间，歇山式琉璃瓦和

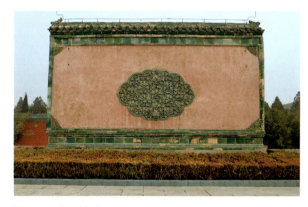

图6-4-1 比干庙照壁

图6-4-2 比干庙大门

图6-4-3　比干庙三门

灰筒瓦顶，殿身较低，出檐较深，殿顶平缓，檐下施三踩斗栱。大殿为明孝宗时重建，木构件均施旋子彩画，额心绘二龙戏珠等图案，遮檐板分别绘火焰三宝珠、龙凤等图案。装修明次间为六抹隔扇门，梢间为槛墙隔扇窗，格心为三交六椀。殿顶用绿色琉璃瓦覆盖，正脊素面，两端置正吻。大殿前有月台，月台之上建有一卷棚前厅，檐下施斗栱，两侧有配殿和厢房。大殿前有御碑亭，内置清乾隆皇帝《御制诗》碑（图6-4-4）。

大殿后为比干墓，占地1.3万平方米，墓冢高约2米，周长实测144.4米，半径约23米，面积1661.06平方米。相传为西周武王所修，墓周为柏林。墓冢前置一碑亭，亭内为孔子剑刻碑。相传，春秋战国时期，孔子携弟子拜祭比干墓，亲自用剑刻"殷比干莫"。为目前所发现的孔子传世唯一真迹，清乾隆佐证（图6-4-5）。

比干墓庙内碑刻林立，文人多在此挥笔泼墨，其中，魏孝文帝"吊比干文碑"建造于北魏太和

图6-4-4　比干庙乾隆御碑亭

十八年（公元494年）十一月，原碑毁于战火。现存碑为宋元祐五年（1090年）九月重刻。碑为半圆首形制，碑身通高2.56米，额首篆书"皇帝吊殷比干文"7字。碑阴与左右两侧皆刻有字，根据碑文内容得知为北魏孝文帝元宏撰文，世代相传为南北朝书法家崔浩书丹。碑阴刻文分4列，前3列为吊官82人的题名，最后一列为宋元祐五年九月十五日吴处厚所撰的碑阴记，字体为楷书，林舍书丹。孝文帝吊比干文碑字体外形方正，笔画瘦硬，两端方而粗，犹如硬骨，笔势峻直，繁画密排，峻拔森严，素与洛阳龙门二十品齐名。其拓片为历代书法家、书法爱好者所珍藏、临摹，是研究书法难得的珍品。"殷比干墓"墓碑，传为孔子挥剑所刻。唐太宗李世民的《祭殷太师比干文》碑、元朝刘敏中的《敕修比干墓》碑、清乾隆御书的《过殷太师墓有作》等，均具有重要的价值。该庙经历代整修，现保存尚好。

二、洛阳周公庙

洛阳周公庙位于洛阳市定鼎南路东侧，中州渠以北。始建于隋末唐初，是纪念西周时期著名的政治家、军事家、思想家、古代洛邑的营建者、中国儒家思想奠基人——周公姬旦的祠庙，亦称元圣庙。是全国三大周公庙之一，也是周公后裔150余姓寻根问祖祭祀朝拜的圣地，为全国重点文物保护单位。

《资治通鉴》记载，王世充"为周公立庙，每出兵辄先祈祷"。唐太宗贞观年间和唐玄宗开元年间都曾予以重修。据《河南通志》记载，明嘉靖四年（1525年）又在旧址重建，清康熙十三年（1674年），河南府知府王来庆对残存定鼎堂的周公庙进行全面大修，使之"望之翼然，即之焕然，庙貌加隆矣"。他还在庙门东西两侧分别建立彰善坊、文昌阁，以示倡导文教、尔雅风俗。清乾隆、光绪年

图6-4-5 比干墓

间又多次修缮，民国年间也曾对周公庙进行过维修与扩建。

周公是周文王的第四个儿子、周武王的胞弟、周成王的叔父，曾协助武王"伐纣灭商"，辅佐成王"定鼎洛邑"，"制礼作乐"。使中国成为文明古国，礼仪之邦。

周公庙占地50余亩，现有明清建筑定鼎堂、礼乐堂、先祖堂和东西两庑。历代有所修建，大体保存旧制，虽历经沧桑，但风采依旧。院内西侧为隋唐东都城正门应天门遗址。

洛阳周公庙坐北面南，中轴线从南到北依次有山门（新建）、元圣殿遗址、定鼎堂、礼乐堂（会忠祠）、后殿，东西两侧有廊房。

山门，单檐歇山式，檐下置斗栱。东西各置一悬山式侧门（图6-4-6）。

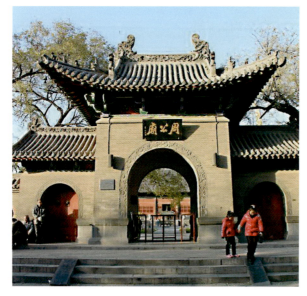

图6-4-6　洛阳周公庙大门

元圣殿，重檐三开间明代建筑，大殿内供奉元圣周公像。元圣殿主体建筑今已不在，遗址上石柱础保存完好。

定鼎堂建于明嘉靖四年（1525年），是庙中的正殿（图6-4-7），为了纪念周公辅佐周成王"定鼎洛阳"的功劳，周公庙的大殿被称做"定鼎堂"。定鼎堂为单檐歇山顶，面宽五间，进深三间，台基随殿身呈长方形，东西长21.1米，南北宽15.3米，殿前有月台，南北宽5.2米，东西长15.1米，台高1米。室内置前后金柱各一排，用素覆盆柱础。室内的梁架结构为五架梁对前后双步梁，双步梁下穿插枋雀替的做法与早期建筑中的蝉肚绰幕很相似（图6-4-8）。檐下施五踩重昂斗栱，明间用平身科一攒，次间和梢间各施一攒，柱头科做法与平身科相似，整组斗栱用材不大，但制作精细，内檐斗栱的黑白彩画保留完好，与梁架彩画相互映衬，使室内显得格外庄重。两山所用平身科与前后檐不同，做法比较古朴，斗栱的后尾向上搭在踩步金上，形成镏金斗栱。青铜瓦件，绿色琉璃瓦剪边，龙凤屋脊，两端饰以吻兽。四角飞檐起翘，拓展伸张，比例匀称，节奏和谐，既庄严稳重又有隽秀灵巧之气。正门额上悬挂有戴傅贤于民国二十一年题匾

图6-4-7　周公庙定鼎堂外景

图6-4-8　周公庙定鼎堂室内梁架

"定鼎堂"匾额，殿内现供奉周公、召公、毕公、伯禽、君陈五尊圣像，定鼎堂虽经明万历、清乾隆、清光绪多次大修，但仍保留明代重建时的基本风格。1991年在定鼎堂砌封达60年之久的东壁龛内发现明代彩塑——周公长子伯禽之像，为河南省迄今为止不多见的明代大型彩塑像之一，有较高的文物价值。

定鼎堂后为礼乐堂，面宽五间，进深两间，单檐硬山顶。殿内陈列模拟当年周公制礼作乐的场面。

后殿面宽五间，进深两间，单檐硬山顶。殿内现陈列洛阳宫城模型。

西周雒都成周是由周公主持营建，因此周公庙对于洛阳有着特殊的意义。它与陕西岐山、山东曲阜周公庙，并称为海内三大周公庙。

周公庙的整体布局，序列清晰，主次分明，其整体平面呈长方形，前后现存四进院落，庙墙围护，气势宏大，非一般寺庙可比。周公庙建筑群体和规制，是经过几个朝代的不断重建和重葺形成的，体现着这一地区各个时代风格和建筑历史的发展，也充分显示了中原地区劳动人民的聪明才智，是研究中原地区古建筑不可多得的实物资料。

三、洛阳关林

（一）关林概况

关羽，字云长，是华人文化圈中妇孺皆知的人物。公元219年冬，孙权偷袭荆州，关羽退走麦城，大义归天。公元220年春正月，孙权害怕刘备起兵报复，将关羽首级送予洛阳曹操，意在移祸。曹操敬慕关羽，用沉香木雕躯，以王侯之礼葬关羽首级于洛阳城南，并建庙祭祀，迄今已有1790余年历史。因关羽是中国"仁、义、忠、信"之化身，备受官方和人民崇敬，历代逐级加封，明代达到顶峰，敕封关羽"三界伏魔大帝神威远镇关圣帝君"，关羽始封"圣"。清顺治五年敕封关羽"忠义神武关圣大帝"，康熙五年敕封洛阳关帝陵为"忠义神武关圣大帝林"，始称"关林"。关林是我国唯一一处"林、庙"合祀关圣帝君的圣域。现为国家级重点文物保护单位。

关林亦称关帝庙、关帝冢，位于洛阳市区南7公里的关林镇，已近1800年历史，建筑屡有修葺，而原冢依然。祠庙坐北向南，红墙围绕。占地面积200余亩，现有殿宇房舍180余间，传世绘画50余幅，雕刻200余件，大小石狮铁狮110多尊，古柏千棵，以及部分墓志精品，是我国唯一的林庙合祀古代建筑群。

庙内依中轴线布局，分别为大门、仪门、步道、月台、拜殿、大殿、二殿、三殿、石牌坊、碑亭、墓冢。庙两侧有钟楼、鼓楼、华表、焚香亭、配殿及长廊等建筑。

（二）关林主要建筑

舞楼又称戏楼，与关林大门相对，建于清乾隆五十六年（1791年），是一座平面呈"凸"字形的高台建筑，面阔五间，进深三间，重檐挑角，绿琉璃瓦顶。舞楼巧妙地把前台的歇山和后台的硬山式组合在一起，檐下置斗栱，枋下透雕花幔，十脊重檐，宛如一座重檐楼阁，巍巍壮观，堪称河南古代舞台建筑的珍品（图6-4-9）。

大门面阔五间，三门道硬山式建筑，建于清乾隆五十六年（图6-4-10）。其进深两间，硬山顶，

图6-4-9 洛阳关林戏楼

图6-4-10 关林大门外景

图6-4-11 关林仪门外景

门上悬"关林"镏金大字匾额一块。脊上正吻为一龙形。山门两侧为八字墙，分别篆书"忠义"、"仁勇"二字。朱漆大门上排列着金色乳钉（正门81颗，侧门49颗）。门前置高2.7米的白色大理石雕狮1对，是洛阳现存明代最大的石狮，还有青石旗杆座1对。

仪门面阔五间，硬山式建筑（图6-4-11）。为明代关帝庙大门，清代扩建时改为仪门。正门额上有清慈禧太后题匾"威扬六合"。仪门东西次间与尽间之间的隔墙上，各镶嵌刻石一方，东侧是"关圣帝君像"，相传为宋代岳飞因缅怀关羽的英勇和忠义而作，上有"岳飞之印"，在青石板面上减地刻出关羽身跨赤兔马、手提青龙偃月刀的威猛雄姿。西侧为"关帝诗竹"刻石，画面上两棵劲竹，枝叶随风飘摇，全部竹叶组成一首诗："不谢东君意，丹青独立名。莫嫌孤叶淡，终久不凋零。"门前置立铁狮1对，明万历二十五年（1597年）铸造，重约1500余公斤。

石栏板甬道和月台，在仪门和大殿中间，是按帝王宫殿制度修建的。甬道均以石雕栏板护围，在栏板之间36根望柱上雕小石狮子104个，姿态各异，栩栩如生。月台长24米，宽8米，台中置清乾隆年间造的铁香炉和铁花瓶。在甬道东西两旁，矗立着两个高4.6米的华表，为一巨石雕刻而成，柱身盘绕浮雕巨龙，顶有仰天兽，气势磅礴。石坊高6米，宽9米，柱身各有楹联。清乾隆五十六年（1791年）建造。

钟鼓楼位于大殿前方东、西两侧，左右对称，间距56.5米，东为钟楼，西为鼓楼，结构相同，为十字脊重檐楼阁式建筑。下有砖砌高台，高4.5米，长宽各8.5米。台基上立12根檐柱，高3.05米，柱础为高仅4厘米的扁鼓形。下层三间，通面阔6.1米，砖砌墙体厚0.65米，高4.1米。下层正面开一券门，高2.45米，后墙开一方形窗。房脊8条，与上层分开看，是上平台式建筑，墙体四面各设一宽1.4米、高1.9米的隔扇窗。钟楼的台基西壁上，镶有《关圣帝君新降警世文》碑刻，由6块青石组成。钟楼内悬明代铜钟一口。鼓楼台基上，镶有四方施财碑记，鼓无存。

拜殿在大殿之前，与大殿浑然一体（图6-4-12），又称启圣殿，是举行祭礼时谒拜之场所，为大殿的附属建筑，位于大殿之前，面宽五间，前廊卷棚顶，大木作用材工整，做工精良（图6-4-13）。殿中间有清乾隆帝、慈禧太后亲书匾联。殿内西墙上镶有《奉赐金修关林颂》，东墙上镶有《关帝重修衣冠记》，均由6块青石组成。东端悬挂明万历二十五年（1597年）铸造的大铁钟1口，西端竖立着3.5米长的大刀。殿前月台上，有一对明万历二十二年（1594年）铸造的铁花瓶。

大殿与拜殿相连，为庙内主要建筑（图6-4-14），

图6-4-12 关林拜殿与大殿外景

图6-4-13 关林拜殿木构架

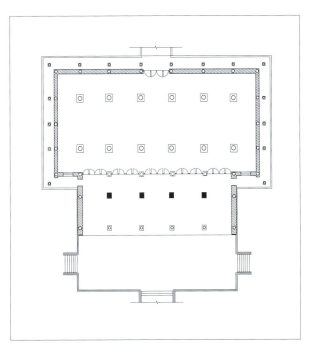

图6-4-14 洛阳关林大殿及拜厦平面图

始建于明万历二十四年（1596年），历时3年建成。大殿面宽七间，进深三间，单檐庑殿绿色琉璃瓦覆顶。整座大殿建于1.5米高的砖石台基之上，共用柱48根。梁架上均绘黑白龙凤等图案。檐下斗栱华丽，朱门雕窗，四周绕以回廊。正门两侧有木透雕和浮雕《桃园三结义》、《三英战吕布》等12幅故事图像。外墙四周满嵌碑刻。大殿前侧，门额上悬慈禧亲题的"气壮嵩高"匾额一块，为慈禧所题。殿内供奉关帝坐像，两侧为关平和周仓。关羽坐像高达6米，为国内目前最大的关圣像。

二殿面阔五间，为进深五檩的庑殿顶建筑。门上悬有"光昭日月"匾额，为清光绪皇帝御题。檐下置斗栱，前檐下彩绘《斩颜良》、《古城会》等12幅关羽故事图像。殿后门有一对蟠龙门墩，设计之巧，为石刻中罕见。二殿之前为月台，石刻须弥座。各层周边均雕以花纹。殿两侧各有3间硬山式建筑，东为"圣母殿"，该殿原为张侯殿，后改为圣母殿。殿内供奉圣母和侍女像。西为"五虎殿"，内有关羽、张飞、赵云、马超、黄忠五虎将塑像，两边筑月栱门。

三殿又称"寝殿"，是庙内最后一座殿宇，面阔五间，硬山顶，平面呈"凹"字形，檐下置龙头昂首斗栱。内塑关羽夜读春秋像、关羽出行图等。殿内梁架均为黑白双色图案，殿檐下有"三英战吕布"、"威镇荆州"、"战长沙"三幅大型故事图。前枋上还有9幅小型故事画。

在三殿与关林碑亭之间，耸立石坊两座，前面为明代万历甲辰年（1604年）修建。石为明代刻立，高6米，宽10米，三门道，石柱上望兽昂首，正额题"汉寿亭侯墓"5字，为清代官员胡滨所书。

石坊之后，有明天启六年（1626年）福王府内司房官肖升所立石供案，前后两面雕刻花纹。清康熙五十五年（1716年），又在石案上加石坊，规模较前坊略小，柱高5米，顶为宝瓶装饰。其上为三韩弟子高镐书"中央宛在"四字,坊柱行楷题联:"千秋志气光南洛,万古精灵映北邙。"

碑亭又称"敕碑亭",俗称八角亭,建于清乾隆三十年(1765年)。为平面八角形全木结构,八面起坡歇山式,斗栱、枋檩交错勾连,可谓巧思奇构,角柱和亭顶结为一体。亭内有龟趺坐石碑一通,碑额书"敕封碑记",正面书"忠义神武灵佑仁勇威显关圣大帝林",阴面介绍了关羽生平事迹。亭前置明刻石狮一对。

关冢位于整个庙宇的后部,冢周以条砖砌成八角形围墙。冢正面南墙,有清康熙四十六年(1707年)修筑的石墓门,门两侧有行书楹联:"神游上宛乘仙鹤,骨在天中隐睡龙。"墓碑竖在冢前,高4.8米,上有雕龙碑首,额题篆书《敕封碑记》,为清康熙皇帝给关羽追加封号所立之碑。

长廊分列庙院两侧,每排25间,硬山顶。红柱彩枋与殿宇相映生辉,为1980年在原厢房基础上改建,长90米。廊内陈列洛阳出土的古代石刻珍品。1980年辟为"洛阳古代石刻艺术博物馆",陈列历代碑刻、墓志、石刻艺术品近2000件,其中东汉的"石辟邪"、北魏的"升仙画像石棺"、隋代的石狮等,更是稀世珍宝。

关林是武圣人关羽葬首之处,为墓葬的最高称谓。这一称谓随关羽称号不断提升而变化,汉代称关侯冢、宋称关王冢、明称关帝陵、清康熙五年改关帝陵为关林,沿袭至今。洛阳关林是全国四大关帝庙之一,建筑规模最大,是集古代建筑、雕刻艺术、书法艺术于一身的古建筑群,历史上就是游客和香客至东都洛阳的必拜之地,至今香火旺盛。

四、汤阴岳飞庙

岳飞庙,原"精忠庙",官称"宋岳忠武王庙",位于汤阴县城内西南隅岳庙街。始建于明景泰元年(1450年),是为纪念岳飞而建。岳飞,字鹏举(1103~1142年),汤阴县人,南宋著名抗金将领,我国历史上著名的民族英雄。2001年,岳飞庙被国务院公布为全国重点文物保护单位,是中国三大岳庙之一。

岳飞庙坐北朝南,现基地面积6000平方米,主院五进院落,东侧跨院也很大。殿房建筑百余间,彩色塑像30尊,历代名人碑碣300余通。自南而北建有精忠坊、施全祠、山门、仪门、大殿、寝殿等(图6-4-16)。

精忠坊又名棂星门,建于明弘治十四年(1501年),临街面西,木结构。坊高12.1米,六柱五楼重檐式木牌楼,主楼作庑殿顶,琉璃瓦龙吻龙脊,檐下用十一踩斗栱,柱头以内补间四攒,屋顶及斗栱均施以彩绘,灿烂夺目。额题"宋岳忠武王庙"六个大字(图6-4-17),为明孝宗朱祐樘所题。主楼檐下左右有四次楼,向外一面为庑殿式,向内靠柱一面为悬山式,檐下用九踩斗栱。次楼西面加筑八字砖墙,壁心凹龛内各书"忠"、"孝"字样,高约2米。牌坊对面筑一硬山式券门,两座建筑之间本为通道,后于山门对面加建施全祠,封闭了正面,使门前形成一座小扁院。

精忠坊后有铁铸秦桧、王氏、张俊等5人跪像,皆蓬头垢面、袒胸露脐、反缚双手、低首俯背,与正殿中岳飞塑像遥遥相对。两侧悬有楹联一副:"蓬头垢面跪阶前想想当年宰相,端冕垂旒临座上看看今日将军。"庙内有碑载道:"秦桧与其妻长跪于下,观者争击之,堆积砖石不下百余

图6-4-15 关林内御碑亭

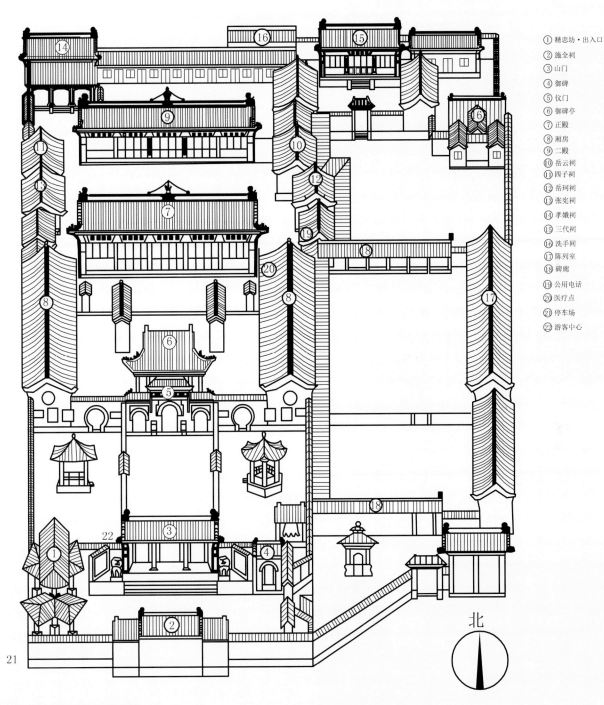

① 精忠坊·出入口
② 施全祠
③ 山门
④ 御碑
⑤ 仪门
⑥ 御碑亭
⑦ 正殿
⑧ 厢房
⑨ 二殿
⑩ 岳云祠
⑪ 四子祠
⑫ 岳珂祠
⑬ 张宪祠
⑭ 孝娥祠
⑮ 三代祠
⑯ 洗手间
⑰ 陈列室
⑱ 碑廊
⑲ 公用电话
⑳ 医疗点
㉑ 停车场
㉒ 游客中心

图6-4-16 汤阴岳飞庙鸟瞰示意图

斗。俗云，击桧之首，永不首痛；击桧之心，永不心痛。非果不首痛也，因宋室不能碎其首，后人争欲碎之也；非果不心痛也，因宋室不能割其心，后人争欲剖之也。故假为是词，以泄其不平之愤焉耳。"五跪像后建有施全祠，面阔三间。祠内有铜铸施全持剑像，左为宋义士隗顺像。两耳房为岳飞部卒牵马伺立像。

施全祠对面为山门，山门坐北朝南，面宽三间，两侧有石狮一对，雄健可爱（图6-4-18）。山门檐下悬有"精忠报国"、"浩然正气"、"庙食千秋"等匾额，为当代书法家所题。两侧檐柱上分别题有楹联："存巍然正气，壮故乡山河"、"孤愤书两表

墨迹犹在，报国秉一心浩气长存"。山门前有青石台阶，山门两侧照壁上雕刻有滚龙戏水图案。东侧有清高宗乾隆十五年（1750年）所建御书诗碑。门内古柏成荫，碑石成林，左右侧院各建方亭，东称"肃瞻"，六角攒尖式建筑，精巧秀丽，为拜谒人整理衣冠而设，建于清雍正十二年（1734年）；西名"观光"（图6-4-16），四角攒尖式建筑，古朴大方，供游人赏花品茶与歇息之用，建于清乾隆年间。

山门之北有仪门，制作简单，为牌坊式，券门三开式。门前两侧墙壁上镶嵌着一通通比较重要的古碑刻，在此欣赏书法也是高雅之享受。此处旧时为文官下轿、武官下马之处。仪门院的四周花墙壁间镶嵌形制大小不一的碑碣94块，多为明清时期文人学士歌颂岳飞的诗词文赋。也有重修、扩建庙宇的碑记。称为"碑林"。东西各建厢房一列。

过仪门，则是御碑亭（图6-4-20）。御碑亭面阔三间，单檐歇山卷棚灰瓦顶。清乾隆十五年（1750年）秋天，乾隆皇帝巡视嵩山回京路过汤阴岳飞庙于此作诗一首："翠柏红垣见葆祠，羔豚命祭复过之。两言臣则师千古，百战兵威震一时。道济长城谁自坏，林安一木幸犹之。故乡组豆夫何恨，恨是金牌太促期。"随行官员命人镌刻石碑并竖立于此。现在该碑移到山门东侧，此处只留下一座空亭。此亭结构简洁，造型大方，是庙内较有价值的建筑之一。

图6-4-17 岳飞庙精忠坊

大殿为面阔五间、进深三间的大式硬山建筑，殿顶有龙吻花脊，檐下用五踩斗栱（图6-4-21）。明、次三间装六抹头隔扇门12扇，梢间各于槛墙上置四抹头隔扇窗。中门檐柱上有"人生自古谁无死，第一功名不爱钱"楹联。殿内正中有岳飞戎装坐姿塑像，高丈余，塑像上方悬"还我河山"金字匾额。顶覆碧瓦，气势恢宏，殿内彩梁画栋甚为壮观。殿门上悬巨匾5块，中门楹联两副。大殿前之厢房，东为何铸殿，西为张宪殿，是纪念名臣良将的祠所。

二殿，原为岳飞与夫人李氏寝殿。面阔五间，

图6-4-18 岳飞庙大门与施全祠

图6-4-19 岳飞庙仪门

图6-4-20 岳飞庙碑亭

进深一间，单檐硬山式建筑，檐下施檐垫板、平板枋、大额枋；殿顶覆筒板瓦，绿琉璃瓦剪边。正面檐下有5块匾额，分别是"天地正气"、"壮怀激烈"、"精忠贯日"、"正邪冰炭"、"刚直不阿"，其中"精忠贯日"匾额为清乾隆三十九年（1774年）汤阴知县刘愉所题。现陈列岳飞手书《出师表》、《还我河山》、《满江红》等石刻。

岳云祠、四子祠位于寝殿前东、西两侧，各为面阔三间，进深一间，单檐硬山式建筑，五架梁，灰筒瓦顶。岳珂祠、张宪祠位于正殿的东北、西北隅，结构与岳云祠同。孝娥祠位于寝殿西北隅，祠前有抱厦，抱厦面阔三间，进深一间，为单檐卷棚式建筑，顶覆灰色筒板瓦。孝娥祠为单檐硬山式建筑，面阔三间，进深一间，顶覆灰色筒板瓦。三代祠位于寝殿东北隅，为单檐硬山式建筑，面阔三间，进深一间，顶覆灰色筒板瓦，绿琉璃瓦剪边。

岳飞庙现存有明、清两代官员及文人学士所题的诗词歌赋和修庙纪实等200余块碑刻，其中不乏精品，诗、歌、词、赋，真、草、隶、篆样样皆有。明天顺二年（1458年）汤阴库生王熙书写的岳

图6-4-21 岳飞庙大殿

飞《满江红·怒发冲冠》,是迄今发现的《满江红》最早的一块碑刻;明天启二年(1622年)著名书法家董其昌的《重修岳鄂王祠记》碑,从8个方面概括了岳飞光辉的一生;清乾隆皇帝的《经武穆祠》碑,是清代封建帝王对岳飞的肯定;清道光、咸丰、同治、光绪年间越南使臣的题碑,是研究岳飞国际影响和清代对外关系的珍贵资料,具有较高的历史价值。

岳飞庙从修建到现在一直是激发国民爱国热情的场所,建筑群建于明清时期,可以真实反映明清时期豫北地区的建筑风格和建筑水平,具有鲜明的地方特色。现存大量的木雕、砖雕、石雕等艺术构件具有很强的艺术性和装饰性,也反映出该地区明清时期的建筑装饰风格。

五、南阳武侯祠

武侯祠又名诸葛庐,俗称诸葛庵,位于南阳市老城西南郊4公里处的卧龙岗上,是三国时期著名政治家、军事家诸葛亮"躬耕南阳"的故地,"三顾茅庐"故事的发生地,千古名篇《草庐对》的诞生地及历史祭祀诸葛武侯的场所。为全国重点文物保护单位,豫西南著名风景名胜区,河南省优秀爱国主义教育基地。

史载,魏晋时,南阳已有纪念诸葛亮的建筑,唐、宋期间建有庙宇。元大德二年(1298年)改庐为祠,塑像祭祀,南阳监郡奉直马哈马主持修葺武侯祠并割近旁田地200亩给诸葛庐。元皇庆二年(1313年),仁宗敕建诸葛书院于茅庐东侧。明嘉靖七年(1528年),世宗敕赐门额"忠武"。明万历年间钦赐七弦琴1件,仍珍藏于庐内。经历代修葺和扩建,现存殿堂院180多间,总占地面积230亩。

整个建筑分三重分布在节节抬高的中轴线上,有石坊、仙人桥、山门、大拜殿、诸葛草庐、小虹桥、宁远楼等。分布在两侧的建筑有碑廊、古柏亭、野云庵、老龙洞、伴月台、躬耕亭、读书台、诸葛井亭等，形成两进四合院落。与此平行，祠左侧有三顾祠院，内有关张殿、三顾堂、龙角塔等；祠右侧有卧龙道院、汉苑等附属建筑，建筑多为明清重建或增建，后又经修葺。

明末清初，祠宇倾塌。清康熙五十一年（1712年），南阳知府罗景大修武侯祠，俱依旧制而复新之。施工中，又据新发现的前人"龙岗全图"石刻复修"卧龙岗十景"，即草庐、古柏亭、梁父岩、抱膝石、伴月台、老龙洞、野云庵、诸葛井、躬耕亭、小虹桥，并在祠之空隙地方密栽修竹、种植奇花异草，使整个祠堂变得满目青翠，幽雅媚人。

1949年后对武侯祠多次进行修缮，并将岳飞手书《出师表》珍贵石刻砌于壁间，得以保存。

三顾坊，清道光辛卯年（1831年）立，为单间两柱不出头式石坊。石柱为汉白玉小八角柱，同3块抱柱石置于同一块基石上。额枋正面雕二龙戏珠，背面雕双凤朝阳。横额正面雕刻"汉昭烈皇帝三顾处"，背面为"真神人"。大额枋两面雕刻人物故事，上置莲座望天吼两尊。此坊为纪念刘备三顾纳贤而立。坊南为诸葛亮躬耕旧址，存汉代刻立的"汉武侯躬耕处"石碑一通，坊北为卧龙潭、诸葛井等。

山门，为武侯祠正门，面阔三间，进深一间。单檐歇山无梁殿式建筑，坐落于高70厘米的台基之上。前有三道五级台阶，两侧置八字墙，正面开伞到券门，正中券门高2.19米，门上额匾镌刻郭沫若先生所提"武侯祠"三个大字。山门内有明崇祯七年南阳知府陈振豪重修山门所提"武侯祠"匾额。

"三代遗才"坊，位于山门内甬道上。此坊为康熙癸卯年（1663年）南阳知府王维新督建，为三间四柱石坊。明间面阔3.1米，次间面阔1.73米，通高6米。明间石柱为汉白玉小八角柱，边长32厘米，同前后抱柱石置于基石上。次间柱子前后抱柱石外，外侧加立一块抱鼓石。明间横额正面阴刻"三代遗才"，背面阴刻"韬略宗师"。额枋上置四尊莲花座朝天吼。明间门柱上刻联曰："遗世仰高风抱膝长吟，出处各存千秋志；偏安恢汉祚鞠躬尽瘁，日月同悬二表文。"歌颂诸葛亮气节可与三代贤人相埒。

大拜殿（图6-4-22），为历代祭拜的主要场所，是武侯祠的主体建筑之一。平面呈正方形，由拜殿和大殿两部分组成（图6-4-23）。大殿面阔五间，进深三间，单檐歇山式建筑，灰筒瓦覆顶。砖木结构，单檐歇山式，青砖铺地，前有月台。殿内圆柱通顶，二四纵横排列，覆盆状柱基。1981年重修时，在原柱基上加建石鼓式柱础。檐檩、斗栱、额枋、雀替等均布饰彩绘。脊饰走兽、仙人，飞檐翘角，下悬金铃风铎。殿堂正中精塑武侯像。大殿门柱上有一楹联，"心在朝廷原无论先主后主，名高天下何必辩襄阳南阳"，如图6-4-22所示。此联为南阳知府顾嘉蘅所题。殿内两壁嵌历代名人祭文碑刻10余通。

拜殿，面阔五间，进深一间，单檐硬山卷棚式建筑，屋面覆灰筒瓦。平面用前后8根檐柱，柱础为鼓镜及束腰仰覆莲柱础。拜殿前檐柱头科为三踩斗栱，瓜柱及脊瓜柱有雕花角背，平身科为雕花异形栱。构架为六架梁，金瓜柱及脊瓜柱有雕花角背，承托三架梁及脊檩等构件。拜殿前筑月台，呈"凸"字形。台上北侧有古柏一株，南有古楸树一株，枝叶繁茂，寓意诸葛武侯"千秋百代"。

大拜殿匾额、楹联高悬低挂，琳琅满目。门额为清道光三年（1823年）南阳知府廖文锦书"隐居求志"匾及乾隆二年（1737年）陈仲荣书"儒者气象"匾。此外，"莘野高风"、"遗风伊吕"、"勋侔伊吕"、"第一良才"、"舜业尹功"、"惠我无疆"等匾额概括了诸葛亮的生平功德。

大拜殿后为《草庐对》碑亭。为一半坡式廊枋建筑。背墙内嵌有《草庐对》石碑4通，碑文为近代书画家、民国时期军阀、直系首领吴佩孚于1927

图6-4-22　南阳武侯祠大拜殿

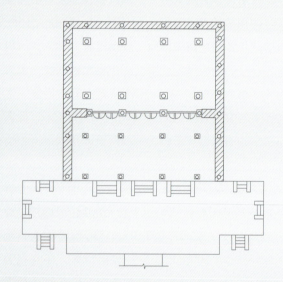

图6-4-23　南阳武侯祠大拜殿平面图

图6-4-24　南阳武侯祠草庐

年端午节拜谒卧龙岗时所书。亭额为著名书法家赵朴初于1992年所题。

古柏亭，为清代建筑，位于茅庐的右侧，此处原为古柏一株，高接云天，粗围丈余。传为诸葛亮所植，后人借古柏喻诸葛亮的高风亮节，建亭纪念。该亭坐落在高1米的台基上，前有月台。面阔、进深各三间，单檐歇山式建筑，灰瓦覆顶，梁架为七檩六步架。该建筑山面金檩搭交在五架梁延伸后的端部，承托老角梁后尾，而翼角处抱头梁后尾插在金柱上，这样形成了翼角抱头梁与角梁不在同一直线上的结构形式。亭周古柏林立，清人杨铸有诗赞之："老柏参天几百寻，至今亭畔叶森森。"

诸葛草庐，又称诸葛亮庵，诸葛故宅旧址，位于二进院，清代修建，坐落在正八边形台基上。为八角攒尖亭阁式建筑，茅草屋面，檐柱与金柱间形成回廊（图6-4-24）。由于屋面较轻，仅由8根直径为14厘米的角梁直接交在简易雷公柱上，结构简朴。周围檐下额枋和平板枋施彩绘，平板枋之上各置一斗二升柱头科和平身科斗栱。草庐内及门额悬挂光绪年间南阳知府傅凤飏、国民党元老于右任及郭沫若先生所书"南阳诸葛庐"、"诸葛庐"、"诸葛草庐"匾额。庐内竖立明成化十四年（1478年）石碑一通，碑阴刻"汉诸葛孔明旧庐"。

宁远楼，取"宁静致远"之意，又名清风楼，传为诸葛亮藏书、抚琴的地方，是武侯祠的重要建筑和胜景之一。宁远楼面阔五间，进深四间，通高10.5米，为歇山式二层楼阁建筑，四周有回廊。位于中轴线末端，为祠庙内最高建筑，"宁远楼"三字匾位于正脊中间麒麟座上。"宁远楼"匾额由康熙朝进士、刑部尚书、武英殿大学士张鹏翮于康熙五十二年（1713年）题写。门额为清嘉庆十四年南阳知府张传金所题"万古云霄"匾。门柱悬挂清赵藩撰联："能攻心则反侧自消，自古知兵非好战；不审势即宽严皆误，从来治蜀要深思。"楼上置诸葛亮抱膝长吟像，神态潇洒，安然自若。两侧为阁楼，登高远眺，清风徐来，白水飞虹，紫山耸秀，四方胜景一览无余。

"三顾堂"亦称拴马亭。位于东侧轴线关张殿后,是后人为纪念刘、关、张三顾茅庐而建。初建于康熙五十一年(1712年),咸丰年间重建。厅内镶嵌有"汉诸葛武侯像"和"汉昭烈三请武侯图"石刻画像。单檐硬山式建筑,面阔三间,进深二间,古朴素雅,具有浓厚的地方风格。

"澹宁读书台"在卧龙潭东,一垄土岗横卧潭东侧,岗岭林木茂密,郁郁葱葱。诸葛亮《诫子书》云:"夫君子之行,静以修身,俭以养德,非淡泊无以明志,非宁静无以致远。"读书台上有读书亭,为单檐歇山式建筑,面阔三间,进深二间,前出月台。"书台夕照"为龙岗胜景

卧龙书院,也称"诸葛书院",位于"澹宁读书台"北侧岗埠之下。书院始建年代可上溯至宋,宋人宋祁《孔明书台》云:"君不见孔明书院遗庙旁,古书不见台荒凉。"自元以来,书院为武侯祠重要组成部分,学庙浑然一体。据武侯祠遗碑元翰林院学士承旨程巨夫《救赐南阳诸葛书院》碑载,元至大二年(1309年)"建学庙即尊祀之",计"静成"、"明志"、"广才"等庐舍46间,学田余顷,并设官养士。元至正二十一年(1361年)官府鸠工重修,明清时期书院屡有修葺。清康熙五十一年知府罗景迁建书院于现址并以"卧龙"名之,书院再臻隆盛。现存山长署、诸生斋等40间,均为硬山砖木结构。

龙角塔,位于卧龙岗之巅,距祠院主体建筑数十米处。清咸丰年间,南阳天灾人祸,为确保卧龙岗隐圣风水,知府顾嘉蘅倡建此塔。塔为七级六角形,青石基座,高11米。第三层有镌刻在汉白玉石板上的"奎屡联斗牛"五个遒劲大字。一、二、四层砖雕人物、动物、仙人等图案,雕刻精细,逼真传神。

南阳武侯祠建筑风格融合园林建筑、祠庙建筑和当地民居为一体,展现了高水平的建筑艺术,其平面形式丰富,空间组合多变,群体布局和谐,环境配置优美。武侯祠保存着汉以来历代碑刻400余通,在全国诸多武侯祠中数居首位,被誉称为"卧龙碑林"。其内容纷繁丰富,记人记事歌咏题记均备,是记载武侯祠历史沿革的重要资料。碑刻书法,真草隶篆无所不具。其中汉《张景造土牛碑》、汉《李孟初碑》、汉《赵菿碑》三通汉碑为世所罕见的珍品。其他如传岳飞手书《出师表》碑、郑板桥《难得糊涂》碑、戴明说《宛南八咏》碑、元无名氏《卧龙岗》碑、于右任《新唐抗战胜利纪念》碑等或以书法取胜,或以文辞见长。祠内还收藏汉代圆雕天禄、辟邪等石刻及不少与武侯祠相关的文物珍品,如传为"诸葛琴"的元代"幽草嘎咏"琴,传为"诸葛鼓"的北流行铜鼓,清康熙刻版《忠武志》、《龙岗志》,以及董其昌、郑板桥、吴佩孚、于右任等名人墨宝,均为武侯祠增添了异彩。

注释

① 李明哲.四书五经[M].乌鲁木齐:新疆青少年出版社,2002:756.

② 《大明诏旨》碑是济渎庙内保存最完好,体量最大的一通御碑。碑通高5.5米,宽1.7米,厚0.47米。碑文楷书19行,共529字。现有拓片在碑亭内展出。

③ 张家泰.《济渎北海庙图志碑》与济渎庙宋代建筑研究[G].张家泰,左满常.中国营造学研究.开封:河南大学出版社,2005:106.

④ 陈公祠是雍正皇帝为当时治河功臣陈鹏年而建的。陈鹏年,康熙三十年进士,先任地方官员多年。康熙六十年,黄河在武陟马营决口,陈先协助堵口,后任河道总督指挥堵口。陈鹏年不顾年迈体弱,日夜坚守在堵口工地,四堵四决,五堵方成,陈总督也累殁于任上。雍正帝对陈鹏年之死痛心至极,为其八旬老母按"一品诰命夫人养老送终",为其建祠永世纪念。

河南古建筑

第七章 书院文庙类建筑

河南书院文庙类建筑分布图

1. 嵩阳书院
2. 花洲书院
3. 大程书院
4. 河南府文庙
5. 郏县文庙
6. 太康文庙
7. 归德府文庙

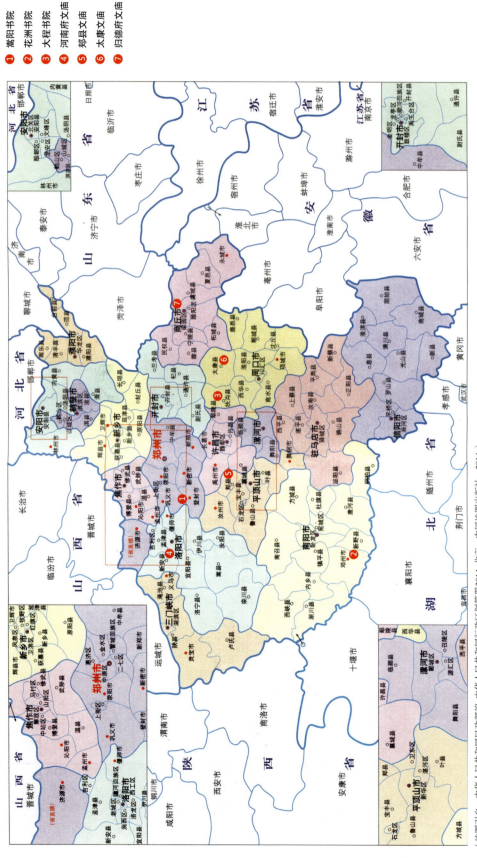

（地图引自：中华人民共和国民政部编. 中华人民共和国行政区划简册2014. 北京：中国地图出版社，2014.）

第一节 书院文庙概述

文庙原称孔庙，为春秋时期儒学创始人孔子（名丘，字仲尼）的家庙，故称孔庙。因汉代罢黜百家、独尊儒术，把孔子的思想奉为国家的指导思想，并开始将孔子奉祀在学校内。《新唐书·礼乐志第五》记载，唐贞观四年（公元630年），"诏州县学皆作孔子庙"，贞观十一年唐玄宗赐封孔子为"文宣王"，以后，孔庙就被改称"文宣王庙"，并诏令全国各州县依制隆重奉祀。从此一直采用因学设庙的制度。明代因与武庙（关帝庙）对应，故改称"文庙"。

书院于唐代始立，唐末至五代期间，战乱频仍，官学衰败，许多读书人避居山林，创立书院，形成了中国封建社会特有的教育组织形式。书院是实施藏书、教学与研究三结合的高等教育机构。书院制度萌芽于唐，完备与宋，废止于清，前后千余年的历史，对中国封建社会教育与文化的发展产生了重要的影响。

北宋时，以讲学为主的书院日渐增多。南宋时随理学的发展，书院逐渐成为学派活动的场所。宋代最著名的四大书院：江西庐山的白鹿洞书院、湖南长沙的岳麓书院、河南商丘的应天府书院、河南登封的嵩阳书院。书院大多是自筹经费，建造校舍。教学采取自学、共同讲习和教师指导相结合的形式进行，以自学为主。它的特点就是为了教育、培养人的学问和德行，以及应试获取功名。

明代书院发展得更多，但其中有些是官办书院。一些私立书院自由讲学，抨击时弊，成为思想舆论和政治活动场所。最著名的有江苏无锡东林书院。明朝统治阶级曾先后4次毁禁书院，然而书院有着顽强的生命力，多次毁而不绝，在严酷的政治压迫下，书院师生宁死不屈。东林书院的对联写道："风声雨声读书声，声声入耳；家事国事天下事，事事关心。"

清代书院达2000余所，但官学化也达到了极点，大部分书院与官学无异，如张之洞在武昌建立的两湖书院、广州越秀书院等。到了清光绪二十七年（1901年），诏令各省的书院改为大学堂，各府、厅、直隶州的书院改为中学堂，各州县的书院改为小学堂。至此，书院退出了历史舞台。书院、文庙已成为历史，但它们在中国教育史中的影响巨大，地位是突出的。

书院、文庙和中国其他古建筑群一样，由于受等级观念的支配，强调其庄严和权威感，普遍采用均衡对称的方式，沿着纵轴线和横轴线设计，以纵轴线为主，从南向北依次设计建筑物。横轴线为辅，东西向设置。文庙作为庙学合一的孔庙，其与学宫的布局关系大约有四种情况：左庙右学、右庙左学、前庙后学、中庙双学。

河南是中华文明的重要发祥地，中原文化是中华民族传统文化的根源和主干，在中华文化发展史上占有突出地位。中原文化既是一个历史概念，也是一个空间概念。其中文庙就是中原文化的重要载体之一。

河南现辖区内有原来的府、州、县、乡文庙近117所，河南省文物保护单位的文庙有34所。文庙的建筑形制大同小异，一般是三进院落，大成门前为第一进院落，大成门至大成殿为第二进院落，大成殿至崇圣词为第三进院落。主要建筑位于中轴线上，依次有照壁、下马碑、棂星门、泮池、大成门、大成殿、崇圣祠等。河南省保存的文庙数量不少，但保存完整建筑布局及建筑遗存的文庙不多，其中以只保存大成殿的为多，下面把保存完整、历史价值、科学价值及社会价值较高的文庙进行详细介绍。

第二节 书院

封建社会时期，书院在中原地区非常兴盛，宋代闻名的中国四大书院河南占据两席，即商丘应天书院和登封嵩阳书院。其中应天书院历史悠久，离京城（开封）最近，出人才多，影响也最大。五代十国分裂时期，官学遭受破坏、庠序失教，中原地区开始出现一批私人创办的书院，应天府书院由此而生。北宋立国初期，急需人才，实行开科取士，

"睢阳学舍"（应天书院前身）的生徒参加科举考试，登第者达五六十人之多。宋真宗时，追念宋太祖应天顺时，开创宋朝，在1005年时将其发迹之处宋州（今商丘）改名应天府，经由应天府知府上报朝廷，受到宋真宗赞赏，翌年将该书院正式赐额为"应天府书院"。书院得到官方承认，成为宋代较早的一所官学化书院。后宋仁宗下旨将应天书院改为南京（今商丘是北宋之南京）国子监，成为北宋最高学府之一。后该书院经应天知府、文学家晏殊等人加以扩建。范仲淹曾受教于此，及后曾在该书院任教，盛极一时。后世几番废立，于清光绪年间书院改为"归德府中学堂"。2003年，河南省政府批准应天书院在宋代原址附近进行复建，2006年，应天书院建成。因属新建旅游项目，故不在此记述。本节以嵩阳书院和邓州现存由范仲淹创办的花州书院为重点，加以介绍。

一、嵩阳书院

（一）地理位置与历史沿革

嵩阳书院位于河南省登封市中岳嵩山南麓、登封城北3公里处的峻极峰下，紧临登封市区，是我国宋代最高学府之一，以理学著称于世。嵩阳书院始建于北魏太和八年（公元484年），初名嵩阳寺，为佛教寺院。隋炀帝大业年间（公元605～617年）列名为嵩阳观，成为道教活动场所。唐高宗时，高宗两访潘师正，都以嵩阳观为行宫。五代后唐清泰时，进士庞士曾在嵩阳观聚众讲学，后周时改为太乙书院，成为儒学活动中心，宋初又更名为太室书院，宋仁守景祐二年（1035年）重修太室书时赐名嵩阳书院，并设院长掌理院务。北宋鼎盛时期，儒教洛派理学大师程颢、程颐曾在此聚众讲学，使书院名声大振，成为北宋四大书院之一。北宋名儒司马光、范仲淹、韩维、李刚、朱熹等也在此讲过学。金、元时嵩阳书院曾被更名承天宫，明侯泰重修书院时复名嵩阳书院，并建二程祠。明末，嵩阳书院不慎遭一场大火，殿堂建筑被焚烧殆尽。到了清朝，由于嵩阳书院的盛名远播，登封知县叶封、名儒耿介、河南巡抚王日藻等人先后主持重修书院，到清康熙年间累计学田1427亩，四方求学者不远千里而来，重新恢复了往日书声琅琅的场景。耿介曾亲自执教，传经授业，成绩显著。之后嵩阳书院一直是重要的儒学传播圣地。

现在的嵩阳书院，基本保留了清朝修复后的建筑主体原貌（图7-2-1），占地近1万平方米。主要建筑以清代地方做法为主，现为嵩山历史建筑群的组成部分而成世界文化遗产，国家级文物保护单位。

（二）嵩阳书院概况

嵩阳书院古迹文物繁多，文化沉积丰厚，文物奇特名扬古今，名人来此讲学授业，游访览胜者古往今来络绎不绝。书院南北长128米，东西宽78米，占地面积9984平方米。中轴建筑共分五进院落，由南向北依次为大门、先圣殿、讲堂、道统祠和藏书院楼。中轴线两侧有配房和西院敬义斋等，共有古建筑25座108间，多为硬山滚脊灰筒瓦房，古朴大方，雅致不俗。

（三）书院主要建筑

大门面阔三间，进深二间，硬山卷棚式建筑（图7-2-2），代表着儒家主张朴素、中庸、平和的思想理念。门额横匾上书"嵩阳书院"四个大字，原匾为宋代大书法家苏东坡的墨宝，现在四字是由登封著名书法家宋书范先生仿照苏东坡字体所写。两侧柱子上的楹联系乾隆皇帝御笔："近四旁为中央，统泰华衡恒，四塞关河棋神岳；历九朝为都会，包伊洛涧，三台风雨作高山。"此为清乾隆皇帝乾隆十五年（1750年）游嵩山时所题。联语简要说明了中岳嵩山及嵩阳书院所处的地理位置及四周形胜。

先圣殿（图7-2-3），位于二门之后，面阔三间，进深三间，六架梁对前后单步梁构架，硬山卷棚式建筑，上覆灰筒板瓦屋面。殿门额横匾"先圣殿"。先圣殿殿内祀孔子及四大弟子像。道统祠内有周公、大禹、尧帝像，是嵩阳书院祭祀孔子的场所，又叫先师祠，面阔三间，建于一米多高的基台之上。殿中根据画圣吴道子所绘制的孔子画像而塑造了高2.21米孔子行教立像。

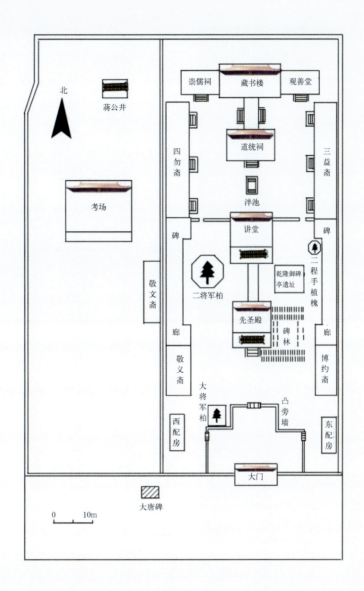

图7-2-1 嵩阳书院平面示意图

图7-2-2 嵩阳书院大门外景

图7-2-3 嵩阳书院先圣殿局部

图7-2-4 嵩阳书院讲堂外景

图7-2-5 书院泮池、道统祠外景

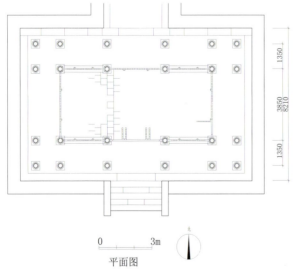

图7-2-6 嵩阳书院道统祠平面图

讲堂位于先圣殿之后，面阔三间，进深三间，六架梁对前后单步梁构架，前檐廊硬山卷棚式建筑（图7-2-4），构架比先圣殿还要简单些。

在讲堂之后有泮池和道统祠（图7-2-5）。泮池是儒家弟子中举之后回来绕行怀念宗师孔子的地方，这一泮池还保持着古老特征。道统祠面阔五间，进深三间。卷棚歇山顶，灰色筒板瓦覆顶。道统祠周边回廊（图7-2-6），大木作为六架梁对前后单步梁构造，椽架间距差异较大。为加大廊宽，廊步达1.35米，而檐步尺寸为0.85米，这一举措使体量不大的建筑顿生大气之感。该殿坐于0.80米高的台基之上，屋身、屋顶、台基三者比例协调（图7-2-7），使得建筑神气十足。

藏书楼。该楼坐落于中轴线的最后端，面阔五间，进深三间，高两层，硬山卷棚顶（图7-2-8、图7-2-9）。梁架做法为五架梁对前后单步挑尖梁构造，这种做法有别于前面道统祠卷棚的做法（图7-2-7、图7-2-10）。藏书楼的卷棚部位的圆弧靠苫背泥做出，即用构造垫层找圆弧；而道统祠卷棚部位是罗锅椽的结构做法。两种做法各有利弊，构造做圆弧之法为河南典型的卷棚做法；罗锅椽做圆弧之法是北京明清时期的典型做法。中原地区及其他广大地区的传统建筑，包括民居建筑大多不用卷棚顶；而北京地区则相反，卷棚顶要远远多于正脊屋顶。至于嵩阳书院从前至后中轴线上的4座主要建筑全是卷棚，可能是近代修复时所为。

（四）书院珍贵碑碣

嵩阳书院历经千余年的兴与衰之变迁，保存至今的有关碑碣有20多通，这些碑大都是历代著名文人和书法家或政府官员所写的道教史话、谒嵩阳书院诗、游嵩阳书院题记、讲学嵩阳书院记和重修碑记等。这些碑碣蕴涵着丰富的历史资料，是研究嵩阳书院乃至中国书院教育发展史的重要文献。其中最为著名的有：《重修嵩阳书院》记事碑、明登封县图碑、清乾隆御碑和儒学四圣画像碑、大唐碑、程门立雪碑、汉封将军柏碑、魏碑及黄庭坚手书碑等。

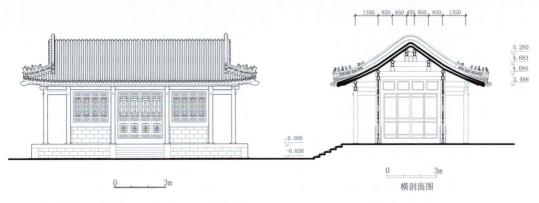

图7-2-7 书院道统祠正立面图与横剖面图

图7-2-8 嵩阳书院藏书楼外景

登封县图碑(图7-2-11)。刻立于明万历癸巳年(1593年),图中用线描绘画的手法,详细而形象地记录出明代嵩山地区80多处文物古迹和风景名胜,并描绘出登封的山川河流、道路村镇等。因此,它不仅是一幅山川地理图,又是文物分布图,还是旅游向导图。其历史之久远、内容之详细、范围之广大、保存之完整,为国内所罕见,是明代石刻县图的珍品。

大唐碑。此碑为嵩阳书院三宝之一,国家级的文物,也是河南省最大的一块古碑。石碑的全称"大唐嵩阳观纪圣德感应之颂碑",简称大唐碑,刻

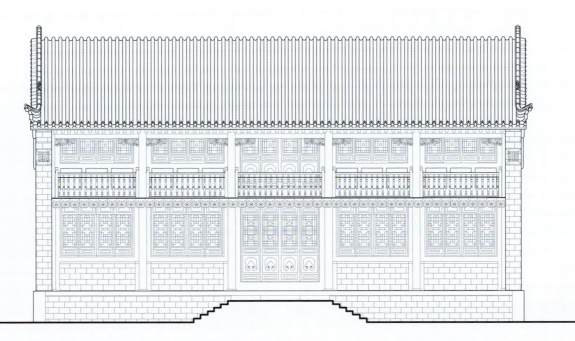

图7-2-9 嵩阳书院藏书楼正立面图

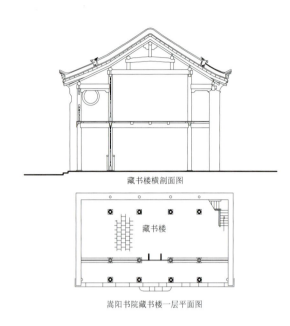

藏书楼横剖面图

嵩阳书院藏书楼一层平面图

图7-2-10 嵩阳书院藏书楼底层平面图与剖面图

立于唐天宝三年（公元744年）。全碑由碑座、碑身、碑额、云盘、碑脊五层雕石依次叠加而立。碑总高9.02米，碑身宽2.04米。碑身厚1.05米，碑体宏大，雕刻精美（图7-2-12）。碑文记载的是唐玄宗李隆基游览嵩山，身患疾病，嵩阳观道士孙太冲为他献上了一颗九转金丹，治好了皇帝的病，李隆基遂下令为孙太冲立石碑进行表彰。碑文为李隆基的幸臣李林甫所写，石碑上的字为唐代著名书法家徐浩所书。徐浩为当时书法名家，精于楷隶，其字圆劲厚重、自成一家。大唐碑刻字1078个，整个作品书体工致、无一败笔，是为一绝。

整个石碑不仅在书法方面具有极高的价值，从石碑的造型上也可以看出唐代建筑大气、雄伟、壮观的风格。下面的碑座雕刻有很多精美的造像，雄厚稳重（图7-2-13），更衬托出碑身的挺拔流畅。上面的碑帽端庄飘逸，尤显整体的灵动和浑厚，历代金石名录都给予很高的评价。

魏碑（图7-2-14），全称"中岳嵩阳寺伦统碑"。一块刻立于东魏时期的石碑，也是嵩山地区保留下来历史较早的石碑之一。从石碑上可以明显地看出当时这里作为一处佛教寺院的兴旺程度。石碑上有许多佛造像，保留有北魏时期造像"曹衣带水"的风格，可惜的是，由于年代久远和人为的破坏，许多造像已经面目全非。上面的文字是典型的魏碑体，介于楷书和隶书之间，字体刚健、笔力圆

图7-2-11 嵩阳书院之《登封县图》碑

图7-2-12 嵩阳书院大唐碑全貌

图7-2-13 大唐碑底座佛龛

阔,是魏碑书法的上品。

(五)书院奇异古树

嵩阳书院里有两棵古老的大柏树,较小的称为"大将军"(图7-2-15),更大的一棵为"二将军"(图7-2-16)。这两棵树与上述之大唐碑(其位置参见图7-2-1),都是嵩阳书院的镇院之宝。它们都有诸多故事与传说。相传,汉武帝刘彻来游嵩山时,走到嵩山南麓的嵩阳书院,刚一进门,看到一棵高大的柏树,身材奇伟,枝叶茂密,武帝仰望许久,随口封为"大将军",走二进院,又见一棵柏树比大将军还要高大,因皇帝是"金口玉言",大将军已经封过,无奈只好封其为"二将军"。因此,汉武帝以来两棵树便称为"将军柏"。

汉封将军柏,不过是一个传说故事,说明这两棵树当时已经有很长的树龄了。根据现在科学测定,二将军至少有4500年的树龄,当为国之珍宝。嵩阳书院里还有二程①手植槐等古树。千百年来这些都密不可分,有机地构成了书院的整体。

二、花洲书院

花洲书院,是一所地方书院,知道者甚少,它没有应天书院、嵩阳书院、白鹿洞书院、岳麓书院等声名显赫。但提到范仲淹的《岳阳楼记》,人们则耳熟能详,花洲书院便是千古名篇《岳阳楼记》之诞生地(图7-2-17)。

(一)历史背景及地理位置

花洲书院始建于北宋庆历年间,是北宋著名政治家、军事家、文学家、教育家范仲淹任邓州知州期间,为当地学风不兴而忧心忡忡,感到百花洲一带环境幽静,景色宜人,是理想的治学场所,于是便谋划、创办花洲书院。并且,公余到书院讲学。一时邓州文运大振。范仲淹的儿子、官至观文殿大学士的范纯仁,以及官至崇文院校书的张载,曾任

图7-2-14 中岳嵩阳寺伦统碑

图7-2-15 嵩阳书院大将军柏

图7-2-16 嵩阳书院二将军柏

图7-2-17 邓州花洲书院全景

邓州知州的韩维，均从师范仲淹学于花洲书院。北宋治平四年（1067年），著名文学家、书法家黄庭坚任叶县尉时，曾到花洲书院瞻仰范公遗迹，并作诗云："范公种竹水边亭，漂泊来游一客星。神理不应从此尽，百年草树至今青。"

邓州市古称"邓"或"穰（ráng）"，河南省辖县级市，豫西南门户城市，享有中原天府、丹水明珠之称，地处豫西南、豫鄂交界处。邓州在历史上曾是上郡据区和军事重镇，还是全球华裔"邓"姓发源地，河南省级历史文化名城。这里地势坦荡，土壤肥沃，处于亚热带向暖温带的过渡地带，属典型的季风大陆半湿润气候，四季分明，阳光充足，雨量充沛。年平均气温14.4～15.7℃，年降雨量在1000毫米左右，无霜期220～240天，年平均日照时数2047小时。古人曾以"春前有雨花开早，秋后无霜叶落迟"的诗句来赞扬南阳盆地良好的气候条件。正是这样的气候条件吸引晚年的范仲淹来此就职。

范仲淹，字希文，祖籍苏州吴县，唐朝宰相范履冰之后，北宋范墉之子。宋太宗端棋二年（公元989年）生于徐州。两岁而孤。4岁时母谢氏改嫁任平江府推官的山东淄州长山人朱文翰，仲淹随之改朱姓。仲淹少有大志，勤奋好学。21岁到淄州长白山醴泉寺苦读，23岁辞母别家，求学于"应天府书院"（商丘应天书院前身）。期间，他"五年未尝解衣就枕，夜昼苦读"，生活也非常节俭，每天以稀粥度日。成语"断齑（jī）画粥"就来源于范仲淹这一时期的艰苦求学的典故。功夫不负有心人，仲淹于宋真宗大中祥符八年（1015年）考中进士，从此步入仕途。天禧元年（1017年）上表获准，恢复范姓。他参与政事后，敢于抨击时弊，多次进谏，几起几落，仍"以天下为己任"。官至参知政事后，推行新政，再受挫折。于庆历四年（1044年）自请外放，任陕西四路宣抚使兼知邠州。庆历五年冬以疾（肺病）求解边任，请知气候较暖的邓州，遂以给事中、资政殿学士的身份到邓州赴任。

范仲淹知邓州，政简刑清，一年余而化行俗美，吏畏其威，民怀其德。他对邓州也充满了感情，曾赋诗"南阳本佳处，偶得作守臣。地与汝坟近，古来风化纯。"庆历八年，上调其任荆南府（今荆州），邓州百姓阻拦传旨使者，请求朝廷收回成命，而范公亦愿在此留任，朝廷破例让他多任了一年，于皇祐元年才离开邓州。范仲淹知邓州期间，将衰落了的"百花洲"进行整治，并在东南角的城墙上建"春风阁"，在百花洲畔建"花洲书院"，还常于公余到书院执经讲学。花洲书院还因范仲淹应其同年进士、挚友滕子京之邀，在这里写下了千古名篇《岳阳楼记》而名扬天下。"庆历四年春，滕子京谪守巴陵郡，越明年，政通人和，百废俱兴。乃重修岳阳楼，增其旧制，刻唐贤、今人诗赋于其上，嘱予作文以记之。"这段话就是《岳阳楼记》开头写的写作背景。在书院门前的照壁上，正面刻《岳阳楼记》全文，背面刻有《滕子京与范经略求书记》，即滕子京在巴陵写给范仲淹的信。信中介绍了岳阳楼的重修情况，并附《洞庭晚秋图》一本，于庆历六年六月派人千里迢迢送到邓州，恳请范仲淹为重修后的岳阳楼作记。范仲淹接信后，于九月十五日在花洲书院"春风堂"展纸走笔，一气呵成写下了千古名篇《岳阳楼记》。而花洲书院也因范仲淹、因《岳阳楼记》，从此成为天下文人雅士凭吊景仰的一处文化圣地。

（二）花洲书院院主要建筑

花洲书院紧靠邓州旧城之东南角。欲进书院需越过护城河翻越城墙，而后到达书院。书院由三部分组成：中路是书院的主体；西路为范公祠；中路东侧则是百花洲园林。

花洲书院牌楼，面阔三间，高9米，门洞和屋顶均为一主二次。门洞为半圆砌筑，屋顶亦然，均为歇山顶，因体量较大，有恢宏壮观之势。中门旁镶嵌一副对联"洲盈文显圣，合秦关月，楚塞风，先忧国忧民，正气肇穰邑；楼因记益名，汇巫峡云，潇湘雨，后乐山乐水，浩波撼岳阳。"此联由邓州市长刘新年撰，范仲淹后人范文通所书。门楣横额上书"花洲书院"，金色装点十分醒目（图

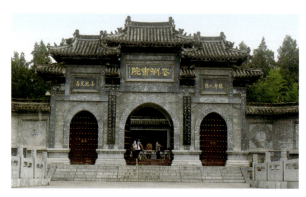

图7-2-18 花洲书院牌楼

7-2-18)。

进牌楼沿土岗向东走行约200米，人字形台阶拾级而上是"书山一览台"。站在台上可览花洲书院全貌。沿书院中轴线依次为：范仲淹塑像、照壁、大门、棂星门、泮池、春风堂、先圣殿、万卷阁等主体建筑（图7-2-19）。

花洲书院大门，面阔三间，前后檐廊，硬山卷棚顶建筑，上覆灰色筒板瓦。檐下悬挂花洲书院匾额，为当代著名书法家启功先生所题。楹联是"重整花洲五百年，常新教育；再施霖雨三千士，永荷陶容"。

进大门为书院第一进院，院内无正房，两侧厢房各三间前檐廊建筑，与大门相对的是棂星门。此院空间狭小，有点像河南民居的一进院（图7-2-20）。

泮池与春风堂（图7-2-21、图7-2-22）。泮池与其上架设的状元桥小巧玲珑，砖石砌筑。春风堂面阔三间，进深二间，五架梁对前檐单步廊，硬山卷棚顶建筑。这是范仲淹讲学处，也是千古名篇《岳阳楼记》的诞生处。现春风堂建筑为清道光四年（1824年）重建。堂内东山墙上镶嵌黑色花岗石线刻的旅美画家陈雄立创作的《范仲淹作岳阳楼记图》。西山墙镶嵌黑色花岗石雕刻的范仲淹手迹《道服赞》、《程子四箴》碑和花洲书院《训士条规》。春风堂三字为北宋书法家米芾手迹。

先圣殿，位于春风堂之后，面阔三间，单檐歇山顶建筑。这里是祀奉孔子的地方，殿内塑孔子贴金像。东西山墙及梢间后墙镶嵌花岗石线刻孔子圣

图7-2-19 花洲书院中路建筑全景

图7-2-20　花洲书院一进院全景

图7-2-21　花洲书院泮池

图7-2-22　花洲书院春风堂

图7-2-23　花洲书院万卷阁

迹图83幅。殿设木质后门与万卷阁相通。

万卷阁是书院藏书和学生阅览的场所（图7-2-23），位于中轴线最后。万卷阁面阔三间二层，前檐廊，硬山正脊屋顶。东西两侧还有东花厅和西花厅，是范仲淹公余休息和会客的地方。

花洲书院地理位置优越，紧靠邓州旧城之东南角，利用城墙作假山，利用原有自然水池因势叠石、筑路、建亭榭，再配以花木形成小巧玲珑的园林。

百花洲建筑及小品采用江南园林风格，从而使花洲书院形成完美一体的最典型的书院园林（图7-2-24、图7-2-25）。

三、扶沟大程书院

大程书院始建于宋代，为程颢所建。程颢，北宋哲学家、教育家、理学奠基人。宋神宗熙宁八年至元丰三年（1075～1080年）在扶沟任知县，尚宽厚，重教化、关心民疾，兴建学校。他亲自"聚邑之优秀子弟而教之"，亲书"书院"二字匾额悬于大门之上。并倡导"乡必有校"，请来有名望的学者到扶沟传道授业，使扶沟县域文风一时大盛，优秀人才脱颖而出。

书院从建院始，经历了宋、元、明、清4个朝代，900多年的沧桑。现在的大程书院是清康熙二十八年（1689年）由知县缪应缙重建的。

大程书院位于扶沟县城内书院街，南北长73.65米，东西宽39.9米，总面积2939平方米，大门3间，古槐1棵，龙门3间，古松2株，立雪讲堂3

图7-2-24 花洲书院百花洲景观之一

图7-2-25 花洲书院百花洲景观之二

图7-2-26 扶沟大程书院大门

图7-2-27 扶沟大程书院龙门

图7-2-28 扶沟大程书院立雪讲堂

间,东西廊房各2排,每排13间,共52间,是扶沟县城遗留时间较久、规模较大和较完整的古建筑群。现为河南省文保单位。

大门面阔三间(图7-2-26),进深二间。大门之内即二门。两门间距较近,建筑相同,明显的不同之处是:大门匾额上书"大程书院"四字,二门匾额上书"龙门"二字(图7-2-27)。

二进院内的主体建筑是"立雪讲堂",讲堂面阔三间,进深三间,10米见方(图7-2-28)。梁架采用五架梁对檐步单步挑梁结构,有效地加大了主体建筑的进深。檐下施五彩斗栱,明次间平身科各二朵。讲堂的门上悬挂着"立雪讲堂"匾额,楹联为"立雪见精诚,树尊师以令范;设堂明理性,遗重教之高风"。恰似画龙点睛,给讲堂镶嵌了明珠。讲堂中间塑有程颢的坐像,再现了他接人待物"春风满面"的历史旧幕。史书记载,程颢平时独坐或闭目养神,或思考问题,总是一脸严肃,一动不动,像雕塑一样。而给学生解答问题或待人接物却满面春风,和蔼可亲。

第三节 文庙

一、河南府文庙

河南府文庙位于洛阳市老城区东南隅文明街中段,明嘉靖六年在宋代府儒学搬迁旧址上修缮和扩建而成。其中的戟门、大成殿两座木构建筑在明代修建过程中,仍保留有早期建筑构造做法。2006年5月,河南府文庙被国务院批准为全国重点文物保护单位。

(一)地理环境及建造年代

洛阳是国务院首批公布的历史文化名城。地处中州腹地、河南西部。横跨黄河中游两岸,因位居洛河之阳而得名。洛阳北扼黄河,南望伏牛,东镇虎牢,西据崤函。"山河栱戴,形胜甲于天下",自古有"天下之中"之称。以洛阳为中心的河洛地区是中国古代文明的发祥地。洛阳地处中国南北方交替的过渡地带,属于暖温带大陆性季风气候,气候温和,四季分明,无霜期达218天,是一座生态环境优越、气候温的山水园林城市。

远在五六十万年前的旧石器时代,已有先民在此繁衍生息。新石器时代(距今八九千年前至

四五千年前），黄河中游两岸及伊、洛、瀍、涧等河流的台地上，分布着许多氏族部落，新中国成立后在洛阳一带发现的孙旗屯遗址、王湾遗址、矬李遗址等近200处聚落遗址，便是当时人们居住、生活的地方。禹划九州，河洛属古豫州地。洛阳是夏王朝立国和活动的中心地域，太康、仲康、帝桀皆以斟鄩（今偃师二里头）为都。公元前1600年，商朝建立，商汤建都西亳（二里头遗址东北约6千米）。商汤之后的数代帝王均以此为都，前后累计200余年。公元前1046年，西周代殷后，为控制东方地区，开始在洛阳营建国都。周公在洛水北岸修建了王城和成周城，史称成王"初迁宅于成周"，"定鼎于郏鄏"，曾迁殷顽民于成周，并以成周八师监督之。当时洛阳称洛邑、新邑、大邑、成周、天室、中国等，亦称周南。周平王元年（公元前770年），周平王东迁洛邑，是为东周，自此，有23个国王都居洛阳，前后历经500年之久。

河南府城位于今洛水以北、泸水之西，洛阳市老城范围内。洛阳自汉设河南郡，历代因之，府城多有变化。今之洛阳老城是在北宋初年王曾判任河南知府所筑的城基上，于金正大初年重建起来的。

河南府儒学，北宋时已创办。宋仁宗时诏令府儒学改为西京国子监。金正隆元年（1156年），知府孔彦舟将位于洛水南岸的河南府儒学迁建于洛水北岸。元时毁于兵火。明太祖洪武二年（1369年），河南府奉诏重建府儒学，地址在城内东南隅文庙，即宋代西京国子监所在地，形成左庙右学布局。清代河南府儒学在顺治八年（1651年）就明代河南府儒学旧址扩建，推官马呈绘图。清顺治十四年（1657年），教授侯扦愫砌以砖石，旁植嘉木，仿曲阜杏坛，制明伦堂9间；尊经阁在明伦堂后。敬一亭3间，在大成殿后。居仁斋、明善斋、博文斋、约礼斋俱在明伦堂甬道两旁。仅门1间，额曰"河南府儒学"，落款"教授侯扦愫"。府学内有祠、阁、亭、宅点缀其中。启圣祠在大成殿西，明世宗嘉靖十年（1531年）建，清顺治八年修，清康熙二十三年（1684年）府学训导齐怀瑜重修。名宦祠在戟门右，泮池东。以上二祠俱经知府朱明魁重修。文昌祠在泮池左，知府杨所修建。教授宅在尊经阁侧。训导宅、官裁宅废。奎星阁在府学东南。

河南府文庙现仅存戟门、东西掖门、大成殿、明伦堂、东配房、大成殿前东西厢房及部分碑刻等。

（二）河南府文庙主要建筑

河南府文庙建筑布局严谨，由南向北作台阶式上升，沿中轴线向两边展开。布局规整，层次分明。为传统的宫殿式建筑，极具观赏和旅游价值，其中的戟门、大成殿两座木构建筑在明代修建过程中，仍保留有早期建筑构造和做法。

戟门，位于庙院前部，坐于高台上，台高1.35米，平面呈长方形，面阔三间11.36米，进深两间8.78米。单檐悬山绿琉璃剪边灰瓦顶，屋顶正脊、垂脊均为素面，正脊两端为龙形大吻。前后檐柱下施精雕覆莲石柱础，柱径均为0.44米，檐柱高4.06米。戟门前后檐柱顶微向内倾，有较明显的柱侧脚。檐柱自明间向次间逐步升高，柱升起明显。檐柱柱头有卷杀。明间中柱柱础为简单的方形块石，柱间有屏门，现屏门已不存。两次间均无装修。戟门山墙厚1.13米，青砖干摆砌筑，砖面打磨平滑、制作规整，裙肩上墙体有明显收分。山墙与前后檐柱交会做45°斜面。斗栱结构为前后檐用五铺作，双下昂重栱计心造。补间铺作用真昂，昂下刻假华头子，昂后尾斜向上挑起承下平槫，昂头作琴面昂；阑额与普拍枋相叠呈"T"字形，阑额出头刻成霸王拳形状。戟门为抬梁式梁架结构，彻上露明造，制作规整，举高3.22米，前后撩檐枋中距10.18米。

大成殿位于戟门后，大成殿台基设有月台，台基平面呈凸字形。月台青砖砌筑，长17.58米，宽13.36米，高1.25米，月台角部置角柱石，台顶周边阶条石页顶，台面方砖铺地。台前正中由御道和东西两道台阶组成，御道青石浮雕祥云二龙戏珠图案，长2.3米，宽1.5米。月台东西两侧分设2.94米宽上下踏道。大殿平面呈长方形，面阔五间，通面阔17.8米，进深为12.88米。单檐歇山绿琉璃黄菱心瓦顶，正脊、垂脊、戗脊均作琉璃二龙戏珠精美浮雕，歇山博风板镶绿琉璃二龙戏珠浮雕，正脊两端为龙形大吻。檐柱由明间至梢间有明显柱升起和柱侧脚。大殿明、次间均为四扇五抹双交四碗隔扇门，梢间为四扇五抹双交四碗隔扇窗，山墙厚0.56米，后墙厚0.96米。柱头科为五踩双下昂，昂下刻假华头子，昂头作琴面昂，挑尖梁头作麻叶头状，后尾插于内金柱。平身科为五踩双下昂镏金斗栱，昂下刻假华头子，昂头作琴面昂。大殿梁架为抬梁式结构，彻上露明造，用材考究、制作规整。府文庙东西掖门、大成殿、明伦堂、东配房及大成殿前东西厢房均为修复建筑。

二、郏县文庙

郏县位于平顶山市东北部，伏牛山北部余脉向豫东平原过渡地带。郏县文庙位于县城东南隅，以文化路、三官庙街为端，东西两侧以南大街和南后街为界。1986年被河南省人民政府公布为省级文物保护单位，2006年被国务院批准列入第六批全国重点文物保护单位名单。

据《郏县志》记载，孔子后裔的一支，唐代迁到郏县，成为地方望族。五代后周年间，孔姓族人在时任县令郭忠恕的支持下，捐资创建孔氏家庙——孔庙，于后周世宗显德元年（公元954年）竣工。北宋末年部分建筑和设施毁于战火。金泰和六年（1206年），县令奉旨在孔庙旧址修建官方文庙。明洪武三年年（1370年）重建。明清两代曾大修和增建，形成中心庙区占地9000平方米的宏大规模。数百年来，由于战乱和自然蚀损，除屋舍部存留外，其他建筑损毁殆尽，保存较完整的仅有大成殿。自清以来，曾先后12次修缮，现存大成殿为清乾隆五十四年（1789年）所修建，其他现存的建筑，均为清代建筑。

作者在考查郏县文庙期间正赶上封闭大修，一无所见，故不详述。

三、太康文庙

太康文庙坐落在太康县城北大街路西，簧学街路北，1986年被河南省人民政府公布为省级文物保护单位，2006年被国务院批准列入第六批全国重点文物保护单位名单。

太康文庙又称簧学，始建于明宣德元年（1426年），明崇祯十五年（1642年）毁于战火，清顺治五年（1648年）重建。清康熙年间和民国23年（1934年）两次重修。新中国建立后的1952年曾维修。整个建筑群建筑大都是坐北朝南。在中轴线上，自南向北依次是照壁、棂星门、泮池、大成门（又称戟门）、东西廊庑、拜殿、大成殿、崇圣祠、明伦堂、尊经阁等。棂星门内有"崇德"、"育才"牌坊两座，大成殿两侧各有廊房15间，整个建筑布局紧凑，结构严谨。

太康现仅存拜殿和大成殿，均为清代重建。

拜殿，面阔五间，进深三间，单檐歇山顶，覆灰色筒板瓦，脊饰较完整；檐下四周置五彩重昂斗栱，用材较小，制作十分精巧。普拍枋、阑额、斗栱均有彩绘，山面有木质山花板。

大成殿，筑于1米高台之上，月台前是青石台阶，台阶正中嵌放一块祥龙卧云阶石。殿面阔七间22.65米，进深五间14米，高10.5米，单檐歇山顶，覆绿色琉璃瓦，脊饰完整。正脊为琉璃烧制的二龙戏珠、人物、宝瓶、彩珠等。垂脊、戗脊置琉璃狮和狗等小兽，大殿檐下四周施五彩重昂斗栱，普拍枋、阑额上有龙凤和花卉镂空雕饰。前屋坡为两段式，加大了深度和空间，为省内古建筑中所罕见。四翼角挑角高且大，具南方风格，为中原地区少见。

四、归德府文庙

归德府文庙位于商丘市睢阳区，坐落在商丘古城内，孔子周游列国时，曾在此讲学，后人为纪念孔子，就在此修建了文庙。2000年9月，归德府文庙被公布为河南省文物保护单位。

（一）地理环境及历史沿革

商丘历史悠久，有5000年的文明史，是火文化的发源地，被命名为"中国火文化之乡"，"三皇"之首的燧人氏在此发明了人工取火，开辟了人类

图7-3-1 归德府文庙总平面现状示意图

图7-3-2 归德府文庙大门

认识自然、利用自然的新纪元；"五帝"之一的帝喾之子阏伯在此观星纪时、掌管火种；商丘是商部族的起源和聚居地、商朝最早的建都地、商人商品商业的发源地，商祖王亥服牛驯马以利天下，开创了华夏贸易的先河，"商品、商业、商人发源于商丘"的史实已被编入全日制普通高级中学教科书。据史载，商族始祖契佐禹治水有功，封于商，后迁徙，后人便称商族人居住过的废墟之地为"商丘"。

明清时商丘为归德府，文庙坐落在商丘古城中山东街路北，深藏古城一隅。归德府文庙始建于元延祐四年（1317年），后历代都有重修，明弘治年间知州张玺重建为七间，明万历元年商丘知县何希周又有增建。原有大殿、棂星门、照壁、泮池、名宦祠、乡贤祠、戟门、东西庑、启圣祠、教谕宅和训导宅。随着岁月的流逝和变迁，现仅存中轴线上的大门、大成殿、泮池（图7-3-1）和西侧的明伦堂。2006年，政府对有着近500余年历史的元代归德府文庙的大成殿和明伦堂实施修旧如旧的保护性抢救。

（二）现存建筑

大门（图7-3-2）。归德府文庙大门面阔五间，明次间均辟半圆栱券门洞，一主二次。单檐歇山顶建筑，上覆绿色琉璃瓦。

泮池与状元桥。归德府书院的泮池、状元桥体形很大，与院内建筑相匹配。桥两边的泮池形状为四分之一圆，上部的石栏杆是新的，若选用青石材质与古老的泮池更协调（图7-3-3）。

大成殿。呈长方形，面阔七间，进深三间。单檐歇山绿色琉璃瓦顶，龙凤正脊，两端置鸱吻，正中饰一宝瓶。垂、戗脊下均有兽形浮雕，檐下无斗栱，四周平出耍头承托檐部。耍头间开方窗，四角四根托角梁斜擎支撑，颇有徽派建筑风格。房顶由32根胸围1米的明柱擎起。柱下有1米高的鼓形柱础，整座建筑高大雄伟，造型别致（图7-3-4）。

明伦堂，建于明正德年间，为归德府最高学府。后经历代重修。明伦堂面阔五间，进深三间。青砖灰瓦，单檐歇山式建筑。檐下无斗栱，平出耍头承

图7-3-3 归德府文庙泮池与状元桥

图7-3-4 归德府文庙大成殿

托檐部，四角用四个托角梁承托，木质斜擎撑，翼角形式颇具徽派建筑风格，檐下一周有16根明柱，柱下有青石鼓形柱础。整座建筑坐落在高0.6米的台基之上，台基周用青石砌成。明伦堂高大雄伟，古朴粗犷，建筑艺术极具中原风格（图7-3-5）。

归德府文庙大成殿、明伦堂不仅具有豫东建筑的特点，也吸收了徽派建筑翼角高挑之飘逸，独具特色。

注释

① 二程，即程颢和程颐，北宋思想家，河南洛阳伊川人。他们的学说也称为"洛学"，同为宋明理学的奠基者，其理学思想对后世有较大影响，南宋朱熹正是继承和发展了他们的学说。他们的理学思想主要见于《遗书》、《文集》和《经说》等，均收入《二程集》中。程颢字伯淳，又称明道先生。程颐字正叔，又称伊川先生，同在嵩阳书院教书多年，曾任国子监教授和崇政殿说书等职。世称二程，死后葬于洛阳伊川，后世称二程墓。

图7-3-5 归德府文庙明伦堂

河南古建筑

第八章 塔幢类建筑

河南塔幢类建筑分布图

1. 开封佑国寺塔
2. 开封繁塔
3. 天宁寺塔
4. 无影塔
5. 乾明寺塔
6. 胜寿寺塔
7. 玲珑塔
8. 文峰塔
9. 明福寺塔
10. 玄天洞石塔
11. 兴国寺塔
12. 镇国塔
13. 胜果寺塔
14. 福胜寺塔
15. 会严寺塔
16. 嵩岳寺塔
17. 天宁寺三胜塔
18. 妙乐寺塔
19. 永泰寺塔
20. 法王寺塔
21. 法行寺塔
22. 宝轮寺塔
23. 白马寺齐云塔
24. 风台寺塔
25. 延庆寺塔
26. 修定寺塔
27. 灵泉寺双石塔
28. 灵泉寺摩崖塔
29. 文笔峰塔
30. 净藏禅师塔
31. 少林寺塔林
32. 风穴寺塔林
33. 灵山寺塔林
34. 月山寺塔林
35. 丹霞寺塔林
36. 法王寺塔林
37. 水东石经幢
38. 陀罗尼经幢
39. 卫辉陀罗尼经幢
40. 慈胜寺经幢
41. 许昌千佛幢
42. 尊胜经幢
43. 波罗蜜多心经幢
44. 荥阳陀罗尼经幢

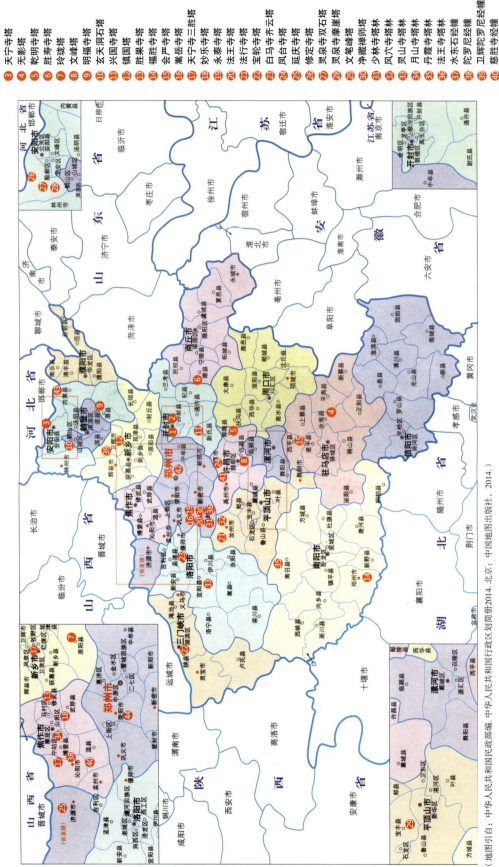

(地图引自：中华人民共和国民政部编．中华人民共和国行政区划简册2014．北京：中国地图出版社，2014．)

第一节 河南古塔概述

在河南大地，到处可见高耸挺拔、造型各异的古塔。塔即"佛塔"的简称。塔是一种特有的古建筑，在中国早期的文字中，见不到"塔"这个字。因塔非中国所固有，它是随着佛教的传入而出现在中国大地上的一种新的建筑类型。其后，再同中国古代建筑内容极为丰富的寺观、宫殿、园林、桥梁、坛庙、城垣、亭、台、楼、阁、庑、轩等融合在一起，塔才成了一种独特的纪念性建筑物。古建专家罗哲文说："佛教的传播，一是利用佛经来说教；二是以形象化的实物或图画来宣传，佛教、佛塔就是最突出的形象。因此，佛教传入中国的时候，佛塔就随之而来了。"佛教在中国传播，是以东汉明帝建白马寺为重要标志。

早期的寺院以塔为主，塔立于寺的中央，其他建筑是依塔而设计布局的。洛阳永宁寺平面采取在中轴线上布置主要建筑，前有寺门，门内建塔，塔后建佛殿，塔成为寺的主体。这种以塔为主，塔在殿前的寺塔布局关系，自汉、两晋、南北朝，至唐初，大体仍然因循未改。但在不同地区也逐渐发生变化。而东晋初期已出现双塔的形式，南北朝到唐数目渐多，这主要是供奉佛像的佛殿也逐渐成为寺院的主体。作为念经拜佛的殿堂，开始升级，先是寺、塔并列，形成了塔殿左右相对的形式，以后又逐渐把塔排出寺外，或建于寺旁、寺后，或另建塔院。这一变化，大约自唐代后期开始，到宋代出现了将塔建于佛殿之后的做法。其原因有二：一是中国佛教本身的发展，二是中国原有的庭院建筑布局和形式对佛寺的影响。

坛与寺在演变的过程中，都有许多发展和变化，这促进了塔的用途和类型的增多。在用途上，由于建筑结构和艺术形式的发展，有的塔完全脱离了佛教的范畴，成为新的建筑物，如：登高眺览、瞭望敌情、导航引渡、装点河山、美化风景等。宋代以后，登塔游览之风更为盛行。为了更好地发挥登高眺览的作用，古代造塔工匠运用聪明智慧，对塔的结构作了许多改进。例如，把塔内的楼层、楼梯尽量修造得便于攀登和伫立，门窗开门尽量宽敞，特别是每个楼层，使用平座挑出塔身之外，形成环绕回廊，设立勾栏，人们不但可以远眺，而且可以走出塔身，在游廊上凭栏远眺山川景色。木结构楼阁式塔，在这方面尤能发挥它的特点。例如，开封开宝寺塔（俗称铁塔）、开封繁塔、安阳天宁寺塔、许昌文明寺塔、永城崇法寺塔、商城崇福寺塔、唐河泗洲塔、杞县大云寺塔、济源延庆寺塔等，都是登高眺览的佳处。塔的远眺作用用于军事则为了望敌情，它就是军事设施。塔身优美的姿态，点缀着祖国的大好河山，起到了装点河山、美化环境的作用。许多古塔还成为某一城市、某一地区的象征。开宝寺塔成了开封历史文化名城的重要标志。而且，这些塔在历史的发展中，可以说是比较成熟的典型。到了明清时期，装点河山、美化风景的塔就更加直接，脱离了宗教范畴。当然，随着建筑材料与工艺技术的发展，塔的结构和内容形式也随之改变。

早期著名的塔应是楼阁式和亭阁式。例如，东汉永平十一年（公元68年），在洛阳建造的印度式样的白马寺浮图、北魏熙平元年（公元516年）在洛阳建造的永宁寺浮图等，均为7层、9层高塔。"窣堵坡"与中国传统建筑相结合建造的塔，塔体主要分为三部分：一是塔刹，是原来窣堵坡的形象；二是塔身，是塔的主体部分，可用于供设佛像等，这一部分除了覆钵式塔之外，其他各种类型的塔，基本是中国原有的建筑形式；三是地宫，因要埋葬舍利，便采用了中国固有的陵墓地宫、墓穴的方式。

随着高台建筑的发展，佛教本身内容的变化和工艺技术的改进等，又发展出密檐式塔、金刚宝座式塔、过街塔、亭阁式塔（包括八角、六角、方形、圆形）、花塔等。就是与印度原来"窣堵坡"最接近的喇嘛塔，也在建筑造型与艺术装饰上增加了许多中国建筑艺术的独特内容。据有关历史文献记载和河南古塔实物分析，可分为几个时期。河南早期的塔，大都是木结构，时间段大体从东汉至

南北朝。东汉第一座佛寺白马寺建造的塔就是大木塔。《洛阳伽蓝记》中记载的许多寺庙的塔也都是木塔。永宁寺木塔可以说从当时的建造到后来塔的发展来看，达到了木结构塔的高峰。所谓"南朝四百八十寺，多少楼台烟雨中"，这些寺中的塔也都是木塔。但木材自身的缺陷导致木塔的好景不长，时间不久就逐渐退出历史舞台。

河南现存的大型塔，均是在建筑材料改变后，保存至今的古塔。现在所知最早砖塔是位于登封市的嵩岳寺塔。这座塔在砖石结构技术上已有了很大进步和改进，成为这一时期塔的杰作。这座37米多高、造型优美、最古老的砖塔，至今依然保存完好，令世人叹为观止。南北朝时期，塔是佛寺组群中的主要建筑。到了隋唐，塔的建造技术，可以说发展到一个崭新时期，并且成功地创造了仿木结构楼阁式、密檐式和单层塔三种类型。塔的平面，除了极少数的例外，全部都是正方形，而且建造水平极高。如河南的法王寺塔、永泰寺塔、风穴寺七祖塔、妙乐寺塔等，均是这一时期的代表作。虽然以后各个时代和各地区均有不同的发展，但这三种形式基本没有大的改变，一直传了下来。如位于安阳县灵泉寺山坡上的一对双石塔，建于北齐河清二年（公元563年），距今已有1400多年的历史，是国内目前所知最早的一对亭阁式石塔。在唐代，亭阁式的砖石塔，也达到了鼎盛时期，如安阳县修定寺塔的砖刻和浮雕，堪称佳作，被世人称为我国现存艺术价值最高的一座亭阁式花塔。

唐代普遍存在的四方形塔，到了宋、元则多转变为六角或八角形。这一变化解决了砖石塔的两个重大问题：一是增强了抗震和牢固性能；二是多角形塔扩大了登高眺览的视野。当然，这一时期的砖石塔也利用木材富于弹性和便于加工等特点，修建了一些砖木、砖石木混合结构的塔。用金属材料建塔，从唐、宋，到明、清均有之，但比较少见。目前河南保存的这类塔不多。现馆藏于新乡市博物馆的一座明代铜塔，通高2.95米，为八角13层仿木结构楼阁式，可谓是罕见之精品。

琉璃是中国古代建筑中的一种重要建筑材料。它使各种建筑五彩缤纷，光焰夺目。大面积地使用它于建筑之上，是在唐代以后。用琉璃砖瓦砌筑的古塔，现在保存下来最著名的一座，是开封市的开宝寺塔。该塔建于北宋皇祐元年（1049年），是中国现存最早、最大、最高的一座大型楼阁式琉璃砖塔。另外，在新密市法海寺石塔地宫内，出土了一座五彩琉璃舍利塔，塔烧制于北宋咸平二年（公元999年），通高0.99米，边长0.31米，共计7层，保存十分完好。该塔色彩鲜艳夺目，为宋代琉璃塔之精品。

据不完全统计，河南现存各种类型的塔约650座。这包括各个寺院塔林的墓塔和摩崖及石窟中的佛教石刻塔等，塔的总数居全国各省（市、区）之首，而且类型齐全，科技含量高，艺术水平佳。从建筑材料分，有砖、石、砖石混合、琉璃砖瓦造、铜造、铁铸等。河南古塔可谓种类繁多，造型各异，丰富多彩。古塔在全省的古建筑中的艺术与结构形式，大约有楼阁式塔、密檐式塔、亭阁式塔、花塔、覆钵式塔等。

纵观河南古塔，主要构造有地宫、塔基、塔身、塔刹。在中国的古代建筑中，地下基础大都是夯打的坚实地基，没有什么别的东西。而塔的构造却独具特点，除了地面上的塔身之外，在地下还有一部分特殊的构造——地宫，也有称之为龙宫、龙窟。这一部分特殊的构造，是其他的宫殿、坛庙、亭台楼阁等建筑所没有的。凡是建塔，首先要在地下修建一个地宫，以埋葬舍利和陪葬器物。地宫的形式，是用砖石砌成的方形、六角形、八角形、圆形的地下室。

塔身是塔结构的主体。由于塔的建筑类型不同，塔身的形式也各异。塔身的外部造型和构造在前面已叙述过，下面主要简述塔身的内部构造。塔身内部的结构情况，大体上讲有实心和中空两种。实心塔的内部，有用砖石全部满铺满砌的，也有用土夯实填满的。这样做的目的，一是增加塔的整体连接，二是增强挑出部分的承载力量，论结构都比较简单。而中空塔在内部结构方面就显得繁杂。

砖石塔心柱塔身。这种塔身的结构，是中国古代砖石结构发展到高峰时的产物，在塔的主体结构上，完全摆脱了以木材作为辅助构建的结构方法。塔身全部用砖砌造。楼梯、楼板、回廊、塔檐等，全部用砖石砌成一个整体，结构十分复杂。塔的中心是一个自顶到底的大砖石柱子。每一层的楼板，均为内柱与外壁横向联系的构件，使中心柱与外壁结为一体。楼层的砌法，有栱券和叠涩两种。塔心柱外有回廊。这种结构的楼梯有两种形式，一种是沿塔心柱的外壁转折上登，这种形式的塔心柱每层都有塔心室；另一种是穿过塔心柱反复转折上登。沿塔心柱外壁转折上登的，像开封市开宝寺塔，为北宋时期著名的古塔，它在中国砖石结构技术上，达到了相当高的水平。

塔刹，作为塔自身最为崇高的部分，冠表全塔，至为重要。因此用了"刹"这个字。"刹"，梵文名"制多罗"、"差多罗"、"讫差恒罗"等，又称为"乞叉"，"乞洒"。它的意思是土田，代表国土，引申义为佛国。河南古塔的塔刹，形式多样，从建筑艺术上讲，塔刹也是作为艺术处理的顶峰，以冠盖全塔的形象。登封嵩岳寺塔的相轮为七重。刹顶，是全塔的顶尖，在宝盖之上，一般为仰月、宝珠所组成，也有做火焰、宝珠的，有的是在火焰之上置宝珠，也有将宝珠置于火焰之中的，因避"火"字，有的称之为"水烟"。刹杆，是通贯塔刹的中轴。金属塔刹的各部分构件，全部分穿套在刹杆之上，全靠刹杆来串联和支撑塔刹的各个部分。在河南省，就是较低矮的砖制塔刹，其中也有石制和金属刹杆。武陟县的妙乐寺塔刹，制作精美，堪称塔刹之佳作，甚为珍贵。

第二节　楼阁式塔

楼阁式塔是我国古塔中产生年代最早的类型，也是中国塔的两种最基本的主流塔形之一。佛塔传入我国后，营造匠师运用我国高层楼阁的结构原理，将窣堵坡高高安放在最顶部的塔刹部位，创造出"上累金盘，下有重楼"的楼阁式佛塔。东汉时的楼阁式塔为木构方形仿照楼阁式样建造的。以后又出现了砖、石结构的楼阁式塔。

一、开封佑国寺塔

全国重点文物保护单位。位于开封市古城墙东北角内。宋代原名灵感塔，因建在开宝寺内亦称开宝寺塔，明代将寺院易名佑国寺，故又称佑国寺塔，又因塔之外壁为褐色琉璃砖镶嵌，观之若铁色，俗称铁塔。是我国最高、历史最悠久、保存最完整的一座大型琉璃砖塔（图8-2-1）。

佑国寺塔未建之前，在开宝寺福胜寺院内曾仿照天宫的形状，建有一座纯木结构的佛塔——开宝寺塔。后人视它为佑国寺塔的前身，也有人称它为佑国寺塔的母塔。负责设计和监造者，是当时著名

图8-2-1　开封佑国寺塔外景

图8-2-2 佑国寺塔楼层与平座式样

的京师御用工匠喻皓。可惜喻皓设计建造的这座华美绝伦的木塔仅存世56年，就于宋仁宗庆历四年（1044年）六月遭雷击而焚毁。"仁宗皇祐元年（1049年）诏，重建灵感塔藏舍利"，重建的灵感塔，即当下之"铁塔"，地址不在原来的福胜寺院，而是移到了开宝寺的上方院。

此塔为八角13层，仿楼阁式琉璃塔。塔高55.08米。由于黄河水几次淹城，塔基座已埋入地下。现塔身下部周长33.24米。下层塔壁各角砌弧面壁柱，高1.745米。东、西、南、北四壁面辟圭形门，门侧有立砖、平砖组成的边框，中嵌横长条砖的组合壁面。在柱、门、壁面上饰有兽面、龙纹、云朵、佛像、伎乐人、花卉等图案。此段塔身以上，是由逐层向外迭出的三层仰莲砖及平砖构成的浅檐，三层外挑砖层之间，各有一列框式长条砖。第三层仰莲砖与平砖之上，为明显突出壁面以外的"腰线方砖一排"，各角置狮子砖一方。方砖及其左右的立条砖上饰流苏纹。在该层以上，是以与下部相对称的形式砌出反叠涩式三层平砖托覆莲砖向中心内收三阶，又在第三层俯莲之上，各角作由三层弧面平砖砌出的矮柱及两柱之间的一条横条花纹砖一排。再上砌仰莲砖及二层平砖，形成一个低矮的束腰莲花座。再上立角柱及三层框式花砖塔壁，其上为由两层平砖砌成的普拍枋。普拍枋上坐斗栱一周，转角铺作，由大栌斗出双抄华栱三缝，补间铺作6朵。皆为五铺作双抄斗栱，斗栱之上为双层平砖砌出的撩檐枋，再上为方形椽与飞子。各转角处作蝉肚形大角梁及角梁。角梁前端有套兽及风铎。再上为第一层塔檐（图8-2-2）。各角饰嫔伽、垂兽，檐口用龙纹勾头及叶片纹重唇板瓦，但其顶面以圆头琉璃砖垒砌，呈鱼鳞状。塔檐之上，承平座斗栱，形式与下部斗栱相同。平座由一平砖、一斜挑砖及莲花纹栏杆砖组成。平座之上即为第二层塔身，其基本做法与一层束腰莲座以上的塔壁角柱、出檐、平座等相同，仅因为塔体上下收分的缘故，除在各层塔壁宽窄、斗栱多少、洞门、佛龛等方面有所变化外，用砖做法为统一模式。如补间铺作，一层檐部与平座均为6朵，二层檐部仍用6朵，而平座则缩小为5朵；三至六层檐部及平座均为5朵；第七、八层檐部与平座均为4朵，第九、十层檐部及其平座各为3朵，第十一、十二层檐部为3朵，平座均为3或4朵，十三层檐部减至2朵，已无平座。塔顶作八角攒尖状，八条垂脊皆作圆盘形，下砌仰覆莲须弥座，上坐铜制葫芦状宝瓶。自宝瓶上部作铁系之各脊，以保稳固。塔的内部为塔心柱结构，在塔外壁与塔心柱状间筑盘旋踏道可达十三层，拾级而上，"如行螺壳中"。从北塔门由北向南，折西可至第二层正南塔门。自二层上登达三层门洞向西，继之四层在北，五层在东，六层又回到南面，依此类推直到十三层。每层仅开一门，每面洞门之间均在外壁做出与塔门相同式样的佛龛，其内奉一尊阿弥陀佛立像，凡开门洞处均在塔内壁迎门置佛像一尊。

祐国寺塔整体造型秀丽挺拔，琉璃构件光彩亮丽，整个塔身由上至下逐层递减，形成自然收分，呈现出宋代佛塔刚劲有力的轮廓特征。外壁镶嵌的花纹砖达50余种，计有：坐佛、立僧、绩乐、飞天、嫔伽、狮子、麒麟、行龙、花卉等，造型生动富于变化。基层八角上的狮子威严护法，神态生动。翼角上的嫔伽背负双翼，合掌而立，婀娜多姿（图8-2-3）。飞天乘云飞舞，飘然凌空。伎乐吹奏，神采活跃，生动有趣。这些精美的艺术造型与图案是研究宋代雕塑艺术的珍贵资料。

铁塔在历史上受到无数次地震、水患、风沙、雨雪、雷电等自然灾害的损伤，明清以来进行过多次维修，尤其以明洪武二十九年维修规模较大，今塔体内外48尊佛像等即是此增修所致。1938年侵华日军炮击祐国寺塔，使塔体北侧五至九层受到严重损坏，北面四层至十三层塔角、塔檐及塔壁均有不

图8-2-3 祐国寺塔转角细部

同程度的损坏，以八、九两层损坏最甚，塔顶瓦面、铜宝刹也遭受到日军飞机扫射，这是建塔以来最严重的战争破坏。1952年10月30日，毛泽东主席到开封视察黄河，在看到满目疮痍的铁塔时指示，要把这座塔修起来。经过认真筹备，烧制琉璃等构件，于1957年6月动工，当年10月底全部整修完毕。铁塔经历了960多年的岁月，见证了开封的兴衰，是开封的象征，也是中华民族千年来的象征。

二、开封繁塔

全国重点保护文物单位。位于开封市东南1.5公里。此地原为自然高台，因古代附近居民多为繁（pó）姓，故名繁台。后周显德二年（公元955年）建天清寺于繁台上，北宋开宝七年（公元974年）建塔，名"兴慈塔"，又名"天清寺塔"，俗称"繁（pó）塔"。在开封，铁塔、繁塔等俗名远远超出其学名。此塔平面六角形，为阁楼式砖石建筑（图8-2-4）。

北宋时期，天清寺的名声很大，与当时的相国寺、开宝寺、太平兴国寺并称为京都四大名寺。

图8-2-4 开封繁塔外景

繁塔的兴建与铁塔不同,铁塔是北宋政府出钱修建的,所以建得很快。繁塔是由当时的官僚倡导,从民间募集资金修建的,所以建的时间很长。现存繁塔里面洞壁上镶嵌石刻中有建塔捐献过钱财和实物者的姓名和年月。石刻题记载,宋太平兴国三年(公元978年),繁塔才建起一个高高的塔基,甚至到宋淳化元年,还不断有人向建塔工程捐献钱物。根据塔内碑刻内容推测,繁塔大约筹建于北宋开宝中期,竣工于北宋淳化元年(公元990年)以后。从筹建到竣工前后经历了20多年。繁塔是等边六角形宝塔,原塔高9层,是当时开封最高的塔,这比著名的开封铁塔高得多,至今开封还流传着铁塔与繁塔对比的民谣:"铁塔高,铁塔高,铁塔只到繁塔腰。"至元代,由于雷击,毁去繁塔两层,但塔仍十分高大。明朝初,"铲王气"事件的影响波及繁塔,"塔七级去其四,止遗三级"。清初大塔之上,仿损毁的六层缩建为六级小塔,成为独特奇丽、别有风趣的造型。

现繁塔通高36.68米,每层檐部由五铺作双抄斗栱(平座斗栱和檐部斗栱相同)承托,转角处出五铺作双抄斗栱三缝。一层南北各辟圆券门,能入内而互不通,由北门入塔室。内设东西对称的砖砌塔道,由内壁盘旋而上可至第三层。内外壁镶了108种佛像雕砖(图8-2-5、图8-2-6),每块约为30厘米见方,多为模制,一砖一佛,有释迦、弥勒、阿弥陀佛,还有菩萨、罗汉、乐伎等近7000块,千姿百态,形象生动。宋代艺术家赋予了佛像丰富的表情,使人们观赏时觉得亲切而生动。佛像所穿袈裟线条流畅,对面部和手脚的刻画表现得丰满、细致、圆润。纵观繁塔内外壁佛像造型,技艺堪称卓绝娴熟。菩萨宝冠上的化佛造型虽然很小,但也毫发毕现、细致入微,充分展示了宋代雕刻模制的高超技艺。繁塔丰富多彩的佛像（图8-2-7），对研究中原佛教艺术具有重要的参考价值。塔内保存完好的刻经、碑刻178方，内容最珍贵的有北宋太平兴国年间（公元976～984年）赵安仁所书之佛经，嵌在第一层南洞东壁的《金刚般若波罗蜜经多心经》、西壁的《十善业道经要略》附《佛说天清向经第二》；第二层南门洞东、西两壁嵌有《大方广觉修罗了义经》，每一部经用6方石板刻制。另外，还有施舍、捐助修建此塔的姓氏、题记等，是研究北宋早期河南建筑与佛教史的珍贵资料。

繁塔是中国佛塔从四边形向八边形过渡的类型，也是研究佛塔建筑发展、演变的珍贵实物资料。

三、安阳天宁寺塔

全国重点文物保护单位。位于安阳市老城内西北隅原天宁寺内。天宁寺原规模宏大，后多次遭到破坏，现在仅有中佛殿和天宁寺塔。中佛殿为清代建筑，面阔五间，进深三间，单檐歇山式建筑，上覆琉璃瓦顶。

天宁寺塔高38.6米，底层周长40米，壁厚2.5米，巍峨壮观，气势雄伟（图8-2-8）。此塔初创于五代后周广顺二年（公元952年），后经历代重修，现塔之结构保存了宋、元时期的风格。清乾隆年间，彰德府知府黄邦宁修葺此塔，在门额上题写"文峰耸秀"四字，故又称文峰塔。该塔已成为古城安阳的标志。

大多数的塔都是由下而上逐渐缩小，而文峰塔之独特就在于其一反常规，塔身上大而下小，呈伞状，为国内外所罕见。塔通高38.65米，塔基周长43.2米，壁厚2.5米。

天宁寺塔由塔基、塔身、塔刹三部分组成。塔基高2.6米，平面呈八边形，基上有螺髻状莲瓣7层，上下交错，砖质磨成（图8-2-9），塔身坐在坐瓣上。塔身第一层高大，以上4层低矮，直径逐层增大，以上檐水不滴下檐为限，形成上大下小的优美外观。每层檐下有砖质斗栱承托出檐，二至五

图8-2-5 开封繁塔外壁佛像

图8-2-6 开封繁塔塔心室

图8-2-7 开封繁塔内壁彩佛龛

图8-2-8　安阳天宁寺塔外景

层塔身有相互交错的通风口，使塔身不因通风口集中于一条垂直线而出现裂缝。每层檐角均悬有铜钟，微风徐来，叮当之声悦耳动听，给人以高远静穆之感。

塔身第一层令人惊叹的是精美的砖雕，塔身四个正面有门，正南为实门，其余为砖雕假门，门楣为栱券形，上雕二龙戏珠图案，龙在云中飞行，张牙舞爪扑向火焰珠。砖雕假门上按木质门形式雕刻，门框周边雕满西番莲。8根龙柱每根雕刻腾龙两条，火焰流云环绕龙的四周，布满龙柱，龙身卷曲弯转，努力向上，似欲腾空飞去，于是龙柱上8条铁链既固定了砖雕砌块，又挽住了神龙。门窗之上是8幅高浮雕佛传故事，雕刻人物甚多，形象逼真，画面生动。

正南面为三身佛，中间端坐法身毗卢遮那佛，右为报身卢舍那佛，左为应身释迦牟尼佛（图8-2-10）。西南面为释迦佛说法像，释迦牟尼端坐中间，弟子阿难和迦叶分立两旁，佛龛前立两位护法金刚。西面为太子降生图，即释迦佛诞生的图像。画面正中祥云笼罩，帐帷垂挂，内中雕刻人物较大者为一贵妇人，身后紧跟侍女，外有一裸婴立于桌上，左右二力士相护，天上九龙吐水沐浴太子。整个画面人物众多，形态各异，造型生动，故事表达完整。西北面为释迦佛雪山苦行修定像。佛祖端坐于莲花座上，置身崇山峻岭之中，左为猴献仙桃，右为鹿献灵芝，山上苍松翠柏枝叶繁茂，画面上部又有三尊小铜佛。传说悉达多出家修道，在雪山修行，决心使众生脱离诸苦、了脱生死。他来到雪山，自断其发，苦行6年，得大神通。猴与鹿献食，供养佛祖。正北面为观音菩萨与善财龙女像。南海观音端坐于莲座上，背光周围流云环绕，右侧净瓶端放，善财童子、龙女、文武侍者立于波浪之上，分立菩萨两侧。菩萨用法眼观闻众生求救的呼唤声，然后使众生得以解脱，故名观世音。唐代因李世民之名讳，省去"世"字。此为菩萨在佛祖说法时在其背后护法之情状。

塔各角作雕花倚柱，两柱头间有阑额，其上为普拍枋，房上置五铺作出双抄，并计心造斗栱。转交栌斗出三缝双抄斗栱，其中缝上抄之交互斗中出劈竹昂式耍头，其余皆为蚂蚱头式耍头。角栌式左右并列正身栌斗各一，其上亦为双抄计心造斗栱，上下栱头连接一体。普拍枋正中，置补间斜栱一朵。其栱亦出三缝，中正出双抄，左右斜出双抄（图8-2-11）。唯下檐斗栱有此做法。

二层至五层皆用五铺作出双抄斗栱，但补间铺

图8-2-9　天宁寺塔下部莲座砖雕局部

图8-2-10　天宁寺塔南门门楣雕塑

图8-2-11　天宁寺塔底层檐部砖雕构造

图8-2-12 汝南无影塔

作具体分布形成又各有差别。塔顶做一平台，可供人们远眺，平台中央筑一座高10米的喇嘛塔形塔刹，刹下置方形须弥座。塔檐枋木斗栱外挑，斗栱硕大，并出斜栱。层出外侈，绿琉璃瓦扣合，合角处均挂铁铃。天宁寺塔造型奇特，设计别致，为国内古塔中所罕见。

1964年，由河南省财政拨款修缮天宁寺塔。由安阳市人民政府进行整修，这次修缮，加固了塔基，重砌了台阶，修补了莲花座、斗栱，椽子由已经糟朽的柏木换成了水曲柳，塔内的扶手也重新换过，塔顶重砌了女儿墙，并安装了避雷针。

四、汝南无影塔

全国重点文物保护单位。位于汝南县城南关，宋代建筑。据《汝南县志》记载，这里原有一座寺院，后殿堂毁圮，仅留此塔。塔因僧人悟颖主持修建而得名，俗传每逢冬至（冬至为夏至之误）正午无塔影，故又称"无影塔"（图8-2-12）。

塔面向南，平面六角形，每边长3.1米，高近25米，为9级楼阁式砖塔。塔身自第一层以上面阔逐层收敛，每层高度均匀递减，使整个塔体的外轮廓略呈抛物线形。塔身基座系平面六角形的单层须弥座。塔檐下砖砌仿木构建筑的五铺作出双抄斗栱，斗栱下为阑额与普拍枋，斗栱上有砖雕的方形飞椽与檐椽，檐口砌以重唇板瓦砖，檐上无施平座。仅砌出很少的砖平台。各转角处有砖雕的双瓣形角梁（图8-2-13）。塔身第一层南壁辟半圆拱券门，西北与东北壁面隐出砖雕破子棂假窗，西南与东南面隐出砖雕盲窗。北壁用砖砌出两扇格门。第二层南、北壁各辟半圆形栱券门，门两侧嵌两方形佛像雕砖；其他四壁也砌有形制相同的3方佛像塔。第三层南壁辟圭形门，其他各壁皆作圭形假门。第四层南北壁各辟一圭形门，其他两壁设圭形假门。第五层南壁辟圭形门，其他面无门窗，仅砌3方佛像砖。第六层北壁辟圭形门，第八层北壁辟圭形门。第九层外壁无门窗，做素面。塔身第一层南门内为正方形塔心室，有塔内砌筑盘旋梯道，可拾级登至第二层的方形塔心室。其室壁上用12层叠涩砖收成四角攒尖顶。第三层塔心室也是正方形，其顶以8层叠涩砖砌作四角攒尖顶。四至七层不设塔心室，仅在对塔门的梯道内壁上镶嵌一佛或菩萨、力士雕像砖一方。至第八层，由圭门处向外眺望，塔身之上为六角形刹座，上至宝瓶状铁刹，刹顶施火焰宝珠。

1984年对该塔进行了维修，上三层进行了整体

图8-2-13 无影塔一层檐部构造

复原，在维修中发现了明代一刻砖，上有明代维修的年号。此塔具有较高的历史、艺术和科学价值。

五、鄢陵乾明寺塔

全国重点文物保护单位。位于鄢陵县城西北隅，西临汶河，南靠乾明寺大道。始建于隋仁寿四年（公元604年），宋代重建、明代修缮。原在乾明寺内，现寺废塔存。

乾明寺塔为六角13层楼阁式砖塔，高38米，由基座、塔身、塔刹三部分组成（图8-2-14）。基座平面呈六角形，高1.24米，为青砖垒砌，青石压条。塔身底层平面为六角形，每边长3.78米，每层檐部均施砖雕斗栱，七层以下为五铺作双抄鸳鸯交手栱（图8-2-15），七层以上改为四铺作单抄手栱，栌斗幽度明显，斗栱下至砖雕普拍枋和阑额。转角处施斜栱，瓦檐挑角，每角原置套兽、风铎。第一层塔身的南面和北面以及第二层塔身的南面辟半圆形拱门券门，门两侧砌圆形倚柱。第三层至第八层和第十二层辟为叠涩门，东南、西南、东北、西北四面均设有直棂和方棂假窗及棋券门。一层南门内筑有塔心室，一层北门内筑有梯阶，可盘旋登至七层。第二层塔身嵌塔铭，第三层塔身一周镶嵌铁色琉璃佛像雕砖8块（图8-2-16）。塔刹为三层仰莲承檐，上置金属盘托宝珠。明嘉靖元年（1522年），因地震，塔刹坠地。嘉靖二十八年（1549年），由禅纳续遑主持，周王与王妃捐资，重修塔刹，改铁刹为镀金铜刹。1995年8月18日上午，一名犯罪分子从塔外檐翻越至十三层塔顶，撬开铜宝瓶，用铁箍勾出宝瓶内上层的文物。其中有《大方广佛华严经》一部分和小铜佛9尊。

鄢陵县文物部门会同公安部门及时抓获了犯罪分子，收缴了文物。同时了解到，塔刹内分上下两层，上层文物已全部勾出，下层文物全部存留，其中还有大铜佛和其他经书。县文化局当即将这一情况电报至河南省文物局，建议抢救塔刹宝瓶内留存的文物，尽快维修乾明寺塔。1996年，国家、省、市、县四级政府筹措资金，对该塔进行了一次大的

图8-2-14　鄢陵乾明寺塔全景

图8-2-15　鄢陵乾明寺塔一层檐部构造

图8-2-16　鄢陵乾明寺塔佛龛

维修，在维修中清理塔上明代文物32件，对研究古代建筑和佛教文化有重要的参考价值。

六、睢县圣寿寺塔

全国重点文物保护单位。位于睢县西南22.5公里后台乡阎庄西北隅。塔建于宋代，塔基高出地面3.3米余，为圣寿寺遗址。

宋时圣寿寺是豫东名刹之一。前有山门，后有钟鼓二楼、大殿、和尚院和魁星阁等建筑。寺院布局严谨，错落有致。寺内主持和尚圆寂后，为了纪念他而建圣寿塔。此塔通高22米，为六角9级密檐式砖塔，塔底每边长2.2米（图8-2-17）。一至三层檐下施以砖雕斗栱，为一斗三升形式，每面补间铺作一朵（图8-2-18）。其余各层檐下用叠涩砖层，檐上用反迭涩砖层垒砌，翼角翘起、玲珑秀丽。塔刹为柏木削制，套一绿釉大盆。塔内第一层南面辟半圆形拱门，入门为六角形塔心室，第二层以上为实心，第六、第八层塔身南面各辟一圭形门。塔身一至四层外壁嵌砌有佛像砖，每层多少不等，佛像造型各异，栩栩如生。塔历经千年风雨雷电、兵燹之灾，仍巍然屹立。1985年和1995年曾两次对该塔进行维修。

七、原阳玲珑塔

全国重点文物保护单位。玲珑塔，又名善护寺宝塔、徽塔、雁塔，位于原阳县城西南17公里处的原武（旧县治）镇东关外。原（阳）郑（州）公路北侧。为宋崇宁四年（1105年）建，明万历二十九年（1601年）重修。该塔造型挺拔秀丽，气势庄严雄伟（图8-2-19），为宋代建筑艺术之佳作。

玲珑塔，外轮廓略呈抛物线形，平面六角形，13层楼阁式砖塔。由于黄河南徙和清代黄河多次决口，塔下部第一层塔身被泥沙淤于地下，现地面仅有12层。塔通高约47米，向东倾斜2°33″。该塔现门南面，为第二层塔室的券门所改。1979年在第一层塔室发现北壁上有叠涩洞道，南壁下有登临磨损的圆形砖头，证实原塔向北辟门。塔身全用青条

图8-2-17 睢县圣寿寺塔

图8-2-18 睢县圣寿寺塔檐部构造

砖砌成，每层塔檐为叠涩砖砌出，上加莲瓣平座（图8-2-20）。每面设半圆券门，置毯纹格眼式和破子棂式假窗。斗栱砖、莲瓣砖、假窗砖均为条砖磨制，有雕砖之效果。塔身还有"日"字形的栏线凸出。该塔层层券门，数量多少不等，面向也不统一。第六层内置小方神龛，神像早已无存。各檐之翼角下有木质角梁，梁头下悬铁风铎。塔内第一层

图8-2-19　原阳玲珑塔

图8-2-20　原阳玲珑塔檐部构造

塔室深2.3米，高3.2米，室内呈平面六角形，每角都有砖柱。第二层塔室面阔5.8米，自下而上，面阔与高度递减。塔中间有0.6米宽的砖梯塔道，可拾级而上至塔顶。塔室每层均为斗拱攒顶。上面5层为中空塔室，木板楼层，中心置直径为0.6米的木刹柱，上穿铸铁覆体形六角刹基座，高0.88米，上铸伏莲、相轮。相轮每层高约0.17米，共4层。

原刹顶置有铜质镇顶饰件。1979年在塔基处发现《重修宝塔记》碑。此碑为修塔碑记，上刻善人、石匠、施财人等姓名，落款"万历年岁次辛丑冬吉立碑为记"。碑长96厘米，高42厘米。上刻小楷书13行，每行13字。碑四边雕波浪图案。

八、许昌文峰塔

全国重点文物保护单位，位于许昌市博物馆院内，又称文明寺塔，明万历四十二年（1614年），由许州太守郑振光创建。

许昌文峰塔平面呈八角形，为13层楼阁式砖塔，通高49.536米，由基台、基座、塔身、塔刹等四部分组成（图8-2-21）。基台为八角形，用条砖平卧顺砌而成。基座为石质八角形束腰须弥座，表面浮雕出连续的仰覆莲瓣和卷草花纹，玲珑秀丽。

基座之南砌筑有半圆形如意踏跺。除第一层外，其他各层之面阔自下而上逐层稍有收敛，诸层高度均匀递减。塔身由外壁、回廊、塔心柱或塔心室等部分组成，内外壁皆用青灰条砖三顺一丁垒砌而成。塔檐用仿木结构砖质斗拱挑出，斗拱为七踩出三翘，巧妙地分配相邻各攒斗拱所施之正心瓜拱、厢拱及外拽瓜拱，形成规整有序的布局（图8-2-22）。角科自坐斗斜出七踩三翘斗拱一缝。各翼角伸出石雕龙头角梁，并用条砖砌出生头木，使翼角翘起，各角悬挂风铎。塔身四面均辟有半圆拱券门窗，塔身第一层南面辟半圆拱门券，门上镶嵌一长方形石塔铭，正中阴刻"文笔耸秀"四字，左上方竖刻有阴文"万历四十二年"字样，第一层塔心室的藻井采用叠涩砖层，菱角牙子砖和砖制小拱头相间砌筑。塔内筑盘旋的环形梯道，可登塔顶。塔身之上置宝瓶状塔刹，塔顶天宫内放有铜镜一面、铜剑一把，于1994年8月维修时发现。该塔结构谨严，造型古朴，清秀挺拔，外形与开封宋佑国寺塔相似，为河南省200多座明代砖塔之冠，对研究中国古代建筑史，具有重要价值。该塔于清康熙、嘉庆、同治年间多次维修。1991年8月，国家对该塔进行测绘、维修。现塔前立有石碑3通，一

图8-2-21 许昌文峰塔外景

图8-2-22 许昌文峰塔塔身檐部构造

通为明万历四十二年（1614年）《文明塔赋》；一通为清康熙五十八年（1719年）《重修文明寺塔记》；一通为清嘉庆十四年（1809年）《重修文明寺释迦文佛殿鳌头观音殿碑记》。

九、滑县明福寺塔

全国重点文物保护单位。位于滑县老城南门里路西原明福寺前，故称明福寺塔（图8-2-23）。建于宋代，1963年曾进行过整修。该塔平面呈八角形，为7级仿楼阁式砖塔，通高40米。基座石砌，座高2.4米，底径6米。塔身中空，塔身第一层南面辟有圆券塔门，用双券无伏层，第二层以上的东、西、南、北正面各辟有圆券门。二层以上券门为单券。每层均有塔檐与平座。一层塔檐下砌有五铺作双抄斗栱。各转角铺作用双抄角华栱三缝，补间铺作4朵。斗栱以上砌仰莲花瓣砖、檐椽、飞椽、勾头、重唇板瓦等。塔檐之上仍以五铺作双抄斗栱承托出平座一周（图8-2-24）。平座之上为第二层塔身的塔门、倚柱等，以上各层，大体如此，只是所用斗栱、椽、飞的多少或形式有所变化。一至三层做法大体相同。塔身外壁砌有方形面砖，各砖均做有圆形佛龛，内刻有坐佛。各角有倚柱，倚柱上饰以仰覆莲瓣。这在其他宋塔中非常少见。塔身的各层高度和平面直径自下而上逐层均匀收敛。第五层的4个侧面饰有长方形直棂假窗各一扇，第七层的4个侧面饰有"卍"字形图案各一个。顶端各角上下挂有铜风铎3只，八角共24只。

塔原高九层，塔刹为八角形。后遭雷击，五层以上倒塌。1929年集资重修，因银两不足，修至第七层即告收工，塔刹改为桃形。

十、鹤壁玄天洞石塔

河南省文物保护单位。位于鹤壁市淇滨区西北40公里许的大河涧乡弓家庄之西淇河北岸。这里上观高峰绝壁，下览淇水波涛，隔岸远眺鸡冠山，山水相映，风光秀丽（图8-2-25）。

据汤阴县志记载，石塔创建于元朝，时称"天塔"。塔壁题记载明朝正德七年至九年（1512~1514年）重修，名"玲珑宝塔"。因石塔位于玄天洞东侧，亦称玄天洞石塔；又因其西20米里处另有一塔，当地群众称为"姑嫂塔"，西塔为

"姑塔"，东塔为"嫂塔"。

石塔坐东面西，为平面正方形的9级楼阁式石塔。塔身尺度自下而上逐级递减，通高14.41米。石塔坐落在束腰须弥座上，座上雕刻有云海行龙和力士像。一层西面有门，内有塔心室，门两侧各浮雕一尊身穿甲胄的护法力士像，左侧力士双手持鞭，右侧力士双手按剑（图8-2-26）。门两侧力士与滚龙角柱之间，各嵌一方石刻题记，两石文意相连。其余三壁每壁各嵌间柱两根，角柱和间柱之间各嵌一方石刻题记，四壁顶端均雕砌仿木结构的斗栱（图8-2-27）。自二层至九层，每层每壁都砌有横向排列的小佛龛，转角处均雕刻姿态各异的力士像。原塔刹已毁，现已修复。

十一、尉氏兴国寺塔

全国重点文物保护单位。位于尉氏县城人民路南、建设路西。兴国寺塔建于北宋太平兴国年间（公元976～984年），距今已有1000多年的历史。该塔平面六角形、8级，底层墙体边长不一，约3.6米，为楼阁式砖塔。外檐饰斗栱、角梁、枋木等仿木砖雕构件（图8-2-28）。因几度黄河水淹浸，底层被淤，下座情况不明。现进入塔室的券门在塔的西面，略低于地面。

现兴国寺塔通高30米，下围直径6.8米，塔身内外均用长39厘米、宽18厘米、厚6厘米，和长34厘米、宽16厘米、厚7厘米的青砖砌筑，全部采用平砖砌法。砖与砖之间使用白灰浆黏合。上下砖层，既有不岔分做法，也有岔分做法。

塔体外部结构，自下层各隅先砌双面倚柱，柱间砌阑额，柱顶砌普拍枋，额枋上置五铺作双抄计心造斗栱。斗栱上用替木承撩檐枋、椽飞及塔檐。塔檐上砌砖质的筒瓦垅、瓦当和瓦条脊等。博脊上作普拍枋，再上为另一种形式的五铺作斗栱承托的平座，平座上即上一层塔身（图8-2-29）。以此类推，以至顶层。塔身中部有横枋，把佛龛分为上下两层。一层塔壁上砌有方形花格图案的假窗。在塔的各角下檐下饰有木角梁和套兽，下悬风铎。

图8-2-23 滑县明福寺塔外景

图8-2-24 滑县明福寺塔塔身檐部平座构造

图8-2-25 鹤壁玄天洞石塔外景

图8-2-26 鹤壁玄天洞石塔底层正面石雕

图8-2-28 尉氏兴国寺塔外景

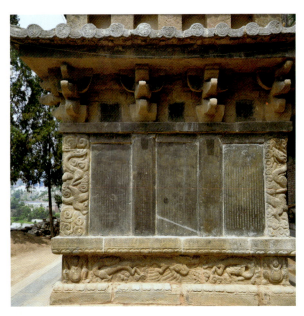

图8-2-27 鹤壁玄天洞石塔底层北立面石雕与石刻题记

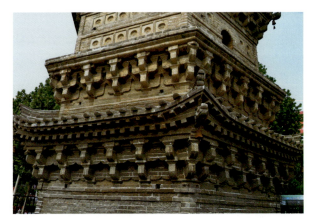

图8-2-29 尉氏兴国寺塔腰檐及平座构造

塔身每层高度由下而上逐层递减，平座面阔也渐次收敛，除第七层外，每层都辟置有小门，可供游人登临眺望。门有拱形，也有圭形。在二层、三层、五层上置有假门。各层门的位置也不一，自下而上为：底层西面一门；二层西南和东面各一门，西南面为佛龛窟；三层西南和东面各一门，东面门侧为佛龛窟；四层西面有一门；五层东北面有一门，西面有假平门；六层东面有一门；七层无门；八层除西南向无门外，余五面五门均为迭涩圭形门，七层以下全为栱门。塔顶呈六角攒尖顶，最上部置一宝瓶式铜刹。从外部轮廓看整个塔体呈角锥形，外观庄严、挺拔。塔体内外壁，共有佛龛410个，其中外壁288个，每层均有镶嵌。佛龛砖呈正方形，边长32厘米，龛直径18厘米，其质如石，龛凹圆形。龛内有袒胸盘坐式佛像和一腿盘坐一腿屈膝式的菩萨像，整个塔体所嵌佛像大部为这两类形式，另有立式等多种。佛龛雕塑线条流畅，精巧细腻，形象栩栩如生。除底层因盐碱潮湿腐蚀和人为毁坏外，其余诸层，佛龛排列有序，塔门左右均有镶嵌，将整个塔体装饰的精美大方。

塔体内部砌筑塔心柱，置螺旋式甬道，施以阶梯，绕塔心柱盘旋而上直达顶层，这样使塔心柱和壁体成为一体。塔心柱砖层间，多用黄泥黏合，顶层塔心柱内有木柱和平行横木相牵引，木柱位于塔体正中间。正南面砖柱上嵌有明嘉靖二十五年重修宝塔顶三层塔铭一方，40厘米见方。铭文模糊，拓印不出，据资料查为："开封府尉氏县兴国寺，为重修寺宝塔顶三层，男善人梅春同室人高氏，施银两五两置砖灰使用，保佑举家大小平安吉祥。"甬道两壁有佛龛122个，龛砖形制雕法与外壁相同，顺甬道而上，嵌入壁体，已遭受严重破坏。

十二、卫辉镇国塔

镇国塔位于河南省卫辉市东南隅，河南省文物保护单位。镇国塔又名灵应塔，明万历十三年（1585年）卫辉知府周思宸所建（图8-2-30）。

镇国塔为7层六角楼阁式砖塔，高约34.5米，由下向上逐渐收缩成锥状形，塔身通体由长42厘米，宽19厘米，厚9厘米的青砖垒砌，每层檐下有

图8-2-30 卫辉镇国塔外景

砖雕仿木结构的额枋、斗栱等装饰，并砌出线条柔和的腰檐（图8-2-31），每层有望窗、塔心室，塔心室内设有佛龛共21个，佛龛与望窗相交，形成塔道。每一层南北各辟一券门，在门楣上镶嵌有石碣一方，正北面石碣上书"护国保民"，正南面石碣上书"灵应塔"，均为篆刻，上款为"卫辉知府周

图8-2-31 卫辉镇国塔腰檐构造

思宸",下款为"大明万历十三年"。

从第一层塔门入室,登102个台阶踏道盘旋而上,便到达第七层。在塔顶内部砌有八卦图,中部有柏木刹杆,顶部用孔雀蓝色琉璃瓦覆盖。塔的每层六个角上都悬挂着一个风铃,风吹起的时候叮当作响,悦耳动听。

十三、修武胜果寺塔

全国重点文物保护单位。位于修武县老城大街胜果寺旧址上,现博物馆院内。始建于宋绍圣三年(1096年),绍圣四年二月竣工。胜果寺塔除历经风雹水雪灾害外,还经历大小地震10余次。明洪武初年、景泰年间、万历四十五年(1617年)曾进行维修。1993年国家文物局拨款,对胜果寺塔进行全面整修。

塔东向,平面呈八角形,为9级楼阁式砖塔,高27.26米。塔身每层高度自下而上均匀递减,面阔逐层收敛,使塔身略呈抛物线形。全塔用长33厘米、宽16厘米、厚6厘米的青灰条砖顺砌而成,用白灰浆黏合,灰缝较细。檐下采取仿木结构的斗栱装饰,即在塔身的各层壁体上用平卧条砖砌出普拍枋,普拍枋出头砍成斜面。一至六层的普拍枋上置五铺作双抄斗栱,未施令栱、耍头和齐心斗等构件,仅伸出华栱的栱端相交,共同承托一枚散斗。转角铺作在角栌斗上伸出两抄华栱承托撩檐枋,并在角栌斗两边置附角栌斗,附角栌斗上亦为两抄华栱承托撩檐枋。塔身一、二层补间铺作四朵。三、四、五层的斗栱为四铺作单抄,补间铺作各两朵。第九层檐下斜砌丁砖代替斗栱,应为明代维修时改动所致。每层檐下有砖质檐椽和飞椽,檐椽和飞椽头部均有卷杀,其上为三层叠涩砖层。檐之上部砌反叠涩砖层。塔身之上为铁质塔刹,高2.02米。刹座下部铸仰莲一周,中部为八卦图案,上部为行龙、飞凤、日、月、花卉等。刹身为三个铁铸宝珠。在宝珠的束腰上铸有"知修武事文林郎……万历四十五年(1617年)四月初十日造"等铭文。

第一层塔心室向东,平面呈六角形,室壁上为砖质普拍枋,其上为五铺作双抄偷心造斗栱。斗栱上用叠涩砖层砌出六角攒尖顶,顶部宝镜处为平置的两块木板。在塔心室西壁外辟一门,内设上行梯道,由此向上登临,直至走出上层塔门,沿塔身外壁左(右)行90度进入另一塔门。用同样攀登方法逐级上行,直登塔顶,并可绕塔刹环行,眺望全城风光。塔身呈八角形,塔心室为六角形,梯道不仅施于塔内,而且还沿塔身外壁进入相邻的塔门,这种结构有别于中原地区的一般宋塔。

十四、邓州福胜寺塔

全国重点文物保护单位。位于邓州市城区中心,建于北宋天圣年间。福胜寺塔正门南向,平面呈八角形,7级楼阁式砖塔,现高38米。塔身全部用青砖垒砌,内外壁白灰浆勾缝,内部用红黏土黏合。其面阔自下而上逐层收敛,每层高度均匀递减。每层塔檐用青砖砌成五铺作双抄斗栱,檐口饰砖雕椽、枋等。各壁转角处砌倚柱。塔身每层的内外壁面嵌砌各种佛像雕砖,共有2000多块,内容有坐佛、菩萨、天王、力士、罗汉、伎乐、宝瓶莲花和其他花纹砖饰,共计25种。南北壁中间辟半圆形栱券门,塔内设塔心室。一、二层塔心室间设顺时针盘旋半周的登临阶梯。二至四层间均需先绕塔外檐平座,然后进入向上层登临的梯道而至塔心室,登临三层塔心室的阶梯设在塔壁西面,进四层塔心室的阶梯设于塔壁三层东面。四层以上的结构为筒状,不设梯道,内壁以叠涩隔层,一至五层平面为八角,五至七层为正方形,第七层南壁设券门。福胜寺塔由于年久失修,塔身损毁严重,1951年河南省人民政府曾拨款对第一层进行了加固维修。1988年河南省人民政府再次拨专款,对该塔进行全面维修,揭换了部分损毁严重的壁砖,新增了塔刹相轮等。1988年7月,在维修过程中发现塔基地宫并进行了发掘。地宫位于塔心室下,坐南向北,平面呈六角形，顶为攒尖顶，地宫发掘出土的文物有石函（石椁）、金棺、银椁、佛骨、舍利子、宝箧印经塔式的铁塔等，共计28件。由《邓州龙兴寺大悲院地宫记》得知，福胜寺在北宋天圣年间称龙兴寺。宝物是由许州（许昌）阳翟县（禹州）、顺阳县（淅川）的施主，于"大宋天圣十年二月十五日"捐赠入藏地宫的。

十五、西平宝严寺塔

全国重点文物保护单位，位于西平县柏城镇东大街西平县博物馆院内，东依京广铁路、京珠高速路，西傍107国道。

据民国《西平县志》载："宝严寺在县城东门外。唐时创建，明洪武十五年重建，万历二十六年知县张应化复葺。寺外有塔。"观其建筑风格及重修碑文和游人题记以及在修塔时发现的"元符通宝"、"崇宁通宝"，证明此塔的始建年代应是北宋时期，明嘉靖二十五年（1546年）、清光绪二十八年（1902年）、1980年，三次维修。

该塔为平面六角形、7级楼阁式砖塔。塔高28.8米，塔身第一层辟一龛，龛内嵌飞天等砖雕纪年砖铭。塔门北壁设梯道口。塔身其余各层辟券门。一、二层内为方形塔心室，三至七层内变为六角形塔心室。一、二层置盘旋梯道，三至七层有斜、直梯道可供攀登，塔顶中心置铁刹，刹高2.16米。该塔使用不同型号砖37种，外部用白灰砌缝，内部使用黄泥垒砌，该塔造型古朴，结构严谨，具有重要研究价值。

第三节　密檐式塔

密檐式塔与楼阁式塔同为我国最基本的主流塔形。塔身第一层特别高，以上各层较低矮，自下而上层距高度逐层缩小，即愈往上收缩愈急，形成塔檐紧密相连，故称密檐塔。多用砖、石材料砌筑。早期塔出檐较深，晚期塔出檐较短。空心塔可以登临眺望，实心塔只能礼佛观瞻。河南现存最早的密檐式塔为登封市的嵩岳寺塔，也是我国最早的密檐式塔。

一、登封嵩岳寺塔

全国重点文物保护单位。位于登封市城西北5公里嵩山南麓嵩岳寺内。嵩岳寺始建于北魏宣武帝永平二年（公元509年），原为宣武帝的离宫。北魏孝明帝正光元年（公元520年）改名"闲居寺"，殿宇达千余间，僧众700余人。隋文帝仁寿二年（公元602年）改名嵩岳寺。唐高宗与武则天游嵩山时，曾把嵩岳寺作为行宫。据李邕《嵩岳寺碑》载："广大佛刹，殚极国财，济济僧徒，弥七百众。落落堂宇一千余间。"现塔院内大雄殿及东、西两侧的伽蓝殿、白衣殿均为清代所建，各为面阔三间、进深两间的单檐硬山式建筑。唯此塔为北魏建造（图8-3-1），是我国现存最古的砖塔建筑。

嵩岳寺塔建筑年代与闲居寺相近，据唐李邕所撰《嵩岳寺碑》记载："嵩岳寺者，后魏孝明帝之离宫也。正光元年，傍闲居寺……十五层塔者，后魏之所立业。"

嵩岳寺塔平面呈十二边形，为15层密檐式砖塔，总高37.045米，底层直径10.6米，内径5米余，下部壁体厚2.5米。塔的外部由基台、塔身、15层叠涩密檐和宝刹组成。密檐之间矮壁上砌出各式门窗492个。密檐自下而上逐层内收，构成一条柔和的抛物线（图8-3-1、图8-3-2）。塔顶冠以砖雕宝刹。

基台，平面为十二边形，高0.85米，宽1.6米。台基之南，砌月台，条砖铺地。月台之南砌踏道。台基北面，有一甬道通向塔后大殿。台基月台和甬道均为近年补砌。

塔身，中部用叠涩腰檐将其分为上、下两部（图8-3-2）。塔身东、西、南、北四面各辟一券门通向塔心室。门洞采用两伏两券的砌筑方法，门上有尖栱形门楣和卷云形楣角，尖栱门楣顶部置三瓣莲花组成的饰物。塔身上层外壁无券门的八面，每面砌一座单层方形塔龛，塔龛自下而上由塔基、塔身、叠涩檐、绶花及塔刹组成。塔龛下部壸门内各有砖雕护法狮子1个，共16个，形象各异，在塔身

图8-3-1 登封嵩岳寺塔外景

上部各转角处均砌一根平面作八边形的倚柱，柱头饰火焰宝珠与覆莲，柱下为砖砌覆盆式柱础。

塔身以上，有叠涩密檐15层。叠涩檐之间，是极矮的直壁。由于诸层檐叠出的砖数不一，叠涩檐弧度各异，各层檐间的壁高自下而上递减，檐宽逐层收分，使之外轮廓呈现抛物线造型。叠涩檐间的铁壁上均辟有门窗。每面正中砌筑板门两扇，门上皆有尖栱状门楣，楣角呈卷云形。门两边各配一破子棂窗，唯第十层因壁面狭小，仅一门一窗。除南面第五、七、九、十、十一、十三层及东南面的第十五层辟真门外，其他皆为假门，窗子全为盲窗。

塔刹，通高4.745米。自下而上由基座、覆莲、须弥座、仰座、相轮及宝珠等组成，皆为青砖平顺垒砌后砍制而成。宝珠与七重相轮上涂白灰层。宝珠上部残为平顶，伸出金属刹杆，刹杆上饰件已失。

塔心室结构为空筒式，直通塔顶，室内挑出叠涩檐8层将塔室分为9层。除底平面为十二边形外（图8-3-3），其余各层皆改为八边形。

1988年，对该塔进行了详细勘测，并对地宫进行了清理，发现遗物70余件，其中雕塑像12件，建筑构件、瓦当、滴水等17件，其他41件。地宫北壁有唐开元二十一年（公元733年）墨书题记1方，地宫内出土1件红砂岩造像，高11厘米、宽15.5厘米、厚3.5~6厘米。背面有"大魏正光四年"造像记。1989年，在塔刹内又发现天宫两座。天宫分别位于宝珠中部和相轮中，从天宫中发现了银座、瓷瓶、舍利罐、舍利子等。此刹建造年代应在唐末。嵩岳寺塔经历1400余年风雨侵袭，仍巍然屹立。在结构、造型方面是一座很有学术价值的古建筑，在我

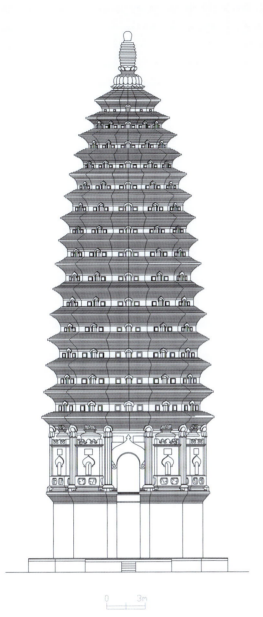

图8-3-2 登封嵩岳寺塔正立面图

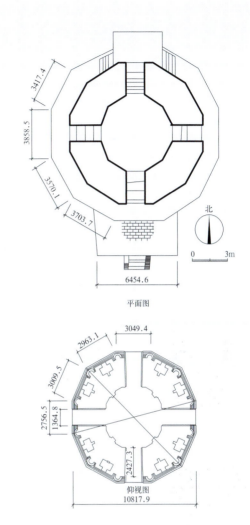

图8-3-3 登封嵩岳寺塔底层平面图、仰视图

国古代建筑史上占一席之位。

二、沁阳天宁寺三圣塔

全国重点文物保护单位。位于沁阳市城内东南隅的沁阳博物馆院内，创建于金大定十一年（1171年）。天宁寺始建于隋代，时名长寿寺，唐代改名为大云寺，金大定年间更名为天宁寺。寺院早废，唯塔独存（图8-3-4）。明洪武十年（1377年），天宁寺三圣塔曾经过维修，加固基座，增用方石包砌。清嘉庆十七年（1812年），寺内主持比丘道源

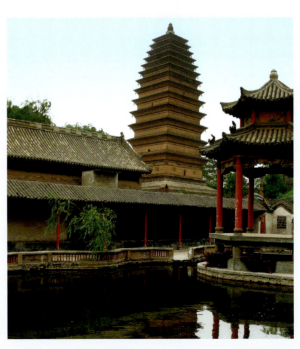

图8-3-4 沁阳天宁寺三圣塔外景

再次修葺。抗日战争时期，日军炮击城内，将塔第九至十二层南面塔檐击坏。1953年，国家拨专款按原样进行了维修。1980年，对天宁寺三圣塔进行了调查、测绘工作。

塔平面为方形，为13级密檐式砖塔，由基座、塔身、塔刹三部分组成，总高32.76米，塔门南向。砖石造基座，边长12.24米，高5.6米（图8-3-5）。第一层塔身四面设门，设隐窗。在普拍枋以上设砖砌斗栱承托撩檐枋，以上各层叠涩密檐下均施菱角砖，并砌出腰檐。如第一层腰檐，仅叠涩层就多达13层，使得腰檐出挑深远，舒展大气（图8-3-6）。腰檐各层高度由下向上逐层递减，宽度也逐渐收敛，使整体外轮廓呈抛物线形。

天宁寺三圣塔内部结构独具匠心。其一，自基座至第十层，各层结构各不相同，或为双环体壁，设回廊、塔心室；或开方形心室，四面设佛龛；或为"十字"形洞门、甬道。各层的室、洞、龛平面布局又有差异。各心室均为四角叠涩攒尖收顶，构成了图案优美的藻井，各平行洞道均覆以穹窿顶，塔内以方形竖井道上下沟通。其二，与全塔竖井道相通的平行洞道为10个，各个长度、高度虽不相同，方位亦有变化，但井道的总长度与平行洞道的总长度完全相等，均为25.2米。其三，竖井道及平行洞道均为南北转折，但剖面及平面又不对称，东西虽没有直接贯通上下的竖井道，但其室、洞、道的平面及剖面系对称结构。其四，从一至十层的中心部位均留有0.16米的活口，作为上下贯通的垂直线孔道，以便掌握整座塔上下立面正直和四出外檐数据。此外，该塔还巧妙地安排了气窗、风洞。使各个部位空气流通。以上建筑特点，使三圣塔造型美观，各部体量平衡，整体刚性加大，这三者达到了完美的统一，是建塔者精心设计与高超技能的体现，为我国古代建筑精品之作。1983年沁阳市人民政府将寺院旧址辟为沁阳市博物馆。

三、武陟妙乐寺塔

全国重点文物保护单位。位于武陟县城西南7.5公里处的阳城乡东张村西北隅、大虹桥古怀城遗址上。妙乐寺塔初建于唐，后周显德二年重修。该塔原名身舍利塔。宋皇祐五年（1053年）重刷洗塔。明万历岁次甲午冬十一月十六日洗塔。明万历四十一年塔东南隅坠下一角。明万历、泰昌、天启至崇祯元年修复，并增释迦金像。清康熙四十年三月十八日又开工修复。1939年，日寇扒开沁河大堤，水淹沁南，其后国民党伪区长孟新吾又再次扒河，寺院全毁，唯塔独存。1960年，省文化局拨专款将塔底部用毛石包修。1993年，河南省文物局拨专款对全塔进行维修。

妙乐寺塔为平面方形，13级密檐式砖塔，（图8-3-7）坐北向南。底面边长9米，通高34.19米。内部中空，塔心室上下贯通，并分四段。塔南面辟栱券门。塔身自下而上每层高度均匀递减，塔檐逐渐内收，外轮廓呈优美的抛物线形。塔体四面辟有

图8-3-5　沁阳天宁寺三圣塔塔座

图8-3-6　沁阳天宁寺三圣塔腰檐构造

数目不等的佛龛，内供佛像（图8-3-8）。

该塔颇具唐风，其檐部曲线及山花蕉叶的做法，在唐以后的砖塔中极为少见，故此塔为唐塔向宋塔嬗递的特例。该塔的整体设计，砌造工艺及建材质量，均属上乘。塔身正面每层砌佛龛，其内置佛像。东西壁上部十一、十二层亦辟佛龛，置佛像四尊。北部第二层辟龛置镏金石佛一尊，全塔共置17尊佛像，其中两尊铁佛，其余为玉石佛。塔刹为镏金铜刹（图8-3-9），造型优美，在河南古塔中非常少见，由相轮、华盖、宝珠等多个构件组成，通高6.74米。下部为铜质须弥座，平面正方形，由下枭、束腰、上枭及山花蕉叶组装而成，四角铸就曲尺状，以固定上部束腰。刹柱为木质，外套铁管，管头相结处制成坡口，互相咬合，防雨水流入。每节管件之上口外沿铸就4对4个左右对称的"牛腿"相轮，平面呈环状。其中壁上对称铸有8个铆接环，用4根铸铁杆"辐条"状四向铆接在相轮的铆环之上，相轮共七重，上为华盖。在其华盖之内安一铁环4面伸出铁钩，挂铁链4根，系于塔顶四角，每角由一镏金铜狮坐镇，铁链穿其背上之孔出于腹下，以铆杆固于塔角。

塔周围有后周、宋、明、清碑刻20余通，其中有明崇祯二年当时名画家周万书的如来佛像碑，融楷、篆、画为一体，阴阳线刻，减地刻交替，无论从书法和画技雕工，均有较高的艺术价值。塔东北方20米处，有宋太平兴国六年（公元981年）立巨型石经幢，由13节组成，高约7米，幢体八面阴刻行书"武陟县祉邑降魔大隋求经幢"。幢顶雕四大护法神、仰覆莲、伎乐。幢座雕八力士、八舞乐，具有重要的艺术价值。

四、登封永泰寺塔

全国重点文物保护单位。位于登封市太室山西麓子晋峰下永泰寺后，塔以寺得名。永泰寺创建于北魏正光二年（公元521年），孝明帝之妹永泰公主削发为尼，敕建明练寺，后更名永泰寺。北周建德二年（公元573年），武帝废佛、道二教，寺废。

图8-3-7 武陟妙乐寺塔全景

图8-3-8 妙乐寺塔腰檐构造

图8-3-9 妙乐寺塔刹构造

隋开皇年间（公元581~600年）恢复原状，唐神龙二年（公元706年）再次修复，明清以后屡有修葺。今存山门、天王殿、中佛殿、大雄殿、皇姑楼等，为近年新建。寺中珍贵文物有《大唐中岳永泰寺碑》，两座唐代八棱经幢上刻《陀罗尼经》。另有宋石刻灯座和石盆各1件。寺院中有娑罗树1株，高约25米，是珍贵的树种。永泰寺院后山麓上原有古塔4座，民国初年，国民党军队拆毁一座北魏砖塔。现存唐、金、明代塔各1座。

永泰寺塔，创建于唐代初期，平面呈方形，为11级叠涩密檐式砖塔。高约30米，周长18.4米，壁厚1.4米。砖结构和法王寺唐塔的造型、结构基本相同。塔身南面辟券门，塔心室为长方形空筒状。塔外轮廓呈优美的抛物线形。塔刹由仰莲、五重相轮组成，塔身外敷白灰。塔之造型，具有显著唐代风格，是嵩山唐塔中典型的代表作品。

除唐塔之外，其下尚保存有金均庵主塔一座，建于金大安元年（1209年）。明普同塔一座，建于明崇祯十一年（1638年），为喇嘛式砖塔。

五、登封法王寺塔

全国重点文物保护单位。法王寺位于登封市城北5公里嵩山南麓玉柱峰下。始建于东汉明帝永平十四年（公元71年），为印度僧人摄摩腾、竺法兰译经、讲经处，是我国最早的佛寺之一。又因佛教尊释迦牟尼为法王，故称大法王寺。魏青龙二年（公元234年），更名护国寺。隋仁寿二年（公元602年）因建法王寺舍利塔，更名舍利寺。唐贞观三年（公元629年）更名功德寺，开元年间（公元714~741年）更名御容寺，大历年间（公元767~779年）复名法王寺。宋仁宗时（1023~1063年）赐名"东都大法王寺"。元、明以后仍称法王寺。

原有寺院规模宏大，历代均有修建。现尚存天王殿、大雄殿、地藏殿等40余间，分为两进院落，面积约5000平方米，皆为清代重建。

寺后山坡上有唐至清代砖塔6座。其中唐法王寺塔是寺中最为重要的建筑（图8-3-10）。

法王寺塔，平面方形，边长7米，15层密檐式砖塔。通高34.2米，外廊呈优美的抛物线形，造型雄伟壮观。塔檐间有假门窗，通体用白灰敷皮。塔身南面辟圆券门，门内为塔心室，平面为方形，佛台上供有泥塑佛像1尊，台下供奉明永乐七年（1409年）汉白玉佛像1尊。塔顶宝刹已损毁，但整座大塔高居寺院后部台地上，成为全寺的标志。

另一座单层唐塔居法王寺塔东侧，为方形亭阁式砖塔。高15米，边长4.4米，南向开券门。叠涩檐上部，砌大覆钵，塔顶用青石雕出精美的山花蕉叶、绶花和仰莲宝珠石雕塔刹，造型俊秀，极为精巧，实属唐塔中之珍品。

另两座方形砖塔，位于单层亭阁式唐塔之北山坡上。从建筑形式、材料、手法和尺度比例及塔下等砖石雕刻分析，该两塔当为唐代中晚期建筑。其

图8-3-10 登封法王寺外景

高分别为8米和7米，边长分别为4.25米与3米，塔顶损坏严重。

在西岭上有元代月庵海公圆寂之塔，建于元延祐三年（1316年）五月。为六角形7级密檐式砖塔，高19米。下砌须弥座，壸门内有花卉及瑞兽雕刻，塔身一级正面有砖雕假门，背面有塔铭。塔刹为石雕仰莲宝珠。

寺西北隅有清弥壑澧公和尚塔（图8-3-11），建于清康熙二十九年（1690年）。为六角7级密檐式砖塔，高11米。下砌须弥座，壸门内有花卉及瑞兽砖雕等，塔身第一层上部砌仿木斗栱（图8-3-12）。正面镶石塔铭，塔刹由覆莲、圆盘、宝珠等组成。这组塔群，是法王寺现存古建筑中的珍贵文物，在全国早已为学术界所关注。

六、汝州法行寺塔

全国重点文物保护单位。位于汝州市内东北隅的塔寺街，原法行寺院旧址上。建筑年代为唐至宋。

法行寺塔坐落于长宽各6.8米，高0.68米的方形基座上，坐北朝南。塔体为砖筑，底层平面呈方形，上为9层八角形叠涩密檐，顶部在砖刹座上立宝珠形铜刹，上铸"顺治十年十月七日立"铭文，通高约30米。塔身南壁辟半圆拱券门，门内设方形塔心室，可达第二层，室顶用叠涩砖砌筑。方形塔身的壁面砖虽经多次维修抽换，外形仍保留有唐代初建时的风格，但从整体造型，塔上部的八角层叠涩密檐、出檐不深及叠涩砖层弧度较小的特征看，当为宋时所改建。八、九层和塔刹系清初重修。在一座砖塔上表现出不同时代的风格，为研究河南古代砖塔建设的发展变化提供了实物资料。

七、三门峡宝轮寺塔

全国重点文物保护单位。位于三门峡市区西黄河岸边的陕州古城风景区，是一座平面方形的密檐式砖塔。此塔为中国现存古代四大回声建筑之一，因其塔壁回声具有蛤蟆叫声，俗称"蛤蟆塔"（图

图8-3-11 清弥壑澧公和尚塔外景

图8-3-12 清弥壑澧公和尚塔一层腰檐构造

8-3-13）。宝轮寺塔始为唐僧道秀所建，现存塔为金大定十七年（1177年）重建。

该塔下为台座，中为塔身，顶置塔刹。台座中有通道（原通道塌毁，近年恢复）。塔身以上为叠涩密檐13层。顶部塔刹上的仰莲、相轮、宝顶已经

厘米。据史志记载，800多年来，该塔已经受了16次地震，其中4次破坏性地震影响该塔。经修复后，塔总高26.5米。

全塔上下除上面4座券门神龛之外，壁面平素无华。塔身上部是叠涩腰檐砖花，上置平座，平座上又是一段塔身，四面均砌有三圣佛龛，南面佛龛最大。塔身叠涩密檐逐渐收分，从造型特点上看，此塔与洛阳白马寺齐云塔和沁阳天宁寺塔类同。

该塔通体为青砖建筑，砌筑方法为：塔壁砖全部采用纯白灰膏砌筑，内部为黄色泥浆铺砌。塔身下部南北券门佛龛相通。中上部的壁内通道，与同类型其他砖塔迥然不同，独具一格。

塔体每层叠涩密檐之间，均有一段垂直的素面塔身，其高度随着塔身的收分逐渐递减，而每层陶砖叠涩挑檐的层数，随着外形曲线变化而逐层变化减少（分别为12、13、12、11、10、9、8、7、6、5层砖）。每层陶砖叠涩檐下，均砌有两层斜砖"牙子"以增加变化（图8-3-14）。叠涩檐每层砖的出挑长度为渐增式，既突出了檐的艺术效果，又提供了声波反射的有利条件。此种密檐与各段垂直塔壁和塔内孔道，组成了连续而规律的声波反射壁，任何声波都会变成独特而固定的回声波组，而这种回声波组，具有典型的蛤蟆叫声效果。这就使该塔与山西省永济市的莺莺塔、北京天坛的回音壁、四川省潼南县的石琴同样享誉天下。

八、洛阳白马寺齐云塔

全国重点文物保护单位。白马寺东侧的齐云塔，原称"释迦舍利塔"、"金方塔"、"白马寺塔"（图8-3-15），"齐云塔"之称始自清代如琇和尚。据寺内现存碑记记载，齐云塔原建于东汉永平十二年（公元69年），北宋末原塔被焚毁，金大定十五年（1175年）建砖塔，即现存之齐云塔，是洛阳一带地面现存最早的古建筑。塔是一座平面方形密檐式砖塔，由基台、塔身、密檐、塔刹等组成。密檐13层，高25.07米。

图8-3-13 三门峡宝轮寺塔外景

图8-3-14 宝轮寺塔底座上檐与一层腰檐构造

毁掉，现塔刹为近年补制，由莲座、相轮、宝珠等构成。全塔檐角风铎亦为新补配置的。塔身平座处的腰檐砖花被人破坏，平座上的三圣石刻造像也已损坏。塔体向西、北倾斜，据测量向北倾斜79.5

底部为正方形的束腰须弥座，长宽各7.8米。其束腰处长、宽各约6.76米。其外轮廓由下而上，略呈抛物线状，顶为宝瓶石塔刹。砖长0.45米，宽0.22米，厚0.11米。第一层塔檐之下，砌以仿木构式普拍枋与一斗三升斗栱（图8-3-16），再向上每层均用多层小砖叠涩砌出塔檐，每层塔檐之第一层砖下，皆饰砌以菱角牙子。自第六层起，逐层内收，塔顶覆以宝瓶式塔刹，外轮廓略作抛物线状。造型别致，线条柔和流畅。塔内有踏窝，可攀登而上。至第十层，向南有门，俗称"南天门"，出此门由塔外上登三层，可至塔顶。若站在塔身南面（或东、西、北面）20米外用力击掌，塔身可发出类似蛙鸣的声音，这是由齐云塔独特的造型而产生的一种声学物理现象。

九、新郑凤台寺塔

河南省文物保护单位。位于新郑市南关双洎河（洧水）南岸凤台寺旧址上。此塔坐西向东，为六角9级叠涩密檐式砖塔，通高19.10米，无基座。整个塔身大多用长39厘米、宽19厘米、厚5.5厘米和长40厘米、宽19厘米、厚6厘米的青条砖一顺一丁垒砌而成。外壁全用水磨砖、白灰浆砌筑，灰缝约0.4厘米。塔身自第一层向上宽度逐渐内收，每层高度均匀递减。塔身外形略呈抛物线形状。

塔的第一层东壁有一栱形券门，门高187厘米，宽81厘米。上有青石半圆形门楣，门楣下垫木板，上槛和两立颊均为石质。两立颊下部各浮雕有高38厘米的力士像。立颊正面与侧面有阴刻题记，立颊下面为石质地栿。经过154厘米甬道，进入六角形塔心室。室壁高201厘米，稍有收分。各转角处无施倚柱，而是直接在壁体上用两层平顺砖砌出普拍枋，高13厘米。在普拍枋上各转角处砌出砖质六铺作三抄偷心造的转角铺作一朵，通高73厘米。在其栌斗两侧伸出泥道栱，栱之两端置散斗，其上承托泥道慢栱，泥道慢栱两端亦置散斗，承托第二道慢栱，再上承托柱头枋。栌斗向外出三跳，均为出华栱偷心，在第三跳华栱上置齐心斗，承托砖制撩檐

图8-3-15　白马寺齐云塔

图8-3-16　白马寺齐云塔腰檐构造

枋。斗栱之上用11层叠涩砖砌出六角攒尖的藻井，通高75厘米。

第二层南面辟半圆栱券门。北面和西面辟假券门，其他各面无门。在其外壁上部砌出拔檐砖

一层，其上砌叠涩砖10层，檐上部砌反叠涩砖6层。第3层至第八层，出檐结构与一、二层基本相同，唯檐下叠涩砖层由第三层至第九层逐层向上递减为四层，且每层相间三面砌出圆券假门。第九层无门亦无拔檐砖，仅在外壁上砌出叠涩砖3层。九层之上置塔刹，但大部分已毁，现仅存有砖质刹座。塔身每层外檐翼角处，均有残存的木质角梁或木角质梁朽毁后的砖洞。推想原来角梁下悬有风铎，但现今已全部无存。进入第二层圆券门，经过长1.57米的甬道，进入第二层六角形塔心室。室壁呈直筒状，在室壁上凹砌脚蹬，可蹬至第八层。第八层上部南北向铺一长方形石板，板心凿一圆洞，可能用于穿插刹柱。

塔身之下，用青灰条砖砌出高1.78米，直径4.84米的基台。台下筑有地宫。塔基地宫呈六角形，门道向东。地宫壁厚40厘米，室内地坪用长38.3厘米、宽18厘米、厚6厘米的条砖铺墁。各转角处，均用立砖砌出小八角形倚柱，高15厘米，直径15厘米，倚柱上承托用两层平卧顺砖砌成的普拍枋，高15厘米，未施阑额。在普拍枋上各转角处置砖制五铺作双抄斗栱一朵。各朵斗栱的栌斗用两块条砖斫制而成。泥道栱两端置散斗，承托柱头枋，柱头枋上无阴刻泥道慢栱。交互斗正面伸出华栱，蚂蚱头形的华栱上置齐心斗。替木以上，砌出平砖两层，再上斜砌叠涩砖8层，形成六角攒尖顶。地宫东壁上辟半圆形栱券门，门内甬道地坪低于地宫室内的地面，甬道东端安装石门，石门以外，为双层斜立的封门砖。地宫内壁面均用白灰涂抹，其上用黑、红、黄三色绘出花卉、飞禽、人物。南壁、西壁绘力士。北侧、南侧各绘一武士。因年久地宫积水，部分彩绘已经模糊不清。此地宫已封填保护。

据新郑市旧志记载，凤台寺建于北宋大观三年（1109年）。而塔门楣上刻有"太原温考口谒朝假以元丰四年七月十二迁葬祖父母、父母于县西南七口里耿村九龙之原"字样，则凤台寺和塔应建于北宋元丰四年（1081年）以前，距今近千年。

十、济源延庆寺塔

延庆寺舍利塔，位于济源市城区西北3公里的延庆寺旧址内。因濒临济水西源——龙潭，故又名龙潭塔（图8-3-17）。此塔创建来历，系通慧禅院（大明寺前身）比丘法言积蓄舍利子数十粒，无处传授，欲谋建塔，未得其所。河阳（即孟州市）念定寺僧教岸得知后，与延庆寺主持省初商议，共济其事，在此建塔。于是，该塔于宋景祐元年（1034年）开始兴建，景祐三年（1036年）竣工。

延庆寺舍利塔为六角7级楼阁式砖塔，高28.16米，塔基每面宽4米。底层有南北二券门，从南门可入塔心室。塔心室呈六角形，叠涩式收顶，上留六角形小孔，直视塔内顶部。从北门向右顺梯道盘旋至二层，二层至六层设有梯道和圭形门，每层顶部亦系叠涩式收顶，以承托木构楼板（现已全部脱落）。通过通道，可由里向外盘旋而上，直至六层。这种塔内筒状结构手法，在隋唐以前最普遍，到北

图8-3-17 济源延庆寺塔外景

图8-3-18 济源延庆寺塔外壁佛龛

宋中叶就不多见了。此塔第七层系实心,不能登临。塔的每层出檐结构,使用正反叠涩砖层,其上未施平座,整体外轮廓形呈抛物线状,出落极其简洁古朴。内外壁面嵌砌佛龛雕砖1000余块,所雕佛像,衣纹流畅,面目清秀,镌刻精细,造型生动,系仿北魏手法(图8-3-18)。塔心室内立有宋景祐三年《大宋河阳济源县龙潭延庆禅院新修舍利塔记》碑刻一通,马元颖撰文,郝黯篆额,杨虚已仿王羲之行书丹,运笔遒劲流畅,颇得王书真谛。其拓片1973年曾在日本展出。

紧临塔西有泉,曰"龙潭",为济水西源,潭水清莹澄澈,蟹目翻腾。月夜,潭光塔影,清幽如画,向称"龙潭夜月",为济源九景之一。北宋时蜀人陈省华为济源县令,见龙潭风物之美、潭水之奇,遂于此建造房舍,命三子读书其中,其后三子均进士及第,时人遂称该处为"宋四贤读书处",亦称"四令堂"。

1963年6月20日,延庆寺舍利塔被公布为河南省重点文物保护单位。2006年6月公布为全国重点文物保护单位。

第四节 其他类型塔

一、安阳修定寺塔

全国重点文物保护单位。位于安阳城西北35公里磊口乡西清凉山东南麓修定寺旧址上。建于唐德宗建中二年至贞观十年(公元781~794年)。

塔平面为正方形,基座平面呈八角形,下有束腰须弥座,系单层叠涩檐亭阁式砖塔(图8-4-1)。原塔有台基、塔身、塔顶,通高20米。现存塔身,高9.3米,每面宽8.25米,四外壁全用模制菱形、三角形、矩形及平行四边形等各种形制的浅浮雕花砖3775块嵌砌而成。浮雕面积300平方米,内容有人物、动物和花卉等图案76种,不同图案和造型的雕砖89种,发掘和收集到的塔基雕砖30种,共计119种。砖雕的嵌砌技术独特,由砖雕背面制榫卯,与内壁素面砖互相嵌砌;由铁钉、铁片支托拉牵,使之固定,塔檐采用木骨与外挑花砖榫卯相套,拉于塔顶中心固定。

修定寺塔在整体设计、构图与刻工上,均有很高的艺术价值。塔檐下有帐幔、垂铃等装饰。四角塔柱亦布满浮雕。四面的叠菱形浮雕图案被"衔环兽"的大条彩带连缀而成。菱形图案中间饰以优美多姿的人物、兽类、植物花草等装饰。这种古朴庄重、满是雕砖的古塔,在中国实属罕见。明成祖朱棣之三子朱高燧(封藩到安阳为赵简王)把修定寺定为赵王府的香火院。明嘉靖二十八年(1549年),曾派中贵官童子善,对修定寺进行过一次大的修缮,把修定寺塔顶改为三色琉璃瓦顶,后来明代的琉璃瓦面也毁坏无存。

河南的花塔,由于历史的原因,现保存下来的不多。安阳修定寺塔可谓是这一塔的杰出代表。该塔通身装饰着各种繁复的花饰,它有巨大的帐帷,有密布的佛像、菩萨、天王、力士、彩带、真人、侍女、飞天、童子、武士、天马、蛟龙、雄狮、大象、蔓草、青龙、白虎、伎乐、鹿、云雁等图案多种,图案秀美雅致,刀法浑圆委婉,线条遒劲流畅,形神兼备,栩栩如生,凝神即有飘然离墙、脱壁而出之势(图8-4-2、图8-4-3)。远观外貌犹如一巨大的花束立于山坡之上。

1973年对修定寺塔基进行了加固和修复工作。1980年修复工程主要是按原塔身雕砖重新制模,烧制新砖,补齐了塔身雕砖和塔檐上的条砖,并对破裂的雕砖和背榫,采用环氧树脂黏合,并用

图8-4-1　安阳修定寺塔外景

铁耙子连接，对雕砖和素面砖之间的空隙用稀料浆泥灌注，使塔身复原。1983年经论证，参照现存的唐代单层方塔塔顶，重新复原了塔檐和四角攒尖塔顶，又在塔的南面不远处新建7间保护房，以陈列在唐代历次修复工程中出土的原修定寺的建筑构件。

二、安阳灵泉寺双石塔

全国重点文物保护单位。北齐双塔，又名道凭法师塔，在灵泉寺西侧。道凭法师是东魏、北齐时期著名高僧。唐代道宣《续高僧传》记载，他原姓韩，12岁出家，"北齐天保十年（公元559年）三月七日卒于邺城西南宝山寺，春秋七十有二"。该双石塔即道凭法师的墓塔。

双塔东西并列，南向，相距3.2米，造型大体相同，平面呈正方形，单层石质造（图8-4-4）。

西塔，通高2.22米。基台用上大下小的两块青色素面方石垒筑，立面呈"凸"字形。基石下层方石宽皆1.15米、高0.4米。上层方石长宽各0.91、高0.53米。基台以上塔身宽0.53米、高0.45米，用整块青石雕凿而成。东、西、北3面为

图8-4-2　安阳修定寺塔门券雕刻

实壁，素面无饰。南壁开拱门，门高0.31米、宽0.2米、进深0.33米。门额略呈火焰尖拱状。塔心室呈长方形，南北长0.33米、东西宽0.25米，室内平顶，东、西、北3壁素面无饰。塔心室为在塔基表层下凿0.3米深的竖穴，放置骨灰。塔门两侧刻出方形倚柱，柱础呈覆莲式，柱头雕出莲瓣3枚。门楣上镌刻"宝山寺大论师道凭法师烧身塔"楷书题铭。塔门东侧前壁刻有"大齐河清二年（公元563年）三月十七日"楷书题记。塔身以上叠涩出檐2层，上为塔顶，高0.44米，塔刹高0.4米。刹座四面浮雕山花蕉叶。全塔造型稳重大方，玲珑有致。

东塔，通高2.14米。整体造型与西塔相同，但塔门形制、塔顶花纹略有区别，塔心室在塔基表层以下没有置骨灰之洞穴。

上述两座北齐双石塔历史悠久，是我国现存最早的露天双石塔。

唐代双塔。位于灵泉寺旧址上，青石雕砌。两塔皆为方形单层叠涩密檐式塔，东西并列，间距8.6米。面南，由塔基、塔身和塔刹组成。除塔刹和第一层塔檐被毁外，其余部分基本完好。

东塔（图8-4-5），通高5.22米，下为石板台基，基上为须弥座，束腰部分凿龛，龛内雕8个乐伎。座上每面有兽头2个，座之东西两面各雕1托塔力士。塔身高1.18米，南壁辟拱门，门楣雕双龙，中央雕1螭首。门拱上方正中雕1怪兽，左右雕相对称的2个飞天，飞天下雕降龙1对。塔心室略呈方形，东、西、北3壁雕佛像5尊，像后刻头光、宝盖和飞天等。塔身上端为9层叠涩塔檐，刹已无存。塔身东壁刻有唐大历六年（公元771年）游人题诗四首。

西塔（图8-4-6），通高5.56米。下为石板台基，基上为须弥座，座上束腰部分每面凿龛，龛内雕乐伎。须弥座上又置1层方形基石，基石上为塔身，高1.29米，南壁辟门，门额上刻双龙，正中雕一尊立佛，门外左右两侧雕护法天王及力士。塔心室之门枕上雕石狮1对。塔心室呈穹隆形，内雕佛

图8-4-3 安阳修定寺塔表面模制砖雕局部

图8-4-4 安阳灵泉寺北齐时代双石塔

像5尊。塔身上端为9层叠涩塔檐，每层南面均凿龛，龛内雕坐佛1尊。刹已无存。塔身东外壁刻唐咸通八年（公元867年）禹璜题记。

三、安阳灵泉寺摩崖塔

国家级文物重点保护单位。摩崖塔林，位于灵

图8-4-5 灵泉寺唐代双石塔之东塔

图8-4-6 灵泉寺唐代双石塔之西塔

泉寺之侧宝山和岚峰山崖壁上。塔龛形制多种,有拱形龛、碑形龛和屋形龛。龛内均有浮雕塔,雕造于隋至宋代,高0.8~1.2米,宽在0.6米左右,由基座、塔身、覆钵和塔刹组成,造型别致,丰富多彩(图8-4-7~图8-4-9)。有单层叠涩反叠涩檐相轮顶形,有饰以舞伎人承托的双层覆钵顶形和单层双檐覆钵顶形,有饰以力士承托单层叠涩檐覆斗状顶形,有单层叠涩檐山花蕉叶顶形,有单层叠涩檐覆钵楼阁式顶形。塔身部分均凿有楣拱式龛,大部分龛内雕有僧人影像或结跏佛像。有一部分塔两旁刻有题记,保存较好,皆为僧人墓塔。

四、宝丰文笔峰塔

河南省文物保护单位。文笔峰塔又名文峰塔,位于宝丰县城南2.5公里小店乡石洼村北300米文笔山之射箭台上。

该塔创建于明代万历四十七年七月,由塔基、塔身及塔刹三部分组成。其中塔基高2.2米,塔身高9.9米,塔刹高0.3米,总高为12.4米。该塔为实心,平面呈六角形。塔南镶嵌碑刻一方,碑文阴刻楷书,主要记述建塔主持人及捐款者姓氏、出身。

文峰塔风格独特,没有塔檐,不分塔层,形同棱柱,不同于一般楼阁式、密檐式或亭式塔形。它不仅是宝丰县现存的明代建筑物之一,而且具有史事考证价值。此塔正南面的中部镶嵌一块碑刻,是建塔襄事人题名,列有生员37名,上有牛金星及族人牛金心的名字。牛金星是李自成的大顺丞相,这与宝丰香山寺戊辰状元刘若宰崇祯三年所撰"重修香山观音大士塔记"碑刻"邑人举人牛金星"记载相吻合,可证《明史》等记载"牛金星卢氏人"之说为不实之词。这块碑上还刻有牛金星族人及同侪姓名,对研究明末农民起义及牛金星的籍贯、家世、生平以及传奇人物李岩的真相都有重要价值。

五、登封净藏禅师塔

全国重点文物保护单位。位于登封市区西北6

公里处的嵩岳太室山南麓积翠峰下会善寺西侧。始建于唐天宝五年（公元746年），是中国现存最早的八角形砖塔。

净藏禅师塔坐北面南，该塔由基座、塔身和塔顶三部分组成。除塔刹为石雕外，全由青砖砌成。平面作等边八角形，为单层亭阁式砖塔，通高10.35米。基座高2.64米，由于年久失修，损坏严重，有的地方崩塌成洞，危及了整个塔的安全。1964年，由河南省文化局参照有关资料对塔基进行了复原修复。须弥座形制仍为唐塔原制。座的上枋由两层平砖叠砌而成。中为束腰，每面雕出横长壸门3个，全塔共24个。束腰以下各用圆头砖、抹头砖砌一层，下用平头砖砌3层，再下为4层台的塔基素壁。

基座以上为塔身，平面八角形，每角砌出倚柱，柱突出墙外三个面，推知柱之平面亦为八角形。柱根不施柱础，柱头作覆盆式。两柱间施阑额，其下有门额（或窗额）、立颊、子桯等组成的内凹框式结构，而且在南门及有假窗的各面，柱中下部又有连接两柱的腰串（横枋）嵌入柱之侧面，柱根有地栿，腰串与地栿之间有 柱、心柱及障水板，以上构建组成了塔身壁面的基本框架，其内或置门窗，或置铭石。塔身南面辟拱券式塔门，门作单券无楣式，可入塔室内。塔室平面亦作八角形，顶以八角攒尖形式收结。室壁无装饰。塔身北面嵌青石塔铭一方，铭石高57厘米，宽59.5厘米，铭刻《嵩山会善寺故大德净藏禅师塔铭并序》，铭文计22行，满行21字，除去题、尾及行文间空之外，计475字，其内容记述了净藏禅师的生平事迹。塔身东、西两面各作实榻大门，门中央雕一古式大锁，每门各有4路门钉，每行8枚，计32枚，顶帽较大。门窗制作十分工整。其余四面各砌出破子棂窗，子桯以内立11根破子桯，桯子断面为三角形，棱角向外。柱头以上直接承托铺作，为一斗三升交劈柱耍头式。栱用单材，自栌斗外角开口出耍头，其高小于单材。这种形式是为适用于八角形建筑的特点，殊为少见。除转角用此铺作外，南券门上砌出高

图8-4-7　灵泉寺摩崖塔实例之一

图8-4-8　灵泉寺摩崖塔实例之二

图8-4-9　灵泉寺摩崖塔实例之三

于柱头的额枋，其中部置一直斗承托檐枋。其余各面，两组柱头铺作之间各作人字斗栱一组。

塔顶是由檐枋以上的叠涩砖檐、砖雕山花蕉叶、绶花及石雕宝刹组成。因塔顶损坏严重，其原貌已难准确记述。净藏禅师塔对研究佛教建筑传入中国后被中国传统建筑所融合提供了极其珍贵的实物资料，其造型以砖为木，逼真地表现出唐代八角亭式木结构的柱子、额枋、斗栱、门窗等做法，实属难能可贵，体现出唐代精湛的建筑工艺与时代特征，是不可多得的建筑瑰宝。

第五节 塔林

我国佛教寺院的住持（方丈）、高僧大师等圆寂后皆在其佛寺周围或祖茔建塔安葬，犹如俗家墓地，不同的是俗家建坟，佛门建塔。这些安葬和尚灵骨之塔，也称墓塔。墓塔多者，取其塔多如林之意，称为塔林。墓塔以外的其他塔，聚集在一起，也称塔林或塔群。

河南的塔林较多，著名的有登封少林寺塔林、汝州风穴寺上下塔林、安阳灵泉寺塔林、南召丹霞寺塔林、淅川香严寺塔林、博爱月山寺塔林、永城芒砀山塔林、宜阳灵山寺塔林、辉县市白云寺塔林、登封法王寺塔林、会善寺塔林、商城黄柏山塔林、固始县妙高寺塔林等。产生塔林的一个重要因素，就是寺院历史悠久，某寺院中历代高僧与和尚均葬于寺的旁边，时间长了就形成墓塔密集如林，称之为塔林。换句话说，寺院的历史越久，规模越大，塔林中的塔也越多，林的规模也就越大。塔林的价值除了塔的数量很多外，还在于塔的类型也很丰富，各种形式的塔都有。塔林中，各种古塔荟萃，可以说是一个露天古塔博物馆。由于塔林中的塔是在不同时代修建的，所以它们表现了各个时期和年代的不同建筑风格和工程技术做法。因此，有些古建筑专家称，塔林是各个时代塔的标本室。除此以外，在河南还存在一些其他形式的古塔，如球形塔、经幢形塔、钟形塔等。它们的形式变化多样，艺术造型各具特点，好像开放在河南古塔园地中的朵朵鲜花，竞放异彩。

一、登封少林寺塔林

少林寺塔林，位于少林寺西约300米外的山脚下，是少林寺历代和尚的墓地。少林寺塔林是我国现有古塔数量最多的塔林，面积2.1万余平方米。塔林依山傍水，后高前敞，幽林静穆，天然的风水宝地（图8-5-1）。现存自唐贞元七年（公元791年）至清嘉庆八年（1803年）之间的，唐、宋、金、元、明、清各个时期的砖石墓塔228座。其中唐塔2座、宋塔3座、金塔16座、元塔51座、明塔146座、清塔10座，余为无纪年题记者。加之常住院塔中的2座宋塔，二祖庵附近3座唐、元、明代砖塔，三祖庵1座金代砖塔，以及塔林周围9座唐至清代砖石塔，共计243座墓塔和佛塔，构成了蔚为壮观的少林寺砖石古塔建筑群。

塔的层数，一般为1~7级，高度都在15米以下，大都有塔铭和题记。造型有四角、六角、柱体、瓶形、圆形等，种类繁多（图8-5-2，图8-5-3）。其中以唐贞元七年（公元791年）的法玩禅师塔、宋宣和三年（1121年）的普通塔、金正隆二年（1157年）的西堂老师和尚塔、元至元二十七年（1290年）的中林禅师之塔、明万历八年（1580年）的坦然和尚之塔及清康熙五年（1666年）的彼岸公禅师灵骨之塔为不同时代的代表作。

二、汝州风穴寺塔林

风穴寺塔林，位于汝州市风穴寺外西边的上塔林和西南处的下塔林。风穴寺历史悠久，殿宇依山分布，错落有致，是一处少见的园林式寺院，且建筑文物保存较好。

风穴寺塔林原有寺僧墓塔100多座，由于自然和人为的破坏，现仅存73座，加上寺内的七祖塔和寺东南的奎光塔，共有塔75座。七祖塔为唐代建筑，平面方形，9层密檐式砖塔，高约32米，是国内现存少见的保存完好、造型优美的大型唐塔。寺

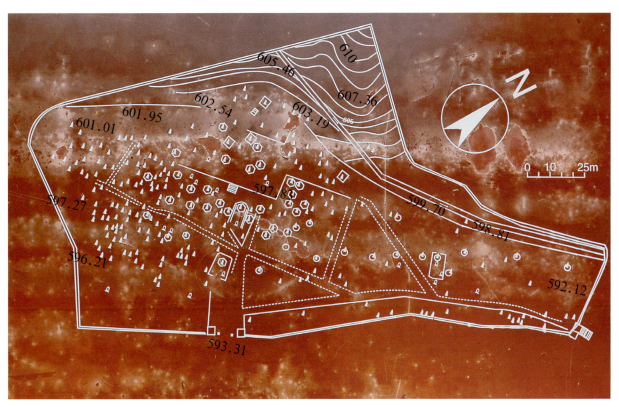

图8-5-1 少林寺塔林总平面示意图

图8-5-2 少林寺塔林景观一

图8-5-3 少林寺塔林景观二

东南状元峰上的奎光塔,系清代建造的风水塔。

塔林内现存的和尚墓塔,建于元、明、清时期。平面有方形、六角形、圆形等(图8-5-4、图8-5-5)。类型有密檐式、楼阁式、亭阁式和喇嘛塔式等。高者10余米,低者一米许,多数为砖塔。其中元代慧公宗师之塔,为六角形9层楼阁式砖塔,基座为六角形须弥座。塔身为仿木构楼阁式建筑,每层檐均有砖雕斗栱承托。第一层塔身六面皆雕刻假门窗,门窗内饰有精美的几何图案,是塔林元塔中的佳作。

元代建塔匠师广吉祥在此塔林中建造的3座砖塔,也具有重要的研究价值。一是"大司空领临济宗大庆寿鲁云兴公禅师灵塔",建于元至元二年(1366年),六角形3层密檐式砖塔。二是"洞然月公长老之塔",建于元至正二年(1342年),六角形3层密檐式砖塔。三为"开山沼公禅师之塔",建于元至正二年,平面方形,5层密檐式砖塔,此三塔为研究缺乏史料记载的元代建筑匠师广吉祥及其建筑作品提供了珍贵的实物资料。

风穴寺塔林是河南第二塔林,在全国是仅次于登封少林寺塔林和山东长清灵岩寺塔林的重要塔林。

三、宜阳灵山寺塔林

灵山寺又名报忠寺、凤凰寺,在宜阳县城西8公里处的凤凰山北麓,相传周灵王葬于此。寺创建于金大定三年(1163年),历经重修,保存尚好。

寺东南古柏林中有清代和尚墓塔组成的塔林,现存平面方形或六角形的3层叠涩密檐式砖塔16座;寺之山门外还有石塔两座,其中一座建于明代宣德年间,另一座残塔年代不详,故灵山寺共有古代砖、石塔18座,是河南现存塔数最多的三处塔林之一。

图8-5-4 风穴寺下塔林景观一

图8-5-5 风穴寺下塔林景观二

塔林中最早的一座和尚墓塔为建于清雍正三年（1725年）的"雪航明闻和尚之塔"，为六角形3层密檐式砖塔，塔基为束腰须弥座，其上为砖柱塔身，第一层正面（北面）嵌砌塔额，第二层嵌砌塔铭，第三层辟圆券门。塔身之上为宝珠形的石塔刹，塔通高5米许。"性慈和尚之塔"，位于"雪航明闻和尚之塔"西邻，建于清雍正三年（1725年），其形制、高度等皆与明闻和尚塔相同。"海宴禅师塔"，建于清乾隆七年（1742年），方形3层密檐式砖塔，塔身一层嵌砌塔额，二层嵌砌塔铭，三层辟圆券门。塔身满砌雕砖，其内容有花卉、套环、海水、日月、云气、球纹格眼、莲花等。"朗耀澄鉴和尚塔"，建于清乾隆丁亥年（1767年），平面六角形3层叠涩密檐式砖塔，塔身一层正面嵌砌塔额。塔林中年代最晚的塔为建于清咸丰九年（1859年）的"宣化□□□"塔，为平面三角形三层叠涩密檐式砖塔。

此处塔林，除两座石塔建在山门外，其他16座清代砖塔全部建在相对集中的山林之中，最高者5米许，最低者2.4米。不但是具有建筑史和佛教史研究价值，而且这里山水优美，风景宜人，人文与自然景观皆佳，故而也具有文物旅游价值。

四、博爱月山寺塔林

塔林位于博爱县月山寺右侧之山顶与山沟内。月山寺始建于金正隆三年（1158年），因其寺建于月山上，故名月山寺。

塔林由月山寺历代著名寺僧圆寂后安葬灵骨的墓塔组成。原有琉璃塔、石塔、砖塔100多座。现存砖、石塔13座（包括一座仅存砖瓮基座的残塔）。山顶有一座明代所建的苍公大师塔，坐北面南，系平面六角形5层密檐式实心砖塔，高约5米许。塔身一层正面镶嵌砖质方形塔额，楷书"苍公大师宝塔"。

月山寺山门左侧的皇台上矗立三座塔，最高的一座系月山寺开山祖师相空大师之高塔（图8-5-6），另两座分别为锡霖大师塔和诸祖宝塔。三座塔表面光洁，非常精致。

位于月山寺西侧的六公塔院内现存清代砖塔两座，均为平面六角形5层密檐式实心砖塔，其中一座为该寺十九代方丈六安净吉大师墓塔，建于清乾隆二十七年（公元762年），高约8米，保存完好。通体砖雕二龙戏珠、松鹤延年、麒麟腾跃、牡丹花卉等精美图案（图8-5-7）。

山腰下有9座明、清墓塔和一座普同塔，9座墓塔中，有一座建于明弘治五年的圆形石构喇嘛塔，塔刹是由它处移置的。另一座为仅存六角形束腰须弥座的塔基座，高1米许，塔身已不存，也为明代建筑。其余7座塔均为平面六角形的5层密檐式实心砖塔，高约5米许。7塔中有两座分别建于明正德年间和明嘉靖九年，另5座塔的砖质塔额风化严重，建塔时间已不可知。但据塔形等分析应为明代或清代中早期建筑。7塔排列布局成北斗七星之状，故俗称"七星塔"（图8-5-8）；塔林中的"普同塔"也为六角形五层密檐式实心砖塔，为河南省少有的普同（通）塔之一。月山寺塔林现遗存的墓塔数量不算多，但是，塔的总体质量一流。是河南省现存的重要塔林之一。

五、南召丹霞寺塔林

丹霞寺又名"仙霞寺"，位于南召县城东12公里留山（又名丹霞山）马湾村附近，寺创建于唐长庆四年（公元824年）。寺院周围现存和尚墓塔13座，其中元塔5座，明塔4座，清塔4座。

元塔，2座位于寺东1公里的马湾村，3座位于

图8-5-6 月山寺塔林之皇台三塔

图8-5-7 月山寺塔林之六公塔院

寺西150米的山坡下。"普照禅师筠溪和公之塔"，建于元至元三年，系平面六角形密檐式砖塔，高约7米。基座为叠涩束腰须弥座，束腰处砌筑牡丹花卉雕砖。塔身正面（南面）嵌砌石质塔额。塔砖长35厘米，宽17厘米，厚5.5厘米。采用不岔分的砌筑方法，檐下施叠涩砖5～8层，檐上施反叠涩砖层。砖与砖间用白灰浆黏合，灰缝小于1毫米。"佛慧普照大禅师讷庵言公寿塔"，建于元至元三年，形制与筠溪和公塔相同，残高3米许，灰缝极细，通体磨砖，塔砖长51厘米，宽19厘米，厚6.8厘米。"云居才公禅师寿塔"，建于元至元三年，系平面六角形密檐式砖塔，基座为束腰须弥座，每面嵌砌牡丹花卉雕砖。塔身正面嵌砌石质塔额，出檐较深，且柔和绚丽。采用不岔分的垒砌技术，细灰缝，塔体磨砖。砖长33厘米，宽19厘米，厚6.7厘米。"佛日圆照广慧禅师孤岩安公之塔"，建于元至元六年，基座为双层须弥座，束腰处均嵌砌牡丹花卉雕砖。塔身南面嵌石质塔额，其形制与才公寿塔基本相同。通体磨砖，砖长41.5厘米，宽20厘米，厚7厘米。灰缝细而不岔分。无名塔，平面六角形3层密檐式砖塔，塔额已毁，建于元代末年。

明塔3座，位于寺西南400米松林山中，另1座位于寺西500米青峰山下。3座为平面方形密檐式砖塔，1座为平面六角形密檐式砖塔。塔高2.5～4.3米，边长1.4～1.6米。塔额（铭）皆佚失。

清塔4座，皆为八角形亭阁式石塔，基座为双层须弥座，雕刻仰覆莲瓣和缠枝花卉。其中1座塔

图8-5-8 月山寺塔林之七星塔林

身刻有"般若波罗蜜多心经"经文。塔高约2.5米，金边宽0.8米。塔额分别刻有"光绪十一年"、"光绪十四年"、"光绪三十二年"纪年字样。

六、登封法王寺塔林

法王寺位于登封市法王寺后山坡上，是我国古代著名的十大佛寺之一。相传建于东汉明帝永平十四年（公元71年），是嵩山诸多寺院中最早的一座。现在寺院后山上屹立着6座古塔，其中佛塔一座，塔墓5座。

法王寺佛塔，建于唐初，塔身外轮廓呈优美的抛物线形。塔身第一层南面辟门，可达方形塔心室。塔内中空呈筒状，塔刹残损。其与陕西荐福寺小雁塔、云南崇圣寺千寻塔合称为我国著名的唐代三大密檐塔。此塔后有三座和尚墓塔，皆为方形单层亭阁式砖塔，皆无塔额、塔铭，故塔名和建塔年代不详。据塔形和建筑特征分析，应为唐代建筑。其中一号墓塔，塔体较大，高10余米，边长4.3米，出檐较深。特别是塔刹的高度和雕刻十分突出，须弥座形的刹座之上置半圆形覆钵，其四隅为山花蕉叶形插角，上刻旋花，覆钵之上置巨大的仰莲瓣8枚，又斜出8瓣莲花，承托石质相轮三重和仙桃状的宝珠。此刹系唐代原物，实为可贵。二号墓塔，南距法王寺佛塔约38米，通高15米，边长4.6米。2000年对该塔地宫进行考古发掘，出土铜器、瓷器、陶器、玉石器、蚌器、玻璃器及法身舍利等40余件，所有文物保存基本完好，具有重要的研究价值。另外，法王寺佛塔西南和西北还有两座砖塔，一座为"月庵海公圆寂塔"，建于元延祐三年（1316年），为平面六角形7层密檐式砖塔。一座为"澧公和尚塔"，建于清康熙二十九年（1690年），亦为六角形7层密檐式砖塔。

第六节 经幢

一、新乡县水东石经幢

河南省文物保护单位。位于新乡县合河乡东水东村。建于唐开元十三年（公元725年）。幢体保存完整，通高5.98米，由基座、幢身和幢顶三部分组成，均用青石雕凿，造型挺拔秀丽。幢面雕饰极其华丽，除幢身外，顶部与基座遍雕佛、菩萨、伎乐人等人物造像。还用高浮雕手法遍刻动物及各种花卉图案达数十种。工艺精湛，刀法娴熟，形象生动，给人以飘然离幢脱龛而出之感，具有很高的艺术价值。另外，该经幢还是研究中国佛教史的实物资料。自唐盛以后，由于密宗在中国的影响，使唐代经幢出现了新的演变，其表现是：除数量较前大增外，幢身分为两段，下段较长，专门刻写经文，上段较短，多开龛造像。还有一种变化是，幢身上的经文，不只限于《佛顶尊胜陀罗尼经》一种，还刻有《般若波罗蜜多心经》及经序。此经幢是河南地区此时期的优秀代表作品。

二、沁阳陀罗尼经幢

省级文物保护单位。原来位于沁阳市西北15公里紫陵镇范村南兴福寺旧址上，后迁至沁阳市博物馆，立于天宁寺塔东侧60米处（图8-6-1）。经幢于唐开元十八年（公元730年）立。青石质地，现存高4.7米，由座、身、顶三部分组成，分级雕造，对接装成，保存基本完整。幢座（图8-6-2），分上下两层。下部为圆形八瓣覆莲基座，上部为八棱柱座面，角均雕铺首衔环，八面环雕帷幔（图8-6-3）。幢身，为八棱柱形，高1.43米，每面宽0.27米，棱柱八面阴刻"佛顶尊胜陀罗尼经"，八分楷书，经文后有篆书"大唐开元十八年"的纪年落款，落款后面自下而上阴线刻6尊佛像。幢顶，分七层，一、二层均为上大下小的八棱体，一层八面均雕作佛龛（图8-6-3），龛两侧榜题供养人的姓名。二层正面篆书题额"佛顶尊胜陀罗尼经幢"，其他七面雕伎乐飞天，手执乐器。雕凿的伎乐飞天丰满圆润，动感强烈，为该经幢的最精华之处。三层突然内收，下部呈四角覆盆状，上部雕成八面莲瓣形，四层呈八角莲瓣形伞状华盖，八个角下部凿有孔（图8-6-4），原应装有铃铎之类垂挂物。五层雕八棱柱体，每面

图8-6-1　沁阳陀罗尼经幢外景

分上下两层均雕作佛像。佛像形象庄重，姿态不一，但大都严重风化。六层八面雕璎珞帷幔，与幢座上部形状相同。七层上下均雕两层仰莲，中间为四棱柱体，每面雕一卧狮。该经幢雕刻精美，造型生动，为唐代石刻经幢中的上乘之作。

三、卫辉陀罗尼经幢

河南省文物保护单位。位于卫辉市县前街原宁静寺内，后晋开运二年（公元945年）创建宁静寺时所立。幢体为青石雕造，通高6.6米，八棱7级，其状如塔。整体由基座、幢身、幢顶三部分组成。基座上刻有舞狮。幢身最下一节刻《陀罗尼经》，楷书字体。幢顶八角盘上刻伎乐人、飞天和人面兽身的舞蹈形象。第四节幢身上刻楼台亭阁和仕女，再上两节雕有一佛、两弟子，最上为葫芦形刹。所有雕刻，形象生动、刀法娴熟、工艺精湛，有较高的艺术价值。因后晋的历史较短，石刻艺术存世者不多，故此经幢十分珍贵。

图8-6-2 沁阳陀罗尼经幢底座

图8-6-3 沁阳陀罗尼经幢幢帽下部雕刻

图8-6-4 沁阳陀罗尼经幢幢帽中部之华盖

四、温县慈胜寺经幢

慈胜寺石经幢位于温县城西番田镇大程村慈胜寺内。大雄殿门前左侧耸立一座"佛顶尊胜陀罗尼"石经幢，通高5.4米，共用17块石材组成（图8-6-5）。分上中下三部分，共15层。上层火焰宝珠、仰莲等共8层（图8-6-6、图8-6-7），中部为八棱柱形石经幢，高1.32米，上刻"佛顶尊胜陀罗尼经序"，经文字迹清晰，书写工整。文后刻有五代后晋"天福二年八月二十八日添修毕"的字样。下层为八面造像龛，各面雕坐佛、菩萨、力士、飞天等形象。"佛顶尊胜陀罗尼"石经幢形体庞大，保存完整，从下而上通体刻工精湛，刀法娴熟流畅、姿态生动活泼，具有很高的历史与艺术研究价值，是河南现存经幢的精品。

五、许昌千佛幢

1987年春，许昌市微型电机厂基建时发现，现

图8-6-5 温县慈胜寺经幢外景

图8-6-6 温县慈胜寺经幢幢顶

图8-6-7 温县慈胜寺经幢顶下层石雕

藏于许昌市博物馆内。千佛幢立于北朝时期，通高198厘米、顶宽90厘米。幢顶呈等边八棱形，每面以平面剔地手法雕凿125个佛龛，每龛1佛，共计1000佛。幢身也为八棱形，下部雕刻有仰莲承托。8个立面，1面刻经，其余7面有6组佛像和佛传故事画像，座缺。

六、郑州尊胜经幢

河南省文物保护单位。原立于郑州开元寺旧址（现郑州市第一人民医院）内。1974年移至郑州市博物馆保存，唐中和五年（公元885年）刻立，石灰岩质。由幢座、幢身、盘盖、造像柱、幢盖5部分组成，通高3.5米。幢座分上下两层，下层呈八棱柱状，每面各雕一壶门，内有减地浮雕瑞兽一只；上层为圆形仰莲座盘。幢身呈八棱柱状，正面刻篆书"尊胜幢"三字，其两侧有重建题记，篆额下部和其余7面幢身，阴刻"佛顶尊胜陀罗尼经序"和经文咒语及落款等约3000字，因年久剥蚀，字迹漫漶。幢身顶部置八角形盘盖，形若僧帽，上部稍斜出檐，棱角处各饰高浮雕兽首衔带图像，在斜出的八面上浮雕有坐佛、法师问弟子、取经图和飞天等，雕工精细。盘盖之上置仰莲盘，再上是造像柱，造像柱亦呈八棱柱形，每间隔一面凿一佛龛，内雕佛像1尊，另四面各线刻一佛像。造像柱上部，冠以八角平顶仿木结构幢盖，盖上雕瓦垄，檐下雕椽、檩、斗栱等。这件唐代尊胜陀罗尼经幢，是目前国内传世较早，保存较好的石幢之一。

七、内黄佛说般若波罗蜜多心经幢

河南省文物保护单位。位于内黄县西南东北花固村中学院内。唐天宝二年（公元743年）立建，现移至县文物库房内。

经幢共两座，形式大体相同，均为9级叠涩密檐，都由基、身、顶3部分组成，下宽上窄，呈方锥状，通高2.43米。正面雕龛室。幢上刻有《佛说般若波罗蜜多心经》经文。基座下宽上窄，3级台阶，四面刻八大金刚。幢身9层，高2米。第一层，束腰莲瓣，凹处平面刻3个人面，室内后壁刻一佛、两菩萨，门外刻2金刚，背面刻《续命经》经文，右面刻"维大唐天宝二年岁次癸未二月辛未朔十五日乙酉，浮图主华希颢，上为皇帝、师僧、父母、法界苍生七世，合家大小，内外眷属，应赖平安，一心供养"。第二层至第八层相同，每层四面中心刻坐佛，第九层上面四角刻4只卧狮，幢顶上刻蟠桃（已毁）。

八、荥阳佛顶尊胜陀罗尼经幢

河南省文物保护单位。位于荥阳市京城路街道办事处扁担王村西南，南临市区康泰路。金代泰和三年（1203年）刻立。该幢由青石雕刻分解组合而成，其地面以上高5米，尚有约2米埋于地下，由座、身、顶三部分组成。幢座为仰莲座，幢身为八棱柱体，高2.1米，每面宽0.19米，所刻经文，清晰可辨者有《佛顶尊胜陀罗尼经》和《佛说父母恩重经》。文后刻跋语，末题"维大金泰和三年岁次癸亥正月二十五日□□□□□建□□梁张淳书石匠冯□刊"。顶分6节，从上往下，第一节由宝珠、宝壶组成；第二节和第三节为仿重檐式屋顶；第四节，四面各开一龛，内雕佛像，南面、北面、西面佛像均结迦趺坐于莲花座上，东面佛像为足踏莲花座。第五节，仰莲座。第六节为八面花盖狮头，每两个狮头之间刻宝相花。

该经幢形体高大，雕刻精美，历史悠久，保存较好，对研究中国古代的雕刻史、佛教史等均有较高的价值。

河南古建筑

第九章 陵墓建筑

河南陵墓建筑分布图

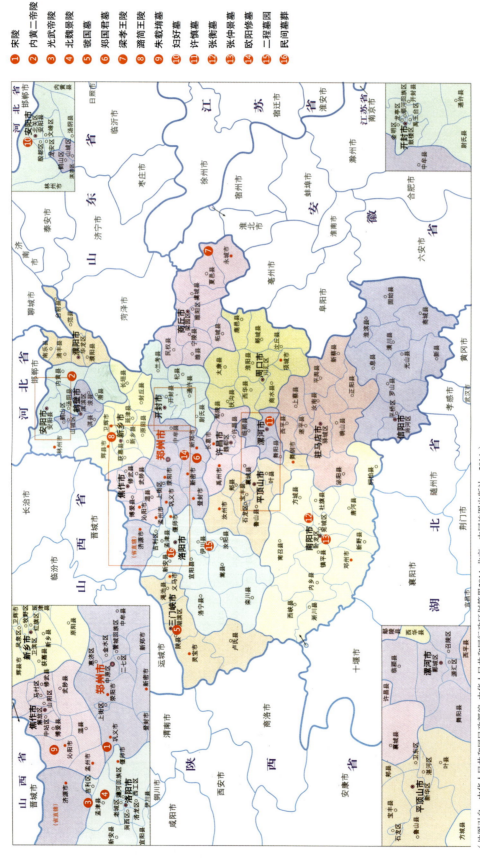

① 宋陵
② 内黄二帝陵
③ 光武帝陵
④ 北魏景陵
⑤ 虢国墓
⑥ 郑国君墓
⑦ 梁孝王陵
⑧ 潞简王陵
⑨ 朱载堉墓
⑩ 妇好墓
⑪ 许慎墓
⑫ 张衡墓
⑬ 张仲景墓
⑭ 欧阳修墓
⑮ 二程塞园
⑯ 民间墓葬

(地图引自：中华人民共和国民政部编. 中华人民共和国行政区划简册2014. 北京：中国地图出版社，2014.)

第一节 河南陵墓建筑概述

陵墓建筑是中国古代建筑的重要组成部分，从殷商时起，经春秋、战国时期的大力发展，经秦汉唐宋以至明清，中国古人基于"事死如事生"的观念，普遍重视丧葬。因此，无论任何阶层对陵墓皆精心构筑。在漫长的历史进程中，中国陵墓建筑得到了长足发展，不仅产生了举世罕见的、庞大的古代帝、后墓群，而且还有许多诸侯王陵及先贤名人墓。陵墓建筑在历史演变过程中，除技术成分之外，还逐步与绘画、书法、雕刻等诸艺术门类融为一体，成为反映综合成就的载体。陵墓建筑是古代社会政治、经济、文化的总体反映，代表了古代社会的科技发展水平，成为中国古建筑中最宏伟、最庞大的建筑群之一。

河南地处黄河中下游，河南地区也即狭义的中原地区，位居天下之中、八方辐辏的大中原腹地。这里气候温和宜人，土地肥沃，交通便利，地理环境得天独厚。在这片16万平方公里的神奇热土上，我们的祖先凭借着优越的地理条件，创造了辉煌灿烂的古代文化，使河南赢得了中华文明摇篮的美誉。

河南是我国古代文明的主要发祥地，至迟在50万年前就有人类在这里生息和繁衍。七八千年前的裴李岗文化时期，这里就产生了农业、畜牧业和制陶等手工业；到了4千多年前的龙山文化中晚期，中原进入了石、铜器并用时代，产生了私有制和阶级的萌芽，进而出现了我国历史上第一个奴隶制国家——夏朝。以后，商代的首都西亳、殷均在河南境内。在安阳殷墟发现的甲骨文，是世界上最早的文字，也是世界上最早的历史文献。到了春秋战国时期，在政治和思想文化领域涌现出许多著名的政治家、哲学家。秦王朝建立后，在今河南境内设置三川、南阳、颍川、河内、东郡、陈郡。以后的两汉时期，河南地区的经济和文化仍处于全国前列。东汉王朝建都洛阳，河南更成了全国政治、经济、军事、文化中心。东汉之后形成三国鼎立局面，河南是四战之地。在三国以及两晋、南北朝时期，战乱连年，农业、手工业生产遭到严重破坏。直到7世纪初重建了统一的全国性政权——唐朝以后，中原才摆脱了长期战乱的局面。

从唐朝建立到北宋灭亡，河南的经济和文化达到鼎盛时期。隋朝末年，在洛阳建立了东都，又以洛阳为中心开凿了沟通南北的大运河，一直通航到北宋时期，促进了南北经济、文化交流。唐代，河南仍是一个人才荟萃之地。因为河南地位重要，经济又比较发达，所以五代都在河南地区建都立国。但在后来一段时间中，长江以北战争不断，中原人民深受其害。到赵匡胤重建起全国性的统一政权——北宋王朝后，中原人民才重新得过和平岁月。北宋建都开封，河南又一次成为全国的政治、经济和文化中心。当时开封人口达100多万人，为全国第一大城市，商业贸易额占全国之半，各方面都极一时之盛，可说是中世纪河南历史的黄金时代。南宋以后，是河南社会历史发展的中衰时期。代宋而兴的元朝实行的行省制度，被明、清两朝沿袭下来，其时河南的疆域大体上与今天的河南省相近。

河南陵墓建筑以洛阳地区为代表，数量多规格高（图9-1-1），如，中国中部地区规模最大的皇陵群——宋陵；迄今为止，我国发现的为数不多的规模宏大、等级齐全、保存完好的周代大型邦国公墓——虢国墓群；郑国墓群；我国乃至世界罕见的大型石室陵墓群——西汉梁王陵墓群；中国目前保存现状最好，占地面积最大的明代藩王陵墓——潞简王墓；明宗室郑薛王朱厚烷之子，明代著名的律学家、历学家、数学家——朱载堉墓等。先贤名人墓葬有许慎、张衡、张仲景、关羽、狄仁杰、韩愈、欧阳修、范仲淹、包拯、苏轼等人墓。

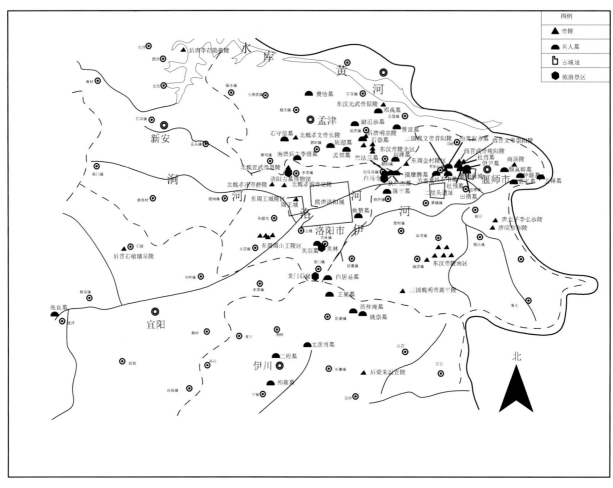

图9-1-1　洛阳帝王及先贤名人陵墓示意图

第二节　帝王陵

在中华民族5000年的历史进程中，中原是中国历史上大部分时间的政治、经济和文化中心，先后有20多个朝代定都于河南各地，帝王们生前指点江山，身后埋骨于此，众多的帝王陵墓分布于中原大地。已确认的上至三皇五帝时期的太昊陵、颛顼、帝喾陵，下到宋王陵，大致情况如下（图9-1-1）：

商王朝在盘庚以前，因屡次迁都，墓葬不封不树，故商朝前期王陵较少发现。自盘庚迁殷（今安阳殷墟）后，所传12王及贵族死后都葬在以小屯为中心的东起后肖、西至北辛庄、南至铁路苗圃、北至王家庄，总面积24平方公里的殷墟内。尤其是1976年发掘的妇好墓，震惊中华大地。

西周共传12王，其中昭王陵位于河南登封市。东周迁都洛阳，历二十五代王均葬于洛阳，但因年代已久，墓主多难确认，据现有史料及考古发掘情况来看，可大致分为周山、王城、金村三个陵区。周山陵区位于洛阳西郊，据考证有灵王陵、定王陵、悼王陵、赧王陵；王城陵区在周王城东北，今小屯村一带；金村陵区在洛阳市汉魏故城东北角的金村之东。史载有敬王陵、威烈王陵等。

东汉除献帝禅陵在焦作外，全部都在洛阳。文献记载，汉魏洛阳故城的西北邙山地区有5座帝陵，分别是光武帝原陵、安帝恭陵、顺帝定陵、冲帝怀陵、灵帝文陵。故城的东南洛南地区有6座帝陵，分别是明帝显节陵、章帝敬陵、和帝慎陵、殇帝康陵、质帝静陵和桓帝宣陵。

魏晋皇陵，多埋葬于今偃师市境内的首阳山。曹魏历5帝，其中文帝首阳陵、明帝高平陵、高贵乡公曹髦陵在洛阳。武帝曹操、陈留王墓在邺城。西晋历4帝，除怀、愍二帝为刘聪杀死于平阳外，武帝和惠帝都崩于洛阳，葬于首阳山附近，称峻阳陵和太阳陵，加上武帝即位后，分别追尊司马懿、司马师、司马昭为宣帝、景帝和文帝，称高原陵、峻平陵和崇阳陵。自从孝文帝迁都洛阳起，除孝武帝元修被宇文泰杀死在长安外，其余8帝死后全部葬在北邙山上，即孝文帝长陵、宣武帝景陵、孝明帝定陵、孝庄帝静陵和幼主元钊、东海王元晔、节闵帝元恭、安定王元朗的陵墓。

唐代历21帝（包括武则天），帝陵主要位于陕西，唯有昭宗和陵建在河南偃师太平山。此地另有唐高宗太子李弘墓冢（恭陵）。

五代十国，后梁太祖朱温（称帝后改名朱晃）宣陵与末帝朱友贞的陵墓位于洛阳；后唐庄宗李存勖雍陵（清代避雍正讳改为伊陵）位于洛阳新安县西沃乡下坂峪村败仗沟、明宗李嗣源徽陵墓位于今孟津县送庄乡送庄村南、末帝李从珂的陵墓也在洛阳；后晋高祖石敬瑭显陵位于洛阳宜阳县石陵村；后汉高祖刘知远睿陵，位于禹州市苌庄乡柏村西北；隐帝刘承佑颍陵位于禹州市花石乡徐庄，东距睿陵约4公里。后周3帝陵墓都在新郑市城北18公里郭店镇的郭店村附近，即太祖郭威嵩陵、世宗柴荣庆陵、恭帝柴宗训顺陵；南唐李煜陵位于洛阳邙山。

北宋9个皇帝，除徽、钦二帝被金兵掳去死于五国城外，其余7个皇帝及赵匡胤之父均葬在巩义，通称"七帝八陵"。

我国近代史中赫赫有名的袁世凯，当了83天皇帝，身后葬于安阳袁林。

一、宋陵

宋陵即北宋（公元960～1127年）皇帝陵，位于河南省巩义市嵩山北麓与洛河间的丘陵和平地上，总面积约30平方公里。南有嵩山，北有黄河，依山傍水，风景优美，被人誉为"生在苏杭，葬在北邙"的风水宝地（图9-2-1），属全国重点文物保护单位。

（一）地理环境及历史背景

巩义市位于中原腹地，北纬34°31′～34°52′，东经112°49′～113°17′。位居河南省西部，南依嵩岳，北濒黄河，东瞻河南省会郑州，西望九朝古都洛阳，总面积1041平方公里，属典型的浅山丘陵区，境内起伏不平，沟壑纵横，地形为南高北低。秦时置县，因"山河四塞，巩固不拔"得名巩县。巩义市地处暖温带南部，属于大陆性季风湿润气候，四季分明，气候温和，雨热同季。

巩义历史悠久，文化底蕴深厚，早在30万年前，人类就在这里繁衍生息，是华夏文明发祥地的核心地区之一。境内有裴李岗、仰韶和龙山文化遗址多处。夏代曾建都斟鄩（今稍柴、罗庄一带）。西周、春秋时，巩为巩伯国。战国，称东周。秦庄襄王元年（公元前249年）置巩县。因地扼古都洛阳，故史有"东都锁钥"之称。巩义为历史古邑，是古代名人活动和墓葬的宝地。据先秦典籍载，伏羲神农、黄帝、尧、舜、禹、汤等都曾在这里活动，创造了为后人称道的尧天舜日式的稳定与繁荣。在中国历史上，巩义曾出现过不少名人。春秋时期哲学家程本，著有《子华子》传世；汉代尹勋，时称"八顾"之一，被誉为"天下英藩尹伯元"；晋代植物学家嵇含，所著《南方草木状》为世界上最早的区系植物志；诗圣杜甫诞生于南瑶湾（今站街镇南瑶湾村）。这些政治家、军事家、文学艺术家和科学家，使巩义的历史熠熠生辉。

自公元960年陈桥兵变到1279年崖山投海，宋代前后统治中国320年，其帝、后陵寝分别安葬在河南巩义和浙江绍兴。北宋共历9帝，葬巩义7帝。徽、钦二帝葬于他地。南宋亦历9帝，6帝葬绍兴，显帝被元军所俘冤死于西藏，昰、昺二帝葬广东沿海。宋陵除徽、钦二帝被金兵掳去死于五国城外，其余7个皇帝及赵弘殷（赵匡胤之父）均葬在巩义，

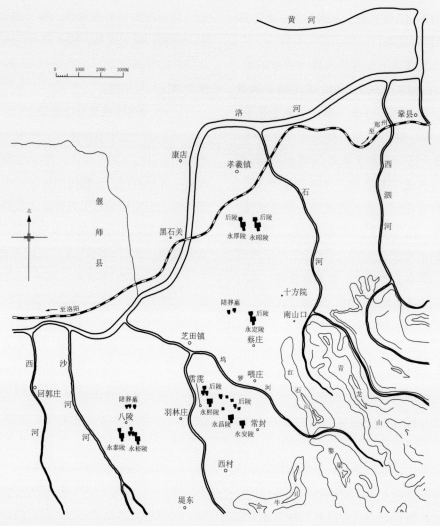

图9-2-1 北宋皇陵分布与地理环境示意图

通称"七帝八陵",再加上后妃和宗室亲王、王孙及高怀德、蔡齐、寇准、包拯、杨六郎、赵普等功臣名将共有陵墓近千座。从公元963年开始营建宋陵,前后经营达160余年之久,形成了一个规模庞大、气势雄伟的皇家陵墓群,堪称露天陵墓艺术博物馆,是研究宋代典章制度和石刻艺术的十分珍贵的实物资料。

在我国,历朝历代帝王陵墓的选址和布局往往受到相关堪舆思想的影响。唐代主要是形法派的理论主导陵墓选址,明清时期的选址布局与之相似。宋代却是例外,以理气派的五音姓利作为其陵墓选址布点的指南。

堪舆的起源,一般认为可以推至先秦时期。堪舆一词的本义是指天与地,东汉文字学家许慎的解释是:"堪,天道;舆,地道","堪舆"实为"天地之道"。堪舆是中国古代人们对居住环境进行选择和处理的一种学问,其范围包括对住宅、宫室、寺观、陵墓、村落、城市等基址的布置形态和自然环境的利用与改造,并将自身和谐地统一于自然之间,从而追求一种在生理和心理上的满足与完善。堪舆术有多种理论,唐宋时代盛行的既有理气派,又有形法派。形法派主张山龙络脉形势,强调山水之势。理气派认为,天地万物皆是气所生成,"山泽水土,气皆人乘之,造化之大宅也"。朱熹认为

"气之流行，充塞宇宙"，天地乃万物为一体，他们之中有贯通的东西，这就是"理"。程颢认为"万物只是一个天理"。理是现实存在的，却又是无形的，理与形的结合便是"气"之象。有人认为这里的"气"相当于现代物理学中的"场"。显然理气派是以物为基础的，提出了物与物之间的关系——理，物的来源——气。反过来物又能够形成气。把无形的气与有形的物联系在一起，形成堪舆的理论基础，显见理气派与形法派之间是相通的。正如"葬书"所说，气者，形之征；形者，气之著。气是形的内在构成，形是气的外在表现。

宋代帝陵布局一反唐代帝陵模式，以理气派五音姓利为基本的堪舆原则。以东南仰高、西北低垂的地势安葬帝、后。

（二）现状

北宋皇陵的诸帝陵园建制统一，平面布局相同，皆坐北朝南，分别由上宫、宫城、地宫、下宫4部分组成，围绕陵园建筑有寺院、庙宇和行宫等，苍松翠柏，肃穆幽静。西村陵区位于西村乡北的常封村和涵论村之间，包括宣祖赵弘殷的永安陵、太祖赵匡胤的永昌陵、太宗赵光义的永熙陵；蔡庄陵区位于蔡庄北，有真宗赵恒的永定陵；孝义陵区位于巩义市西南侧，包括仁宗赵祯的永昭陵、英宗赵曙的永厚陵；八陵陵区位于八陵村南，包括神宗赵顼的永裕陵、哲宗赵煦的永泰陵（图9-2-1）。帝陵坐北向南，由南向北为鹊台、乳台、神道列石。神道北即上宫，上宫四周夯筑方形神墙，周长近千米，四面正中辟有神门，神墙四隅筑有阙台（角阙）。上宫正中为底边周长200余米的覆斗形陵台，台下为地宫。

宋陵按照五音姓利的要求，在单个帝陵的兆域内，地形呈南高北低。鹊台即第一道山门，是整个陵区的最高点，不同于历代帝陵拜谒者需仰视才见的习惯，第一道山门向下是层层的台阶，接连第二道山门乳台，再下台阶为第三道山门南神门，直到陵区的最低处，才是皇帝的陵墓。

宋陵建制与历代帝陵不同，后妃采用的是祔葬制，均埋在皇帝陵外，不与皇帝同穴。皇后陵的建制与帝陵相似，只是规模较小，其他嫔妃均埋在帝陵后侧。据史料记载：北宋皇帝下葬遵《周礼》，即从皇帝晏驾的某一天算起，选址、建陵、下葬到封闭皇堂，时间限在7个月内完成。从丧葬期间到陵墓后来的管理，均设有专门的机构，有常设的，也有临时的办事班子。常设的如太常寺，系宋朝中央专设的机构，负责掌管礼乐、宗庙、封赠、陵寝等事务，国葬期间，还有专设机构，如丧葬期组成的"五使"，规格就非常高。

经过千年来的无数劫难后，北宋陵地面建筑已荡然无存，鹊台、乳台及陵台只有遗址尚存，还有散布在田野之上的近千件石雕像。宋真宗赵恒陵寝永定陵至今尚未正式发掘，陵内情形尚不为人知，地面上的建筑已毁无存，不过陵前的石雕像保存完好，在北宋诸陵中是保存最好的一组（图9-2-2、图9-2-3）。宋仁宗赵祯陵寝永昭陵于1998年开始修复，初步再现了永昭陵气势恢宏、庄严肃穆的历史原貌，现为巩义市的宋陵公园。

宋朝建立之初，赵匡胤为避免重蹈唐后期藩镇割据和宦官频繁干政引发的悲剧，将军权归于中央，采取崇文抑武的国策，这一国策影响所及深远，使宋朝成为中国古代历史上经济与文化教育最繁荣的时代，儒学复兴，社会上弥漫尊师重教之风

图9-2-2　宋永定陵齐全的石像生

气,科技发展亦突飞猛进,政治也较开明廉洁。著名史学家陈寅恪言:"华夏民族之文化,历数千载之演进,造极于赵宋之世。"宋朝的经济文化发展与繁荣是规模空前的。农业,手工业,制瓷业,造船业等都十分繁荣。社会的安定和经济的繁荣,给予雕塑发展开辟了广阔的道路,雕塑工匠的才智使得雕塑表现形式和技巧更加成熟、多样。这一时期的雕塑,进一步趋向世俗化,并与世俗生活相结合,在创作手法上走上写实、细腻。北宋皇陵的石雕与其他陵寝相比形象多样,线刻、浮雕及圆雕无不具备,着重表现出了当时的世俗生活风貌,具有形神兼备的高超艺术造诣,集中反映了北宋石刻艺术和大型陵墓石刻的发展脉络,堪称中国历史上最大的露天石刻博物馆。

北宋皇陵的陵前石刻群十分壮观,采用圆雕、浮雕、线刻等多种技法,造型雄浑,表现手法细腻,不少是雕刻艺术珍品。陵区内石刻很多,总数约在千件以上。帝陵神道两旁石刻一般有23对,由南向北为望柱1对、驯象人1对、瑞禽1对、角端1对、仗马1对、控马官4对、虎2对、羊2对、客使3对、武将2对、文臣2对、门狮1对、武士1对。上宫四周其他神门外亦有门狮1对,门内有宫人1对。一些下宫的门外亦有门狮1对。后陵的石刻数量较少。

帝陵石雕群中,排在最前的是望柱,又叫华表。宋陵望柱呈八角形,象征四面八方,其顶部是莲蕊,底部为莲座,中部刻有龙纹,是皇家建筑的特殊标志。接下来是象与驯象人,象在宋代是皇家仪仗队的先导,驯象人一般来自越南,另外象也暗含万象更新的意义。象之后是瑞禽瑞兽,宋陵的瑞禽是宋陵石雕中的杰作,也是空前绝后的珍品,其他帝陵不具有这种题材图(图9-2-4)。再后,是

图9-2-3 宋永定陵前宫人

仗马和控马官（图9-2-5），这也是仪仗队中不可或缺的。

马的后面是象征高贵与尊严的虎、象征乖巧与吉祥的羊（羊也是祭祀品）。羊的后面是客使，共3对6个，是参加皇帝葬礼的邻国及少数民族的代表，他们手捧的宝物各不相同，从其长相和宝物的差别基本可以确定他们来自哪个国家和地区。客使的后面，也就是靠近皇帝陵墓的方向，是武将文官。文官靠近陵墓，武将紧随其后，这反映的是宋代的官制。在朝拜序列上，也是如此。再向后，也就是陵墓宫城门外站立的，是头戴盔甲、手持斧钺、双眉紧锁、不胜其哀的镇陵将军，镇陵将军的后面，为看守陵墓宫城的狮子（图9-2-6）。

宋皇陵前后160年的经营过程中，石刻的形态和装饰随时代发生着变化。永安、永昌、永熙、永定四陵，各类人物造型较粗壮，带有晚唐遗风。永昭、永厚二陵，人物造像由粗壮逐渐变为修长，文臣静雅，武臣也有"儒将"风度。永裕、永泰二陵，瑞兽图案失去了活泼神情，腹部两侧增饰云朵及水波纹，着意渲染其神秘色彩，人物皆作修长体态，文气十足，而威风日稀。永熙、永定、永裕三陵的奔狮是石刻中最成功的作品。它们披鬃卷尾，昂首举步，神态豪迈而庄严，忠诚地守卫着帝、后的安宁。永定、永裕、永泰三陵的石象身披锦绣，背置莲花座，长鼻委地，体态宏伟，生动传神。驯象人长发卷曲及肩，以带束发，额饰宝珠，臂有钏，腕有镯，戴大耳环，其异国装束暗示了象所从来之国度。诸陵番使，面目服装各异，他们手捧宝瓶、珊瑚、莲花盘、犀角、玉函等方物，象征着各少数民族政权要臣服于大宋皇朝之意。宫人双肩消瘦，束发簪珥，女性的特征惟妙惟肖；内侍体态微胖，神情拘谨，手执体现其身份的球仗和拂尘；武士身躯高大，形象勇猛，或挂剑肃立，或手执斧钺；文臣执笏在前，武臣挂剑在后，反映了北宋抑武扬文的官制序列；石虎尊严而高贵，石羊柔顺而淑美；华表（望柱）为方基莲花座，六棱或八棱柱身，柱顶为合瓣莲花。帝陵柱身为缠枝牡丹云龙

图9-2-4　宋永定陵石像生之瑞禽

图9-2-5　宋永定陵石像生之控马官

图9-2-6　宋永定陵的守陵狮

纹，后陵柱身为翔凤纹，线条流畅，结构谨严，是难得的雕刻艺术珍品。

（三）营陵特点

1. 北宋皇陵按照"五音姓利说"、"地形堪舆"和"山水风脉"选址，对陵地的选择及对地形的利用彻底颠覆了我国传统的建筑理念，一是与历代帝陵或居高临下或依山面河不同，宋陵面嵩山而背洛水，陵区诸帝、后陵中轴线的方向皆北偏西若干度，正朝向嵩山少室主峰；二是各陵自然地势呈南高北低，东穹西垂状，主体建筑陵台于地势最低处。

2. 北宋皇陵建制与历代帝陵不同，后妃采用祔葬制，均埋在皇帝陵外，不与皇帝同穴。皇后陵的建制与帝陵相似，只是规模较小，其他嫔妃均埋在帝陵后侧。

3. 北宋皇陵石刻表现手法自由多样，形象刻画写实细腻，艺术形象生动和谐，在符合陵墓石刻庄严肃穆的要求下，开创了新境界，实现了庄严肃穆与生动自如的和谐统一，达到了形神兼备的艺术高度，创造出时代风格鲜明、手法多样亦不同于其他陵墓石刻风格的雕塑艺术，是研究宋代典章制度和石刻艺术的十分珍贵的实物资料。

4. 开创了集中营陵制度的先河。"中国陵墓的发展，北宋皇陵是集中营陵的开始。北宋以前的王朝陵墓都是比较分散的，尽管大的地域还是在一起的，比如唐朝皇陵大体都是在西安，但还是比较分散的，北宋就集中营陵了。后来明清两代也都是集中营陵，明代主要是在北京十三陵，清代有东陵和西陵，而集中营陵是从北宋开始的。"[1]

二、其他帝王陵

（一）颛顼、帝喾二帝陵

二帝陵位于内黄县东南30公里的三杨庄村西，是上古时代"五帝"中颛顼、帝喾两个帝王的陵墓。二帝陵占地面积350余亩，南北长2050米，东西宽1060米。早在4500年前，继黄帝轩辕氏之后，颛顼、帝喾相继而立。

相传，颛顼是五帝中的第二个帝王，自幼才智超人，15岁辅佐帝政，20岁即位，在位78年，享年98岁。帝喾是五帝中的第三个帝王。他15岁辅佐帝政，30岁即位，在位75载，享年105岁。他们都是贤明的帝王，前承炎黄，后启尧舜。制历法，相天时，开启文明曙光；定婚姻，制嫁娶，规矩洪荒子民；革巫教，整秩序，初成国家集权；创九州，定版图，完成华夏一统；历日月，分节令，指导拓植耕耘；明善恶，信而惠，修身诚服天下。因此，颛顼、帝喾亦被称为"华夏始祖"。

二帝陵始建年代难考，唐代以后屡有增建。豪华的二帝陵因清末宣统年间一场风沙南迁而掩埋于沙丘之中。地面仅存石碑两通。经1986年初步调查，陵墓轮廓已基本查清（图9-2-7），廊宇计有大殿5间，前有长廊，殿内有明清石碑41通。殿前两侧各有配房3间。大殿后200余米，为陵墓围墙，东西长165米，南北宽66米，呈长方形，为元代砖砌建造。另有不少汉唐建筑遗物。

（二）汉光武帝陵

汉光武帝陵位于河南省孟津县白鹤镇铁榭村。当地亦称"汉陵"，俗称"刘秀坟"。为东汉开国皇帝世祖光武帝刘秀陵园，始建于公元50年，公元57年光武帝刘秀归葬于此。该陵由神道、陵园和光武祠三部分组成。

光武帝陵南倚邙山，北临黄河，近山傍水，葱葱肃穆，阙门巍峨，神道宽阔，石刻林立。陵园呈

图9-2-7 内黄二帝陵之一

图9-2-8 孟津汉光武帝陵外景

长方形，占地6.6万平方米，墓冢位于陵园正中，为夯土丘状，高17.83米，周长487米。光武祠面积2万平方米，由阙门、碑廊、二十八宿馆、光武殿等组成，构成一鳞次栉比的汉代建筑群落。

光武帝陵为国内公认的陵墓园林（图9-2-8），同其他皇陵相比，独具四绝。一为帝王选陵，特殊一例。历代皇帝选择陵墓葬地，皆是背山面水，以开阔通变之地形，象征其襟怀博达，驾驭万物之志。唯光武帝陵枕河蹬山，一反常规。二为一园千柏，国内仅有。陵内现存隋唐古柏1458株，千年古柏，聚植一园，拔地通天，蓊然肃穆。三为柏体杏质，乔木佳品。汉陵古柏为国内仅有乔木树种，木色金黄，质坚性柔，柏体杏香，故称杏柏。四为汉陵晓烟，奇妙景观。阳春三月，清明前后，逢天朗气清、晨曦初现之时，从古柏的枝隙间冒出缕缕紫烟，滚滚漂动，状若轻烟，飘似浮云，置身园中，如登凌霄，似游仙界。

光武帝陵除四绝外，另有三大景观。一为奇特的鸟鸣柏，二为两情依依苦恋柏，三为园中千柏轮廓形成的宏伟逼真的"汉皇仰卧"。陵内古柏因年代久远，还形成了巨龙盘柏、惊鹿探头、仙鹤浮云等情态各异、妙趣横生的奇妙景观，千百年来为观者称奇而乐道。陵园内的"光武帝刘秀生平事迹展"、"邙山出土石刻展"等展览，充分体现了汉代历史文化的厚重，对研究陵寝文化有着较高的历史科学价值。

汉光武帝陵为第一批省级重点文物保护单位，2001年被国务院公布为第五批全国重点文物保护单位。

三、北魏景陵

北魏宣武帝景陵，位于河南洛阳市邙山乡冢头村东的古墓博物馆内。景陵墓冢雄伟壮观，由于此冢的存在，此处的村庄便命名为"宣武村"，后改为"冢头村"，如今已成为洛阳古代艺术（古墓）

图9-2-9　洛阳北魏景陵外景

图9-2-10　景陵墓室

博物馆的主要组成部分之一。

北魏世宗宣武帝景陵是一座雄伟壮观的大冢（图9-2-9），是新中国成立以来经国家批准科学发掘的第二座皇帝陵，也是我国目前挖掘开放时代最早的帝王陵。宣武帝为北魏第八代皇帝，名元恪，孝文帝第二子，公元499～515年在帝位，继承了其父的一系列改革政策，公元515年死于洛阳，葬景陵。陵封土呈圆形，直径110米，现高24米。地宫置于封丘之下，坐北面南，由墓道、前甬道、后甬道和墓室的部分构成，全长56米余。墓室平面近方形，棺床置于墓室西部（图9-2-10），由15块方形大青石板拼成，整体为长方形。北魏宣武帝景陵在宋金时代和民国年间曾遭盗掘，现已复原出青瓷盘口龙柄壶、陶砚、石帐座、残石灯等十余件文物。由此证明，地宫内陈设已超越了北魏陵制规定的不设明器、不置素帐和瓷瓦之物的限制，对研究北魏时期的葬俗、陵寝制度等有重要的参考价值。墓道前20米处建有总面积200平方米的宣武帝祭堂，堂内四壁镶嵌8幅描绘元恪生平的工笔画；展柜中陈列40余件景陵和北魏出土文物及复制品。北魏世宗宣武帝景陵气势壮观，结构完整，风格朴实，色调雅素，具有较高的历史、考古、文物、建筑、科研和观赏价值。现与古墓博物馆合为一处。

四、安阳袁林

袁林，又称袁世凯墓、袁公林，为中国清末民国初年重要的军事、政治人物，中华民国第一任总统袁世凯及其夫人于氏的中西合璧风格的大型墓葬。位于今安阳市北关区胜利路洹水北岸之太平庄，南临洹水，北望韩陵，东接御道，西依京广。目前建筑格局基本保存完好。全国重点文物保护单位。

袁世凯（1859～1916年），字慰庭，号容庵，是中国近代史上赫赫有名的北洋军阀鼻祖、中华民国大总统，风云一时，叱咤中国政坛。袁氏1901年升任直隶总督兼北洋大臣。1907年入主军机处，兼任外务部尚书。1908年宣统帝继位，受清皇室排挤，袁世凯被迫下野，隐居彰德府（今安阳市）洹上村别墅——"养寿园"。袁世凯择居洹上，尽管他每天草笠木屐，从舟垂钓，自称洹上渔翁、容庵老人，好像谢绝尘世，但却无时无刻不流露出他重登政治舞台的愿望。洹上村筑有铁路专线，时与朝野要人来往，并设有电报房。1911年10月辛亥革命爆发，使他终于得到东山再起的时机。他先迫使清廷起用他出任内阁总理大臣，独揽了军政大权，后为中华民国大总统。1915年底复辟帝制，自称"洪宪皇帝"。这在当时不难理解。1916年3月，宣布恢复中华民国。同年6月因患疾离世。北京政府依照袁"扶柩回籍,葬我洹上"的遗愿,委派河南巡按使田文烈赴安阳"慎选堪舆,勘定吉壤","绘具详图","招商筑墓。"经过两年多的时间,耗资70余万银元,在洹水河畔建起了这座占地近140亩的浩大茔宅,葬袁于此,人称"袁林"。

袁林的设计者是德国工程师,它的建筑"仿明陵而略小"。主体建筑自南而北依次为照壁、糙石桥、清白石桥、牌楼门、望柱、石像生、碑亭、东西值房、堂院大门、大丹陛、东西配殿、景仁堂、墓台。袁林建筑的总体设计,有其独特之处,在我国陵墓建筑史上有着特殊地位。它的特点是"中西合璧",反映了半殖民地半封建时代的特色。堂院以前的部分是中国明清陵寝的风格,后边大墓部分是西洋陵寝的建筑风格。

袁林以神道为中轴线,南北绵延两公里。硕大的照壁是整个袁林的最南端,照壁内侧满饰砖雕图案,技艺精湛、庄重典雅,是全国现存照壁中规模最大、纹饰最精美的一座。

绕过照壁,沿神道北上,跨糙石桥、青白石桥,即袁林的另一座大型建筑——牌楼(图9-2-11)。这座牌楼与传统木、石结构不同,袁林的牌楼是用钢筋混凝土筑就,这在中国陵墓建筑史上极为少见。当年,为了修建这座陵墓,北洋政府专门从日本进口了大量水泥,粉饰太平。如今,这六柱五楼冲天式的高大牌楼,雄居神道中央。而在它的每个柱子顶端都盘踞着一个阔口仰面的神兽——望天吼,为这座建筑平添了几分威严。

牌楼两旁,汉白玉质的望柱、石像生遥遥相对。望柱,是袁林陵地的标志,高一丈五尺,耸立于基座之上。柱身六面,满饰花纹。上面的花纹称为"章",因为总共有12种,所以称作"十二章纹"。十二章纹是中国传统的帝王专用纹样,它以黼黻为中心,四周围绕着日、月、星、龙等不同的图案,经过石匠的巧手雕琢,共同组成了一件难得的浮雕佳作。

神道两旁的文武翁仲最能体现袁林时代特色。它们真人般大小而略胖,完全是袁世凯执政时期的装束。文官头顶平天冠,身着祭天大礼服,袖手肃立,神态恭谨(图9-2-12);武官身着北洋军服,腰扎皮带,手握军刀,神态威武(图9-2-13),共同守卫着袁林。这一文一武,时代特征鲜明,既反映出当时人们的审美观念,又充分体现了袁世凯时期的礼仪风貌。

图9-2-11 安阳袁林之巨型牌楼

图9-2-12 安阳袁林石像生之文臣

碑亭，是袁林中比较重要的建筑之一。在这个高达5.5米的墓碑上，雕刻出了数条蟠龙，翱翔云中，显现出墓主人身份的非比寻常。墓碑正面则镌刻"大总统袁公世凯之墓"九个苍劲挺拔的端楷大字，这出自于袁世凯好友徐世昌的手笔（图9-2-14）。

　　转过碑亭，便来到堂院前。堂院是袁林最重要的、举行祭祀活动的场所。堂院大门，为单檐歇山顶建筑，上覆绿琉璃瓦，面阔三间（图9-2-15）。在堂院大门的每一扇门板上，都有横七排、竖七排的铜门钉，它不仅起到装饰门面的作用，更重要的体现出一种森严的等级，表明它的主人虽然比故宫里的皇帝低一个等级，却是一人之下、万人之上的显贵人物。

　　过了大门，便进入堂院。堂院是一组四合院式的建筑，由景仁堂和东、西配殿组成。景仁堂居中，是当年祭祀袁世凯的地方。室内设有供桌、灵位以及袁世凯生前的衣冠剑带。而东西配殿则作为其他高级官员休息的地方，陈设相对简单。在院内神道的中央，原来还陈列着一座风磨铜鼎炉，可惜新中国成立前不幸遗失，只留下了一个汉白玉的基座。

　　穿过堂院，即达袁世凯的墓（图9-2-16）。罗马式的大柱子、浑铁铸就的大铁门、青石砌成的墓庐，与前面的建筑形成了鲜明的对比。墓台前的大铁门呈"山"字形，以浑铁铸成，镶嵌在西洋柱廊式的白石双柱之间。铁门的上端各有一个八角徽章，徽章的中心仍是十二章纹，反复强调着墓主人的独特身份。墓庐作圆形，由3层台阶隆起，周围

图9-2-13　安阳袁林石像生之武将

图9-2-14　安阳袁林墓碑

图9-2-15　袁林堂院大门

图9-2-16 袁世凯墓冢外景

雕有12尊石狮,更加显示出了一种威严之势。

袁墓设左、右两个墓室。左墓室安葬袁世凯,而右墓室则留给了他的原配夫人于氏。为起到保护的目的,在砖砌的墓室外又加上了一层一米多厚的钢筋水泥作为外框,所以非常坚固。据说,当年整个墓区由藜寨围护,寨外辟渠注水,环绕四周。寨内松柏梅槐浓荫蔽日,在平旷的洹上一带,的确是一处景致福地。

第三节 诸侯王陵

河南的诸侯王陵远多于帝陵,因历史久远、地貌改变、人为损坏等多种原因,多数已难觅踪迹,部分难以确定墓主身份。现发掘并保存较好者有:虢国墓葬群、郑王陵墓葬、汉梁孝王墓、明代潞简王陵和明朱载堉墓等。

一、虢国墓

虢国墓群位于河南省三门峡市北部的上村岭,总面积约3245万平方米。从1956年发现至今,先后经4次文物钻探和两次大规模考古发掘,探明各类遗迹800余处,发掘清理墓葬和陪葬坑300余座,出土文物近3万件。这是迄今为止我国发现的为数不多的一处规模宏大、等级齐全、保存完好的西周晚期至春秋早期虢国国君及贵族墓地,1996年第四批全国重点文物保护单位。

(一)理环境与历史背景

三门峡市处于河南省西部,坐落在黄河南岸阶地上,三面临水,形似半岛,素有"四面环山三面水,半城烟村半城田"之称。大部分地区属暖温带大陆性季风气候。由于地貌特征复杂,形成了具有暖温带、温带和寒温带的多元气候。

三门峡市历史悠久，是中华民族发祥地之一。早在远古时代，中华民族的祖先就在这里生息繁衍，创造了灿烂的原始文化。距今6000年前，就出现了较大的氏族部落。约在公元前21世纪～公元前13世纪，这里是夏商王朝统治的中心区域。相传，大禹治水时，凿龙门，开砥柱，在黄河中游这一段形成了"人门"、"鬼门"、"神门"三道峡谷，三门峡即由此得名。三门峡市历史文化积淀深厚，地处黄河流域中游、连接中原与西北的独特地理位置，使得华夏各种文化在这里交会、融合、升华，孕育出具有鲜明地域特色的崤函文化、仰韶文化、黄帝铸鼎原文化、虢国文化和由老子《道德经》衍化而来的道家思想文化，达摩创立的禅宗文化及古代崤函战争文化等诸多历史文化分支，是崤函文化的典型代表区域。

虢国是西周初年的重要姬姓诸侯国，是周文王的两个弟弟虢仲和虢叔的封国。周初封文王之弟虢仲、虢叔于东、西二虢。东虢在今河南荥阳，春秋初年为郑国所灭；西虢在今陕西宝鸡，西周晚期受平王东迁的影响迁至今三门峡市，国都上阳位于今李家窑村。公元前655年被晋国所灭。史载，虢国历史在公元前9世纪～公元前7世纪，延续了300年的时间。这一时期，虢国国君世代为周天子的卿士，他们曾替周天子东征西讨，南征北战，立下了赫赫战功，在屏藩周室中占有举足轻重的地位。

(二) 现状

20世纪50年代，为配合三门峡水利枢纽工程建设，中国科学院和文化部联合组成了"黄河水库考古工作队"，由我国著名的考古学家夏鼐和安志敏先生带队，对三门峡库区上村岭北部进行了大规模的考古调查和发掘，从此，拉开了虢国墓地发掘和研究的序幕。经过两年的发掘，共清理墓葬230多座、车马坑3座（图9-3-1）、马坑1座，出土文物近万件。考古工作者认为这个墓地属于同一个诸侯国，其埋葬时间是西周晚期到春秋早期，整个墓地排列有序，礼制严格，属公墓。根据出土青铜器上的铭文，结合对周围文物遗迹的调查发掘情况，考古工作者断定这就是千古难觅的虢国墓地。此次发现被列入我国20世纪50年代田野考古的重大发现而载入史册。为进一步搞清虢国墓地的整体布局和地下遗迹埋葬情况，从1990年初开始，河南省文物考古研究所再次对上村岭北部进行较大规模的考古调查和发掘，找到了虢国墓地的国君中心区域，此区内埋葬着西虢东迁的历代国君和众多的高级贵族，以及他们的陪葬车马坑、祭礼坑等。其中M2001虢季、M2009虢仲两座国君墓的发现引人注目。墓中陪葬了大量青铜器、玉器等，其中包括一大批稀世珍宝。至1999年共发现各类墓葬、车马坑和祭祀坑300座以上，发掘清理墓葬18座及车马坑4座、马坑2座。

西周春秋时期社会的基本单位是家族。家族成员共同劳动，共同消费，聚族而居。这种以血缘关系为纽带的聚族而居情况反映在墓葬方面，形成了聚族而葬的族墓制度。族墓分为公墓和邦墓两种。公墓是国君与显赫贵族实行族葬的公共墓地，归冢人掌管，事先有一定的规划，确定墓地的范围，按照宗法等级关系排定墓位。邦墓则是"国民族葬"，由墓大夫掌管。时隔30多年的两次发掘，使我们对虢国墓地的全貌和性质有了较完整的认识和了解，丰富了人们对周代宗法和墓葬制度的认识。

虢国墓地共清理墓葬252座，全部是没有墓道的长方形竖穴土坑墓，但墓的规模不一。《仪礼·士丧礼》规定："天子之棺四重，诸侯再重，大夫一

图9-3-1　虢国墓葬一号车马坑

重，士不重。"《庄子·杂篇》也说："天子棺椁七重，诸侯五重，大夫三重，士再重。"二者说法略有不同，但当时因社会等级地位不同，死后使用棺椁的数量也有差别这点则是一致的。这种以棺椁数量表明等级地位的作法在虢国墓地表现较清晰。虢国墓地较大型的墓占1/10，墓长4米、宽2.5米、深8米以上。最大的长5.8米、宽4.25米。M2001虢君墓长5.4米、宽3.7米、深11.5米。M2009虢君墓略大，长5.6米、宽4.4米、深约20米。中型墓一般长3米、宽2米、深6～7米。墓穴的大小直接受墓葬棺椁数量的影响，M2001、M2009国君墓则都是重棺单椁。

M2009虢仲墓是虢国墓地已发掘墓葬中形制最大的一座，出土的青铜器仅礼乐器就达120多件，其中用以标志墓主人身份的鼎达29件之多。有44件的铭文均言明为墓主人虢仲的自作用器。出土的两套编钟，一套为八件甬钟，一套为八件纽钟，铭文最长的60多字，从其内容可知此套纽钟为虢仲自作器。且自铭为"宝铃钟"。从铭文可知，墓主人虢仲生前曾辅佐周天子治理天下，管理臣民，并"受天子禄"。两套编钟是目前我国考古发掘出土的年代最早的。虢仲墓出土的玉器，数量之多，品种之全，工艺之精，玉质之好，也是罕见的。

虢仲墓还出土有4件铁刃铜器，兵器两件：一为铜内铁援戈，一为铜铁叶矛；工具两件，分别为铜銎铁锛和铜柄铁削。在西周晚期墓葬中同时出土数件铁刃铜器实属罕见。经北京科技大学冶金研究室鉴定，一件为人工冶铁，三件为陨铁制品。在西周晚期墓葬中，人工冶铁制品与陨铁制品共出，对于中国考古学和冶金史是非常重要和难得的实物证据。这表明，中国古代工匠选用陨铁做器具至迟从公元前14世纪开始，公元前9～公元前8世纪在虢国仍在使用，延续500年以上。与之前M2001号墓出土的玉柄铜芯铁剑（图9-3-2）合并来看，说明此时期并未单纯依赖人工冶铁作为制作兵器的唯一来源。在世界其他文明古国，如美索不达米亚、埃及、阿纳托利亚等也有同类发现，陨铁与人工冶铁同时使用

图9-3-2 虢国墓出土的玉柄铜芯铁剑

数百年以上是世界各地区文明古国的共性，中国为世界文明古国之一，理应如此，只是以前尚缺实证。这4件铁刃铜器的出土，为我们提供了极有说服力的实物证据。虢仲墓还出土有陶、木、竹、蚌、麻、象牙等器物，特别是出土的一套完整的麻织品衣物，也是我国同时期考古中仅见的。

始建于1984年的虢国博物馆是建立在虢国墓地遗址上的一座专题性博物馆。

二、郑国墓

郑王陵遗址位于郑韩故城东城西南部郑国贵族墓地北侧。整个郑国贵族墓地面积约50万平方米。新郑市文物管理局对整个墓地进行了钻探普查，发现墓葬分布极为密集，墓葬总数在3000座以上，大中型车马坑18座，其中6米以上的大型墓近180座，长宽均超过20米的特大型墓4座（图9-3-3、图9-3-4）。郑国22位国君中的21位安葬于此。新郑市政府已经在此建设了"郑王陵博物馆"，使这些已经发掘的古墓葬得到更好的保护。

博物馆一期工程主要内容为已发掘的一号车马坑展示厅、三号坑车马坑展示厅、郑公中字形大墓、郑国大夫墓、部分大中型墓葬以及马坑地上展示区。其中，1号车马坑于2001年4月发掘，内葬多种豪华实用车辆20辆和许多马骨；郑公墓和郑国大夫墓仍在发掘之中。其墓葬数量在全国已发现的春秋墓地中为最多，密集程度在全国同期墓地中极其

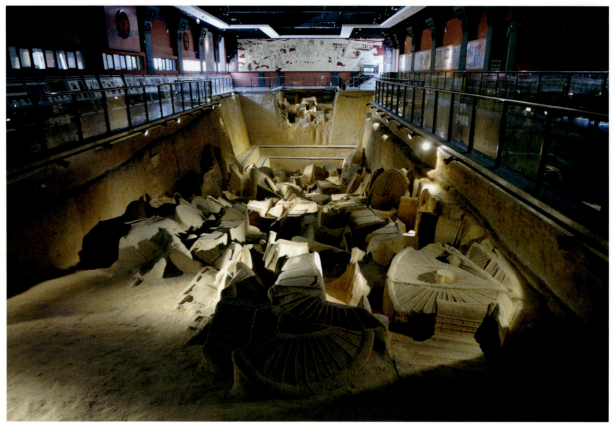

图9-3-3　新郑郑国国君墓

罕见，可用无卧牛之地来形容。

第一展厅为中字形大墓发掘现场，中字形大墓2002年8月开始发掘，是现今发掘出的第一座春秋时期带墓道大墓。南墓道总长20.85米，北墓道长10米，葬具形式巨大，为三椁一棺或重棺。在全国已发掘的春秋诸侯墓中，三层椁极为少见。《庄子·天下》及《荀子·礼论》均云："天子棺椁七重，诸侯五重，大夫三重，士两重。"此墓三椁二棺，正与记载相符，从而印证了这是一座郑国国君墓。这座墓的南北墓道中均有大量的实用葬车。而且车辆形制多样，装饰各异，均为拆车葬。现今在南墓道内已发现多种车40辆，在北墓道发现5辆。这些车绝大多数都有棕红色的漆。综观中字大墓，不计陪葬坑3号车马坑中的葬车，墓道中车辆总数45辆，车辆之多在我国目前已发掘墓葬中为最多，是难得一见的春秋车辆奇观。难能可贵的是在这些车辆中发现了象牙龙饰车、青铜饰车、骨雕车、象牙饰车、楼车、漆绘花纹车等珍贵车辆，多属全国首次发现，完全与《周礼·春官·巾车》中所记载"王之五路"相对应。这些车辆是目前发掘中所发现的最高级别、最为考究的郑国车辆（图9-3-5）。

郑国国君为伯爵，按周代礼制，其国君埋葬不能用墓道，但这座墓葬既有宽大的南北墓道，墓道葬车中又有宽大的车辆，与郑国诸侯国的地位不相对应，反映的是这位国君已经"僭越"不服周礼的客观现象。如果把它的陪葬坑3号与2号车马坑内的葬车数量加在一起，其车辆总数可能超过百辆，这对于当时号称"千乘之国"的郑国来说，无疑是太奢侈了。但从另一侧面说明了此国君在位时可能也是郑国比较强盛时期。在此墓东侧约7米的地方已发现1座总长25米的甲字形大墓，是发现的郑国墓中第二座带墓道大墓，可能是此国君夫人墓。

另外，考古发现这里是韩国的铸铁遗址，韩灭

图9-3-4 新郑郑国国君墓墓穴

图9-3-5 郑国墓车马坑

郑后在都城内兴建大型官营作坊,在此大挖大烧郑主墓破其风水的历史场景,刻意体现了改朝换代后韩人惧怕郑人复国的心态。特别是规格多样的车马坑群的发现,在春秋墓地中尚无先例。如果将车马坑大面积地发掘,其盛况将是继秦始皇兵马俑以来又一处现场展示我国古代光辉文明的盛大舞台。

三、梁孝王陵

梁孝王陵位于河南永城芒砀山(图9-3-6),是我国罕见的大型石室陵墓群,于1996年11月被国务院公布为国家级重点文物保护单位。

(一)地理环境与历史背景

永城位于豫、鲁、苏、皖四省结合部,背靠华北,左邻华东,接近沿海,素有"豫东门门户"之称。全境近似椭圆,地势由西北向东南微倾,平均海拔31.9米,除西北有方圆16平方公里的芒砀山群外,大部分为平原地区,属暖温带季风性半湿润气候区。

梁孝王为西汉汉文帝的嫡二子刘武,汉景帝的同母兄弟,其母乃窦太后。孝文二年(公元前178年)与三弟刘参、四弟刘揖同日被汉文帝分别封代王、太原王和梁王。17年后正式就国,定都睢阳(今河南商丘)。七国之乱期间,曾率兵与太尉周亚夫在睢阳附近抵御吴楚联军近三个月,有效地保卫了国都长安,功劳极大。孝景中六年(公元前144年)十月病逝,谥号孝王,葬于永城芒砀山(图9-3-7)。

(二)现状

西汉梁王陵墓群现已发现大小汉墓18座,其中梁孝王刘武及王后墓的规模最为宏大,梁孝王墓位

图9-3-6 芒砀山梁孝王陵登山道

图9-3-7 芒砀山梁孝王陵外景

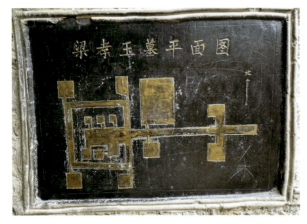

图9-3-8 芒砀山梁孝王陵平面示意图

图9-3-9 芒砀山梁孝王陵入口

于芒砀山南脉保安山东侧山腰，距山顶约15米。其墓斩山为椁，穿石而藏，墓门向东（图9-3-8）。

一般的王陵都是劈山后用巨石修砌，但梁孝王墓不是这样。梁孝王墓"斩山作廓，穿石为藏"，工程之浩大、结构之独特、布局之对称，都是罕见的。而今在历史的长河中经过两千年的沉淀、盗墓、时间的洗礼后，梁王墓已难见昔日的辉煌，徒留空荡荡的墓室与伤痕累累的芒砀山展现在世人的眼前。

梁孝王墓史书多有记载，也有曹操"引兵入砀，伐梁孝王冢，破棺收金宝数万斤"，致使"金尽梁王石室空"的记载。

该墓从墓道口（图9-3-9）至西回廊西壁全长96.45米，南北最宽处（回廊北耳室梁孝王墓北壁至回廊南耳室南壁）32.4米，最高处3米，总面积约612平方米，总容积约1367立方米。全墓由墓道、甬道、主室、回廊及10余间侧室、耳室、角室和排水系统组成（图9-3-8）。墓道呈东西向，由斜坡墓道和平底墓道两部分组成。斜坡墓道全长32.2米，上口宽2.59米，底宽2.78米，平底墓道的西端深入山体部分是封闭式墓道，两侧石墙之上用底端为燕尾槽的石板扣合成两面坡式，两坡的顶端用上宽下窄的梯形石板扣压。这种扣合方法减轻了顶部压力，极其坚固，至今保存完好。墓道近墓门处南北各开凿一个耳室，南耳室东西最长处5.1米，南北最宽处4.9米，内高2.4米。北耳室东西长5.3米，南北最宽处4.46米，内高2.22米，这应是车马室。通道由门道、斜坡甬道、平底甬道三部分组成。在斜坡甬道的西端南北两侧各开凿一个耳室。北耳室南北最长处12.88米，东西最宽处9.9米，高2~2.18米，总容积约233立方米。南耳室东西4.56米，南北宽处4.6米，内高2.1米，为藏兵器的地方。甬道西端连接主室。主室是整座墓葬的核心，平面呈长方形，东西长9.65米，南北宽4.7米，高3米，室四壁垂直，表面光平。主室底部为东西长5.45米，南北宽3.65米，深0.4米的凹坑，坑底平坦，四壁垂直，四角规整，凹坑的东壁是一条通向回廊的下水道。

正室的南北两侧各开三个耳室（图9-3-10）。北侧的三个耳室整齐规整，皆为正方形，每边长2.3米，为储藏室和庖厨室。南侧的东侧室为棺床室，东、南、西三面为石壁。北面是和主室相通的空间，室底高出主室底部0.4米，南部底端有一通向水井室的不规则孔洞。南面西侧耳室和棺床室有门相通，连成套间，内呈正方形，南北长3.18米，四壁垂直，底平坦，室底中央为一向下开凿的石坑，为浴室。最西边的耳室和主室相通，呈南北长方形。主室外围建有回廊，围绕主室和主室外侧室一周，平面略呈正方形，东回廊中部与主室相通。回廊的四角皆有耳室，平面呈方形，每边长4.7米，是放置陪葬品的地方。回廊的东、西、南三面还有宽0.4米，深0.3米的排水沟，将各室的积水排入南回廊的

图9-3-10 芒砀山梁孝王陵正室

水井,利用水井内的自然岩缝,将水排出山体。

位于芒砀山麓保安山北峰的梁孝王李王后墓,与南峰梁孝王墓并列,相距200米,墓门向东,凿石穿山而成(图9-3-11、图9-3-12)。整个墓室基本上把后山的内部凿空,并仿照当时地面皇宫的布局建造,是迄今国内发现的最大石室陵墓。

梁孝王李王后墓有东西两个墓道。东墓道位于山峰的东坡(图9-3-11),是在岩石上露天开凿的,总长37.7米。东墓道的西端连接前庭,前庭北壁有两个侧室。因为在侧室门口发现刻有"东车"、"西车"字样,室内又出土有马骨和铜马衔,所以估计这两个侧室应是车马室。东墓道西端有门和甬道相连。甬道南北两侧各凿有两个侧室,是放置陪葬品的地方。墓的前室西部有一斜坡甬道与回廊和棺床室相连通。棺床室是李王后墓的主体建筑部分(图9-3-12、图9-3-13),周围有回廊环绕。后室西半部凿有一长方形凹槽,后室北壁凿有棺床室、侧室和过道。过道西壁有两个小侧室,南侧室为浴室,北侧室为厕所。厕所内有便池及扶手等,当为我国坐便器的最原始形态(图9-3-14)。

在南回廊的东段南侧有一仿楼阁式侧室,被称为储冰室(图9-3-15)。该墓室内平面面积达1.6万平方米,容积约为6500立方米,规模宏伟,形制

图9-3-11 李王后陵墓道入口

图9-3-12 李王后陵墓空间示意图

图9-3-13 李王后陵墓棺床室

图9-3-14 李王后墓中之厕所

图9-3-15 李王后陵墓中冷藏室

复杂。

在墓门外封石底部还发现一钱窖，钱窖内藏有大批西汉早期流行的"半两"铜钱。经清点，这些铜钱共225万枚，重约3吨。铜钱在埋藏时分层成串排列，每串在1000枚左右，穿钱的麻绳已经炭化。在墓道中段封土下面，出土了骑兵俑40件、车20乘和许多马的饰件。车马饰件多为铜质镏金。车通体彩绘有云气纹等，高贵豪华，显示出王室的尊严与富裕。骑兵俑携弓佩剑，两腿作骑马状分开。可能马为木质，已化作灰土。随俑出土的拓翼箭镞虽历经两千余年，却无丝毫锈斑，锋利如新。在车队后面，还出土有3件仕女俑。仕女俑身材修长，面容俊俏，是典型的汉族美女形象。

西汉梁王陵墓群中还出土有：僖山汉墓的金缕玉衣，历经2000余年仍风韵犹存；镏金车马器、骑兵桶、精美玉器等众多文物，实属稀世珍品，艺术瑰宝。还有目前发现年代最早的画像石，西汉早期画像石以阴线刻制而成，画像内容主要包括常青树、凤鸟（或称朱雀），悬璧、绶带、亭形建筑等，边缘饰菱形回字纹、短斜直线组成的三角形纹等装饰性图案，造型独特。具有较高的历史、艺术、科研价值。

（三）价值

1. 梁孝王墓工程浩大，气势恢宏，结构规整，布局合理，建筑艺术高超在火药尚未发明的西汉时期，用人工开凿如此浩大的工程，其难度可想而知，说明西汉时期梁国的冶铁技术已相当发达。

2. 汉代儒学思想深入人心，视死如视生，当时的贵族统治阶级为孝悌祖先，而不惜花费大量的财力和物力模仿宅第构筑墓室，为研究汉代的政治、经济、文化提供了珍贵的实物资料。

四、潞简王陵

潞简王陵为占地面积最大的一座明代藩王陵墓。墓主潞简王朱翊镠，是明太祖朱元璋九世孙、明穆宗朱载垕第四子、明神宗朱翊钧（万历皇帝）唯一同母胞弟。其陵墓建成于万历四十三年（1615年），陵墓形制完全仿照万历皇帝在北京的定陵，被誉为"中原定陵"。全国重点文物保护单位。

（一）地理环境与历史沿革

潞简王墓坐落在河南省新乡市北郊13公里处的凤凰山（系太行山余脉）南麓，依山据岭，四周泉壑幽深，地处黄河、海河两大流域，属暖温带大陆性气候，四季分明，冬寒夏热、秋凉春早，土地肥沃，光热充沛。

潞王朱翊镠（1568～1614年），四岁而封。根据明代惯例："凡始封亲王，婚礼即成，即议府第，府第即成，即议之国。"万历十一年（1583年）二月，潞王结婚，时年15岁。万历十二年五月，明神宗开始为潞王选择府第，一种认为建在湖广的衡州府，一种认为建在河南的卫辉府（今卫辉市）。明神宗同意建在衡州，但潞王不同意，他以"臣愿就近，庶几咫尺天颜"为借口，加上慈圣李太后庇护，使得明神宗只得钦定将潞王府第建于卫辉府。

潞简王陵由潞王陵和次妃赵氏墓组成，东为潞简王墓，西为次妃赵氏墓，俗称潞王坟和娘娘坟。

两墓坐北朝南，总占地面积约10万平方米。从该墓群竣工至明朝灭亡，均有守坟户看守，这一时期潞王陵未遭受破坏。明朝灭亡之后，清朝在顺治三年（1646年）下令保护河北郑、潞、赵三王府。4年后，于顺治七年（1650年）和顺治十年两次将三王府建筑群拆毁，主要建筑材料运往北京，一些零散房屋均被变价估卖。

清廷户部批示河南地方政府将潞王陵建筑群估值变卖，但因墓区建筑俱系绿瓦石壁、雕龙镌凤，为民间禁物，故无人敢于承买。清顺治十三年后，五台山僧人真息见该墓区建筑群宏阔、雄伟、规整，以银四百八十两，将藩、妃两墓宫殿房屋并四角石牌坊内地亩统予购买。将潞简王陵改为佛殿，次妃赵氏陵改为教堂。中门塑真武神，门楼易关帝圣君，取名万圣庵。上述事件，在《万圣庵记》碑文均有较详记载。由此推见，清代前期，潞王陵区建筑赖真息和尚之改万圣庵得到了经常修缮和保护。据《新乡县续志》记载，清同治六年（1867年）十二月，捻军首领张宗禹率众十余万渡河而东，所过裹胁焚掠殊甚，潞简王陵东墓区建筑群可能此时所焚。之后，由于清政府已摇摇欲坠，兵火连绵，社会动乱，当地群众为避兵匪之灾，相继搬进了有高大城垣相围的墓园内居住。西墓区于清代后期亦有百姓入内居住。民国年间，新乡地方政府在西墓区建立了"师范学校"，供新乡附近各县富家子弟学习。1948年新乡解放前夕，一些顽匪盘踞西墓区内，凭借高大城垣负隅顽抗，墓区因此悉数被焚。新中国成立后，潞简王墓内的居民组成了两

图9-3-16 潞王陵"潞藩佳城"石牌坊及石像生

个生产队。这些居民直到20世纪70年代后期才陆续从陵区搬出。1953年,河南省劳改局(豫北监狱)于西墓区建水泥厂,后被豫北监狱占用。2003年底,整个赵次妃陵区才移交给新乡潞王陵博物馆管理。2005年12月,河南省劳改局豫北监狱搬迁,潞简王陵管理处收回次妃赵氏陵区。潞简王陵于1996年被国务院批准为全国重点文物保护单位。

(二)现状

1. 潞简王陵

潞简王陵南北长320米,东西宽147米,加之石像生部分,共占地6万余平方米。分神道和陵寝两部分。

神道自南向北依次为"潞藩佳城"石坊一座(图9-3-16),华表一对,狮、麒麟等瑞兽14对和翁仲2对。石筑水塘和御河桥、城门楼(图9-3-17)。佳城外墙南北长324米,东西宽147米,城墙高达6米,全部用青条石砌筑,整个城垣坚固而规整。城内从南到北由三个院落构成,即自"维岳降灵"石坊(图9-3-18)至棱恩门为第一院落,自棱恩门北至享殿基台(图9-3-19)构成第二院落,自

图9-3-17 潞王陵城门楼

图9-3-18 潞王陵佳城内"维岳降灵"石牌坊

享殿基台后面的石坊,明楼至坟园的最后部分"宝城"为第三院落。在三层院落之间,东西横向有内城墙二道相隔。圆立式"宝城"在第三个院落的墓碑和五供(图9-3-20)的后面。"宝城"通高9.35米,周长70米,内有石阶可登临宝顶。"宝城"下为地宫(图9-3-21、图9-3-22),即安放潞简王朱翊鏐棺椁的地方,距地面下沉3.8米。地宫总面积达185平方米,由前、中、后、左、右五个室组成,潞王灵柩安放于后室。

2. 次妃赵氏陵

次妃赵氏陵建成于明万历二十九至三十年间,陵地南北长285米,东西宽136米,占地3万余平方米,位于潞简王陵西140米处,俗称"娘娘坟"。建

图9-3-19 潞王陵享殿遗址

图9-3-20 潞王陵陵前石雕五供

图9-3-21 潞王陵地宫入口

图9-3-22 潞王陵地宫

筑布局与潞王陵大体相同，只是没有神道部分。院内亦分前中后三部分。城门前有一高大照壁，城门外两侧置石狮一对。城门设三个券门（图9-3-23），城内自南向北依次为石坊、棱恩门、享殿、石坊、明楼、墓冢（图9-3-24）。两座石牌坊雕刻精美绝伦，后院明楼保存较完好，主墓地下宫殿距地表15米，面积达240余平方米，大于东区墓冢（图9-3-25，图9-3-26），形制则与其相同。王妃陵主墓两旁另有两座陪葬墓，俗称丫鬟坟。

3. 太子墓、公主墓及万圣庵和尚塔

在潞简王墓东南200米处，存在一座明代石室墓。此墓仿潞简王墓地宫形制，该墓坐北朝南，南北长约24米（含墓道），墓室宽约5米。墓由斜坡墓道、过厅、东西耳室和后室4部分组成，整个墓室均为青石结构，面积约为70平方米。该墓室封门的青石结构和墓门石刻铺首纹饰与潞简王墓地宫一样，当地老百姓称此墓为"太子坟"。次妃赵氏墓西北约100米处，现存一残破石门和墓冢一座，荒置田野。墓冢直径约5米，高3米，当地老百姓称此墓为"公主坟"。万圣庵和尚塔位于潞简王墓正南处，有三座清康熙至乾隆年间建造的单层石塔，保存完好。

4. 价值

明代有50名亲王封国建藩，王府遍及河南、山东、山西、陕西、湖广、甘肃、四川各地。其陵墓也遍及各王府所在地，数量众多。但经过明末及清代战争的破坏，唯潞简王墓是迄今保留下来的一座较为完整的明代藩王陵墓。

（1）陵墓布局

潞简王墓的营建遵循传统的风水理念，潞简王朱翊镠虽不是皇帝，但他及次妃赵氏的陵墓占地面积宽阔，所选陵址北依凤凰山，南对黑龙潭，左揽金灯寺，右托峙儿山，陵墓坐北朝南，依山坐岭，丘陵夹峙，居高临下，气势磅礴，雄伟壮观，是中国传统堪舆形势理论选址的实物例证。

潞简王陵主要建筑布局以中轴线贯彻南北，如石牌坊、陵门、棱恩门、棱恩殿、明楼、宝城等，其余建筑于中轴线两侧排列，这不仅突出了主体建筑的庄严郑重，同时也继承了唐宋时期陵区建筑中

图9-3-23　潞王妃陵大门

图9-3-24 潞王妃陵五供、明楼、墓冢

图9-3-25 潞王妃陵地宫

图9-3-26 潞王妃陵地宫正室

轴线对称布局的特点。

(2) 文化、艺术价值

潞简王朱翊镠，系明穆宗隆庆皇帝之子，万历皇帝唯一胞弟，被朝臣们称"诸藩之首"，万历皇帝亦视其为"诸藩观瞻"，可见其在诸王中地位的突出和权势的显赫。潞简王生前以其地位的特殊，

图9-3-27 潞王陵神道石象生

在多方面"逾涯越分",在其陵墓上表现得更为突出,潞简王墓为《明会典》规定亲王陵园的4倍,并其次妃赵氏还独享一处陵园,且在藩王陵墓中唯一存在明楼的事例,连《康熙新乡县志》亦谓其"营造逾制",在规模上超越了某些皇陵(如显陵等)。潞简王墓前石兽种类与数量是集秦汉以来帝王陵镇墓瑞兽之大成,囊括了所见于天子神道的种类,獬豸、爰居、貔、狻猊等神话动物也仅在潞简王陵前所显见(图9-3-27)。潞简王墓的逾制营建为后人了解明代礼制等方面具有重要的实例作用。

潞简王墓及其次妃赵氏墓以雄伟壮观的"石头城"著称,陵墓内不管是陵前镇墓瑞兽、建筑装饰、石刻牌坊,还是莲柱栏杆、墓前五供等全采用本地的石材,在图案、设计、构图和雕刻工艺上皆为明代石雕艺术罕见之佳品,多为高浮雕的龙飞狮舞,手法细腻严谨,尽显皇家风范,是陵墓精华所在。潞简王墓所处的山水环境极佳,位于青山碧水之中。陵墓布局巧妙地利用自然地形,将建筑物同天然的地理、地貌有机结合起来,依山而筑,这不仅衬托了建筑的雄伟高大之势,而且有效地解决了陵区的排水问题。另外,宝城的墓室设有排水、除潮系统,其系统沿墓室内墙脚有序的排列,并通过墓室东北角地下斜向深至"宝城"外百余米将水排出墓区。潞简王墓的建筑、道路多采用大块料石砌筑,墙体较厚,构造合理,增加了建筑的强度和整体稳定性。这些充分显示了陵墓设计者和古代劳动人民的聪明才智。

潞简王墓是当时规格最高的藩王陵墓,也是迄今完整保存的明代藩王陵墓,为明代藩王陵墓的代表,为研究明代陵寝制度提供了重要的实物例证,具有较高的文物价值。

五、朱载堉墓

朱载堉墓位于河南省沁阳市东北18公里山王庄镇张坡村东九峰山下,第五批全国重点文物保护单位。

朱载堉,字伯勤,号句曲山人,青年时自称"山阳酒狂仙客",又号"狂生"。关于朱载堉家世生平,明、清史籍中虽有述及,但都言之简略。1986年在沁阳市山王庄乡张坡村九峰寺旧址发掘出土的《郑端清世子赐葬神道碑》记述了朱载堉的生卒年月,和一生的光辉业绩。该碑为其子朱翊锡、朱翊钛在其父逝世13年后刻立,因朱载堉遗嘱死后不立神道碑或立无字碑。故此碑刻而未立,只陈放在朱载堉所住的九峰寺。此碑为明代书法家王铎撰文并书丹，行草书体，现存碑面已残缺不全，为不规则的四边形，计17行，足行25字，并详载了被遗失的八部著作书名，补充和纠正了记述有关朱载堉的部分史料。

朱载堉墓（1536～1611年），生于怀庆府河内县（今河南省沁阳市），朱载堉父亲朱厚烷是明仁宗朱高炽的五世孙，袭父封爵，为郑恭王。朱载堉潜心著书，过着纯粹学者生活。著献《乐律全书》、《韵学新说》、《先天图正误》、《律吕正论》、《瑟铭解疏》、《毛诗韵府》、《礼记类编》、《金刚心经注》、《算经枉秤详考》等。

明万历三十九年（1611年）朱载堉殁后，明神宗追谥为"端靖"，赐葬于河南沁阳九峰山下。该墓坐落于山前三级台地上。面向南，墓前竖立"朱载堉之墓"碑，墓区砌筑围墙，神道宽10米，长120米。

土冢用石围砌，直径7.6米，高2.5米。冢前有百余名家的碑刻题记。冢区两边依墙建书壁，镶嵌着国家领导人、国家著名乐律学家、舞蹈专家、诗人、书法家等近百位名人的题词刻石，构成了50多米长的书壁碑廊。此外，朱载堉研习乐律之郑藩乐府，位于沁阳市区，现为朱载堉纪念馆。

六、妇好墓

妇好墓于1976年被考古工作者发掘，是殷墟唯一保存完整的商代王室墓葬。该墓5米多长，约4米宽，7米多深（图9-3-28），墓上建有被甲骨卜辞称为"母辛宗"的享堂。据说享堂原是商王武丁为祭祀妻子妇好而修建的宗庙建筑，尊其庙号为"辛"。

根据甲骨文的记载，妇好是商代第二十三代王武丁众多妻子中的一位，曾多次率兵出征，立下赫赫战功，深得武丁的宠爱和臣民的敬仰。例如妇好曾率领1.3万多人的军队抵御前来侵犯的鬼方，大获全胜而归。受武丁的派遣，她曾北讨土方、

图9-3-28　安阳殷墟妇好墓墓室

东南伐夷、西败巴军，为商王朝拓疆辟土立下汗马功劳。尤其值得称道的是与巴军一役，此役她率军设伏，在巴军退路设下埋伏，待武丁自东面攻击，巴军败退进入伏击圈，她率军杀出，两面合击，大获全胜。此役当为战争史上所记载的最早伏击战。除带兵作战外，妇好还主持过各种类型和不同名目的祭祀、占卜活动。是我国最早的女政治家和军事家。武丁对妇好宠爱有加，不仅授予她独立的封邑，还经常向鬼神祈祷以保佑她健康长寿。

妇好墓虽然墓室不大，但保存完好，随葬品极为丰富，共出土不同质料的随葬品1928件，有青铜器、玉器、宝石器、象牙器、骨器、蚌器等，最能体现殷墟文化发展水平的是青铜器（图9-3-29）和玉器。青铜器共468件，以礼器和武器为主，礼器类别较全，有炊器、食器、酒器、水器等，多成对或成组。妇好铭文的鸮尊、盉、小方鼎各一对，成组的如圆鼎12件，每组6件，铜斗8件，每组4件。"司母辛铭"文的有大方鼎、四足觥各一对。其他铭文的，有成对的方壶、方尊等。有铭文的铜礼器190件，其中铸"妇好"铭文的共109件，占有铭文铜器的半数以上，且多为大型重器和造型新颖别致的器物。如鸮尊、圈足觥，造型美观，花纹繁缛。三联甗（yǎn）、偶方彝，是首次问世。

武器有戈、钺、镞等，两件铸"妇好"铭文的大铜钺最令人瞩目，一件纹饰作两虎捕捉人头，虎似小虎，形象生动。相似的图案曾见于"后（司）母戊"大鼎的两耳上。似有震慑作用。

妇好墓所出玉石雕刻种类很多，形态各异，展示了当时很高的制玉水平，这些玉石雕刻品中，人像是最重要的部分，是了解研究商代雕塑艺术、商代人种、服饰制度、阶级关系、生活情态等方面的宝贵资料。这些雕刻作品供佩戴、插嵌装饰而用，非独立的雕塑，但所反映出的商代雕塑创作已具备较准确地掌握头部五官位置和身体比例，并能在小型器上有意放大头部的写实能力；注重发式、冠式的服饰等以显示人物不同社会地位的观察能力、表

图9-3-29 安阳殷墟妇好墓的青铜器

现能力等都是很有价值的。而其中人物面部无表情、双目突出的特点又正是当时流行的雕刻装饰手法的体现，具有明显的时代特征。

第四节　先贤名人墓葬

在中华文明的历史长河中，河南产生的先贤名人多如星辰，他们身后葬在这块土地上的也不可胜数。光是洛阳周围可确定名谓的就有四五十位（图9-4-1）。落叶归根是我们中国人自古以来的固有习惯。古代河南籍的先贤名人葬于原籍顺理成章，非河南籍的先贤名人因热爱这片热土，眷恋这片土地，也毅然决然地归根中原。如包拯，安徽合肥人，因生前效忠朝廷，死后随皇帝葬于宋陵区域；范仲淹，在商丘学成步入仕途，身后葬于伊川；欧阳修，江西抚州人，成名于河南，殁后葬于新郑；狄仁杰，山西太原人，武则天时期一代贤相，卒后葬于洛阳；苏东坡，人所共知的大文豪，四川人，身后葬于郏县。实例众多，不胜枚举。

一、许慎墓

许慎墓位于河南省漯河市召陵区，姬石乡许庄村东土岗上。全国重点文物保护单位。

许慎大约生于公元58年，卒于公元147年，汝

图9-4-1 张仲景墓碑

南召陵（属今河南漯河市召陵区）人，字叔重。师事儒学大师骑都尉贾逵受古学，博通经籍。曾由郡功曹举孝廉，入为太尉南阁祭酒等职。性情淳笃，博学经籍，马融常推敬之，有"五经无双许叔重"之誉。精文字训诂。历经21年著成《说文解字》十五卷，收文9353个，重文1163个，均按540个部首排列，是我国第一部说解文字原始形体结构及考究字源的文字学专著。推究六经之义，分部类从，至为精密。唐以后，科举考试规定要考《说文解字》。另著有《五经异义》、《淮南鸿烈解诂》、《孝经孔氏古文说》，其他著作多佚，仅存《说文解字》。他编纂的《说文解字》是中国乃至世界最早的字典，现在仍在使用，许慎被誉为"字学宗师"、"汉文字圣"。

许慎墓位于召陵区姬石乡许庄村东。墓冢高5米，底径33米，墓前立有清顺治十三年（1656年）郾城县知县荆其惇重修墓碑、康熙四十六年（1707年）知县温德裕立《汉孝廉许公之墓》碑和光绪二年（1876年）知县王凤森撰文并立《许夫子从祀文庙记碑》，墓后苍柏林立。

其子许冲墓在许庄村西北。村北原有许慎故祠，已废。村内多为许慎后裔。清光绪二十五年，山东东阿周世专程至墓地祭墓，并在县城东北隅购地三亩，建许南阁祠，内设"太尉南阁祭酒讳许慎字叔重之位"，上悬"五经无双"匾额。

2008年9月，漯河市以全国重点文物保护单位许慎墓为核心，建起占地10万平方米、建筑面积4200平方米的许慎文化园。

二、张衡墓

张衡是我国东汉时期伟大的科学家、文学家、发明家和政治家，张衡之墓为全国重点文物保护单位。

张衡出生于汉南阳郡西鄂县，今南阳市卧龙区石桥镇夏村，字平子，曾两次担任太史令。他在天文、地震、数学、机械制造、文学、艺术等方面都为人类作出了杰出的贡献。在天文学方面，他写有天文学巨著《灵宪》、《浑天仪图注》，提出了宇宙无限性的观点，全面阐明了"浑天说"理论，科学地解释了月食成因，认识了行星运动规律，并在天文观测上取得了突出的成就。特别是在公元117年，他创制了世界上最早利用水力自动运转的"浑天仪"。在地震学方面，公元132年他发明创造了世界上第一台观测地震方位和时间的仪器——地动仪，比欧洲发明的同类仪器早1700多年，被誉为地震学鼻祖。在文学方面他写出了《二京赋》、《思玄赋》等作品，在中国文学史上占据着一定的位置。

张衡不仅在天文学、地震学、文学方面有很高的成就，而且在历法、算学、艺术以及机械制造等方面也有极高的造诣。他著有《算罔论》，除"浑天仪"、"地动仪"外，还曾制作过"计里鼓车"、"指南车"、"独飞木雕"、"瑞轮荚"等器械，实为我国的科学圣人。由于张衡对人类科学文化事业的卓越贡献，在20世纪50年代就被列为世界文化名人。1953年、1955年，中国先后发行了印有张衡画像和地动仪的邮票。

1960年美国普林斯顿大学翻译出版了他的《二京赋》；1970年、1977年国际天文学联合会分别命名月球上的一座环形山为"张衡山"，太阳系中一颗编号为1802的小行星为"张衡星"。20世纪中国著名文学家、历史学家郭沫若对张衡的评价是："如此全面发展之人物，在世界史中亦所罕见，万祀千龄，令人景仰。"

张衡墓位于南阳市卧龙区石桥镇小石桥村西，

因张衡晚年曾担任尚书，故又俗称"尚书坟"。这里面山依水，景色秀丽。墓北500米之地，便是"平子读书台"，长宽各6.5米，高1.3米，相传是张衡幼年发奋读书、钻研学问的地方。墓东濒临宛、洛古道，与宛北名刹——鄂城寺隔路相望。

1956年，政府拨款重建陵园，新立墓碑、修建碑楼和读书台。1963年，河南省人民政府公布为省级文物保护单位，划定了保护范围，并修建陈列室，展出有关张衡的史迹资料，设有专人负责管理。1988年，国务院公布为全国重点文物保护单位。近年经增建、扩建，规模渐宏。现张衡墓辟为张衡博物馆，占地15000平方米，采用中轴对称布局，中轴线上有：双阙、大门、小拱桥、石像生、拜殿、张衡塑像、墓冢等；两侧有门房、廊房、浑天仪和地动仪模型，四隅有角楼，整体仿汉代建筑形制。

进入建成后的墓园大门，首先是一对高大雄伟的汉阙，汉阙为砖石结构，上覆重檐屋顶，阙身上部饰有斗拱和凤鸟。

千百年来，科学巨擘、世界文化名人张衡墓吸引了许多仁人志士到此来拜谒瞻仰、寻古探胜、发思览物之悠情。他那种发奋进取、自强不息的高贵品质和"约己博艺，无坚不钻"的科研精神，那种勇于实践、敢于探索、实事求是的科学态度，那种不畏权贵、光明磊落的高尚品质，永远激励着后人。

三、张仲景墓

张仲景墓及祠位于南阳市医圣祠街温凉河畔。是国务院公布的第三批全国重点文物保护单位．

张仲景（约公元150～219年），名机，字仲景，东汉南阳郡涅阳（今河南邓县穰东镇）人，中国古代著名医学家。所著《伤寒杂病论》16卷，是一部理、法、方、药皆备的经典医著。该书经后人多次搜集整理，成为《伤寒论》和《金匮要略》，促进了中国医学的发展，而且对东亚一些国家产生过较大的影响。汉灵帝时官至长沙太守。他勤求古训，博采众长，一心为民解除疾苦。他的著作历来被尊为祖国医学的经典，被后世尊称为"医圣"。

张仲景墓营造年代无考。清《南阳县志》已有明洪武初年墓碑被毁的记载。祠建于明嘉靖二十五年（1546年）。清顺治、康熙、乾隆、嘉庆及光绪年间屡有重修。民国年间墓地荒芜，建筑残破。中华人民共和国建立后，多次修葺，设立纪念馆。1988年中华人民共和国国务院公布为全国重点文物保护单位。

张仲景祠，即医圣祠，坐北朝南，为一长方形院落，占地面积1.4万多平方米。大门两侧有仿汉子母阙一对，古朴雄伟。进门为前院，两厢为新建的碑廊，东侧为现代名人手书的题词石刻近百通。西侧为中国历代名医画像石刻数十品。张仲景墓位于祠院中部，始建无确考，晋咸和五年（公元330年），墓前竖有"汉长沙太守医圣张仲景墓"碑（图9-4-1）。后墓、碑具没于耕野。明崇祯五年（1632年），园丁掘井复得墓碑，遂恢复墓冢，并盖墓亭保护（图9-4-2）。现存墓冢坐北朝南，为方形仿汉砖石结构，墓基为青石砌成，基上由汉砖砌成阶梯形，最顶放一青石雕莲花台，墓四角各嵌入一青石雕羊头。墓后为清顺治十三年（1656年）修建的享殿、厢房各3间。正殿塑医圣像，配祀药王孙思邈和神医华佗。

张仲景祠现已辟为南阳市张仲景博物馆。基本陈列为中国中医药史、仲景文化。现收藏文物120余件、名家书画题词近300幅、碑拓40余幅、医药文献1万余册。其中东汉针灸穴位女陶人、晋咸和五年"长沙太守医圣张仲景墓"碑、《伤寒杂病论》第十二稿（白云阁藏）木刻板等均为珍品。

四、欧阳修墓

欧阳修陵园位于河南省新郑市辛店镇欧阳寺村，陵园西依岗阜，东临谷溪。过去碑碣林立、古柏参天，是清代新郑八大景之一的"欧坟烟雨"，自然环境非常优美。为国家级重点文物保护单位。

欧阳修（1007～1072年），字永叔，号醉翁，晚年又号六一居士。北宋卓越的文学家、政治家。4岁丧父，家贫，他的母亲以荻（秸秆）画地，教他写字。欧阳修为当时的文坛领袖，创作了大量诗文，影响十分深远，是北宋杰出的文学家、史学家和政

图9-4-2 张仲景墓冢

治家，特别是他的文学成就震惊文坛，被誉为北宋古文运动的领袖，一代文宗，"唐宋八大家"之一。宋熙宁五年（1072年）卒于颍州（今安徽阜阳）私邸，享年66岁。赠太子太师，谥文忠，追封兖国公。熙宁八年（1075年）赐葬于开封府新郑县旌贤乡刘村，即今新郑市辛店镇欧阳寺村，距新郑市区约12公里。陆续有欧阳修的祖母李氏、继配夫人薛氏以及4个儿子和两个孙子葬在这里，欧阳修墓园实际是欧阳修的家族墓地。欧阳修墓前有欧阳修祠堂，是清乾隆四十七年（1782年）兴建的。欧阳修陵园在1958年"大跃进"和"文革"期间遭到严重破坏。古柏被砍伐一空，碑碣流失，垣墙倒塌。现仅存大殿、大门和东西厢房。1988年文物部门开始着手修复。现已建成欧阳文忠公陵园，供人瞻仰。

欧阳氏陵园，坐北向南。在南北中轴线上建有照壁、大门、内照壁、东西厢房、大殿，直通陵墓，四周包以围墙。外照壁高5米，长6米，厚0.7米。大门三间，门外左右修有八字墙墙、台阶。内照壁与围墙同高，将庭院分为前后两部，左右两侧置有便门，庭院中修有甬道，两边立有石猪、石羊等，对称排列，间隔3米。庭院中东西侧各建厢房3间。大殿（即拜殿）计3间，内设暖阁、神牌、神幔、供桌诸物，供展拜祭奠。殿前有祭坛，长10米，宽5米，高1米。园内旧有石碑40余通，植有松柏诸木。穿过大殿，即欧阳修墓冢。冢高5米，周长15米，并排西为薛氏之墓，墓前旧有苏辙所撰神道碑一通，已遗失。

五、二程墓园

二程墓位于洛阳市南约25公里，今伊川县城西荆山脚下，称为程园。二程墓有三个墓冢，二前一后，前者为程颐程颢之墓，后者是其父亲之墓，意为父抱子，墓冢保存良好，三块墓碑均为元代嵩县县令所立。二程墓包括程墓和程祠两部分，前为祠庙，后为墓冢。祠由门楼、厢房及大殿等组成，另有明清时代的石碑数十通。程颢（1032~1085年），程颐（1033~1107年）兄弟，同为北宋哲学家、教育家，分别称明道先生、伊川先生，洛阳人，北宋理学的二位奠基者，世称二程。

第五节　民间墓葬

这里所指的民间墓葬是古代富裕人家非社会贤达、名人的墓葬。洛阳城北的邙山，因埋葬东汉皇帝而遐迩闻名，成为中国古代最负盛名的墓地。此后，西晋、北魏皇家陵园均建其上，墓冢累累，星罗棋布。洛阳市顺势而为，在此地建起了"古墓博物馆"。博物馆复原历代典型古墓葬23座，上自西汉，下迄北宋，其中包括了著名的西汉"打鬼图"壁画墓。其典型墓葬有西汉中后期贵族卜千秋壁画墓、西汉空心画像砖墓、东汉出行图壁画墓，另外还有正始八年墓、北魏孝文帝之孙清河王元怿第二子常山王元劭墓、南平王元玮墓、唐代定国大将军安菩夫妇墓和宋代砖雕壁画墓等。两汉时期的墓室多为画像砖砌筑，图9-5-1所示即为当时最典型的空心砖画像墓。

卜千秋墓的壁画内容为卜千秋夫妇乘蛇和三头凰，在西王母的信使持节仙翁、仙女和虺龙、枭羊、朱雀、白虎等神兽护卫下在空中飞升的情景。画中人物鸟兽色彩绚丽，线条流畅，具有很高的艺术价值。馆内展出有大量的生活器具、装饰品等随葬品，如西汉、魏晋时期的陶俑，唐代的唐三彩等。

烧沟西汉壁画墓。这座墓位于洛阳金谷园车站以东、烧沟村以南，20世纪50年代初被发现，1957年发掘，1986年搬迁到古墓博物馆。此墓为洞穴砖室，除墓道外，分主室和耳室，主室用特制空心砖装配，耳室用小砖和楔形小砖并列券成。该墓内彩绘壁画内容包括：神虎噬旱魃、二桃杀三士、鸿门宴等神话传说和历史故事，另外还有日、月、星象图，以及和壁画结合为一体的羊头雕塑，还有反映乘龙升仙的透雕画像砖，在国内外美术界和文物考古界有比较大的影响。

西汉卜千秋壁画墓，是1976年发现的一座西汉壁画墓。因为在该墓的随葬物中有一枚铜制印章，上面阴刻有"卜千秋印"四字，故知墓主人叫卜千秋。该墓除墓道外，由主室和左右耳室组成。从其建筑深邃坚固、结构工巧、随葬物品以及壁画内容来看，当为一个郡级官吏的墓穴。整个墓葬全部采用空心砖结构所筑，主室则由特制的空心砖装配而成，壁画分别绘制在墓室门额、主室顶部和主室后山墙上。

曹魏正始八年墓。该墓于1956年被发掘清理。全墓由前室、后室、耳室、甬道和墓道等部分组成。因该墓曾被盗扰，墓内器物已乱，只有两耳室内器物保存较完好。出土文物以陶器为主，器形有罐、盘、灯、俑、井、磨、灶、碗、鸡、猪、猪圈等48件；铜器有锅、博山炉等5件；铁器有帷帐架、灯等共10件；另外还有玉杯1个。玉杯高13厘米，口径5厘米，白色，制作精致，表面十分光滑，是罕见的古代艺术品。帷帐架是以圆铁棒制成三柱和四柱的拐角形状，三柱形的有4个，各柱呈90°直角，另外4个有四柱的，其间以木柱连接即成为长方形的架子，四周以布围之，就成一个完整的帷帐，这为考证汉魏时的帷帐形制和制作方法提供了重要的实物资料。其中一件管状组件上刻有"正始八年八月"等铭文，又为该墓的绝对年代提供了依据。

宋四郎墓，发现于1983年。这座北宋晚期的墓葬，墓室平面呈八角形，八角各砌有砖柱，柱顶系砖雕斗栱，八角之间除一面为砖砌仿木结构门楼外，7面墙壁皆有壁画和假窗。迎门的一面，彩绘墓主夫妇宴乐图：在下垂启开的红色帷幕下，夫妇二人左右拱手端坐，男墓主宋四郎头戴黑色幞头、身着圆领乳白色长袍，女墓主梳高发髻、身穿红色衣裙，夫妇二人脸形圆胖，相对微笑，中间桌上放满了壶杯碗盘和菜肴食品，另外还有一名男仆和两名女仆，三侍者身躯矮小，以示身份低微。这种主要人物大而居中，次要人物小而偏侧，是突出、夸张主题的艺术手法，世界各地都经常采用，而在我国汉魏至宋代的壁画上也突出主题，使主大奴小，但大小比例和位置安排在视觉上更和谐、舒服，并且主大奴小、主尊奴卑，也体现出封建等级制度的森严。墓门甬道两壁，各有两幅砖雕孝子故事。进门左侧靠内一幅，画面为一孝子在竹林跪哭，新笋破土而出，当为孟宗哭竹成笋。其他画面简单，难以确认。

二号宋墓（图9-5-2）。该墓墓葬形制与宋四

图9-5-1　洛阳古墓博物馆西汉空心画像砖墓室

图9-5-2　洛阳古墓博物馆2号宋墓墓室

图9-5-3 洛阳古墓博物馆其他宋墓砖雕墓室实例

郎墓基本一样，但其墓门外墓道右侧有一侧室。该墓平面作八角形，顶部用叠涩构成八角形藻井。壁间有壁画7幅，迎墓门第一幅绘门扉半掩，每扇门上有乳钉4行，每行4枚，还有衔环铺首，一侍女似欲开门而出，尤半遮面；第二幅为一老者倚坐在靠背椅上，后站女侍，背置屏风，前侧立二人，年长者躬身作禀告状，年轻者肩扛扁担，扁担上系绳索，此画面颇似父子二人交租后向地主告辞；第四、五、七幅皆为砖雕假窗，第六幅砖雕圆茶几一件，几乎进一半凸出于墙面，成为镂空透雕。该墓还有许多砖雕牡丹图案作为装饰。在洛阳古墓博物馆中一共复原了五座北宋墓葬，都是采用砖砌仿木结构，雕梁画栋。不过，墓室无前后之分，都是前堂后寝合成一体。墓室周壁或雕饰孝子故事、奇花异草，或彩绘墓主夫妇宴乐的风俗壁画，是宋代西京洛阳一般商人与官吏、地主生前生活的再现。这些砖雕画面的突出特点是背景简单，而人物形象皆为高浮雕，有些近乎圆雕。洛阳宋代仿木结构砖雕墓葬，是洛阳历史上前所未有的，墓室内的角柱、斗栱和藻井，基本上采用彻上露明造（图9-5-3），加之雕饰的门窗隔扇，将墓室建筑绚丽多彩的姿容全部展现出来，给人以美的感受。仿木结构砖雕的建筑形式和朝着柔和绚丽的方向发展的建筑风格，是宋朝这一时期十分明显的特征，这是因为宋代建筑已开简化之端，斗栱负荷的机能与汉唐时期相比已开始减弱，尤其是到了明清时期，由于梁架结构的变更，斗栱比例更为减小，补间铺作的朵数大为增多，成为一种象征性的装饰品。

注释

① 郭黛姮.伟大创造时代的宋代建筑.中国营造学研究[D].开封：河南大学出版社，2005：27.

河南古建筑

第十章 其他类型建筑

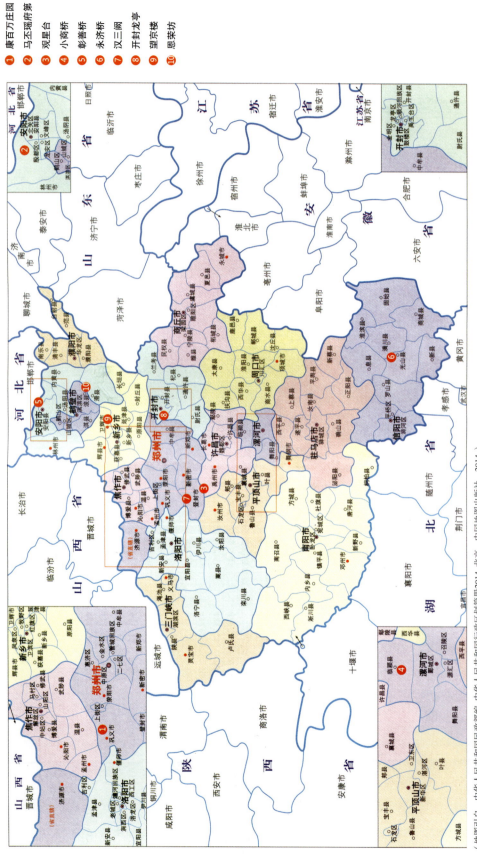

河南现存古建筑类型多，对于本书第二至第九章未包含的、重要的其他建筑类型，集中于本章加以介绍。

第一节 民居类建筑

河南民居类建筑现存较多，且类型全面。民居是古建筑的重要类型之一，在此选择影响很大的两处民居作简要介绍。

一、康百万庄园

康百万庄园位于巩义市城西北3公里处的康店镇。康百万庄园从明代中期开始经营，直至民国中期，历经400年，成为中国屈指可数的大型地主庄园之一。早在1962年，省文化厅领导到庄园视察后，非常重视这一古建筑群的保护，认为是很具代表性的封建地主庄园，对研究古代建筑和教育后代具有重要意义，要求县政府及文化部门加强保护。1963年批准为省级文物保护单位。2001年公布为国家重点文物保护单位。

（一）康百万庄园概况

康百万庄园背依邙岭，面临伊洛河，南望嵩山，左有河洛交汇口，右近黑石关隘①，风景宜人。堪舆理论认为：山之北，水之南为阴；山之南，水之北为阳。它建在邙山岭的南半坡利于避开北来的寒风，处于向阳位置，在阳光普照下利于万物生长、人财两旺。它南近伊洛河有充足的水源滋养万物，利于交通。康百万能船行六河，是面水的直接受益者。庄园集我国传统聚落基址优选原则"避风、向阳、近水"于一身，加之中原地带气候温和、物产丰富，实属"天人合一"的宝地、"师法自然"的建筑典型范例。

庄园建筑群充分利用自然地势，"靠山筑窑洞，临街建楼房，濒河设码头，据险垒寨墙"。整个庄园设有居住区、栈房区、作坊区、教育区、祭祀区和社会活动区以及军事防御区，另有黑石关行宫区，还有饲养区、种植区共19个部分。形成了功能齐全、布局合理、等级明显、风格各异，集农、工、学、商、官五位一体的大型封建财主庄园。庄园以主宅区为核心，依次向东、南、北以扇面形展开。

图10-1-1所示为康百万庄园原状分布示意图。图中张沟、寺沟是康家于明朝初始发展阶段的居住地，现有一座具明代建筑特点的4层楼房保存较好，其余各区为清代所建；图中的福禄堂区是寨下居住区，主宅区为寨上住宅区；龙窝沟亦为居住区，建筑考究程度与主宅区相同，可能是康百万掌门人的近亲居住处，这里随坡就势挖筑多孔窑洞，多数窑洞都有题名，如"乾坤持宁"窑、"笑迎烟霞"窑、"通德洞"、"精思洞"、"文明洞"、"迎福洞"……都很有特点；南大院由书馆（学堂楼和藏书楼）院和客房院两部分组成。康家的学校设有图书馆，是供青少年学生读书的地方，幼儿习字另有场所。客

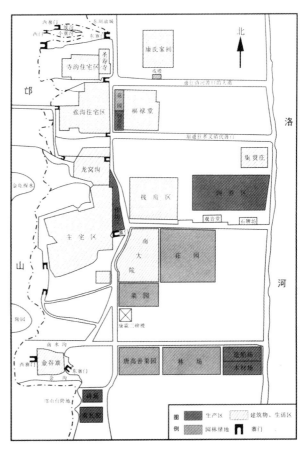

图10-1-1 康百万庄园原貌示意图（引自：赵海星.康百万庄园.北京：外文出版社，2004：4.）

图10-1-2 康百万南大院（近期修复后的面貌）

图10-1-3 康百万碑楼

厅院相当于大宅院里的客厅，一般的豪门大户均不及康百万家气派。康家用于接待客人的场所为两进四合院，大门前有戏台、旗杆等。客厅院是康百万家最高大宏伟的建筑群。图10-1-2所示即为近几年修复好的南大院，正厅"方五丈"，两边厢房各五间二层前檐廊；栈房区是康家"顺记"等几个商号的商业活动区。该区"五院共有楼房21座，平舍102间，其建筑特点是地基坚固，青石垒砌3米高，经洛河几度泛滥而无损"；作坊区由木作、石雕、大伙房、粉房等几个院组成；饲养区原有三座院落和车棚并有大片遛马场，现已不存；金谷寨即康家当年为防捻军而建的防御营垒，院内有多座房屋和多孔靠崖窑洞，现房屋缺失，窑洞尚存；康家碑楼留存完整，其上布满砖雕、石雕，为高超的建筑艺术精品（图10-1-3）；康氏祠堂现有多半留存下来（图10-1-4）；康家石牌坊位于主宅区东百米处，为石雕艺术品，现存完好。

图10-1-4　康家祠堂原貌

"据1965年统计，康百万庄园保留下来的尚有10大部分，33个院落，53座楼房，73孔窑洞，共计571间，建筑面积64300平方米。"② 又经40个春秋之后，整个庄园建筑仅余寨上主宅区完整外，其余保留下来的建筑群已不是统计时的面貌了。尽管群体建筑和单体建筑数量减少，仅就现有建筑而论，其科学价值、艺术价值、历史价值和传统建筑的文化价值之高，是其他绝大多数民居建筑不可比拟的。真可谓是中国明清民居的大观园，河南建筑三雕（木雕、砖雕、石雕）的博物馆，传统民居建筑文化的浓缩图。

（二）主宅区建筑

康百万庄园主宅区是康家12世掌门人康大勇创建，历经4代建成，也是康大勇及以后历代掌门人的住所。庄园主宅区南北长83米，东西宽73米，建于邙山半腰，坐西向东。往上是邙上岭的顶面，往下则是伊洛河冲积平原。建筑群依山就势，充分利用此处的地理地貌，在一级靠山崖壁，12米高的直立黄土崖面表层，用青砖砌筑寨墙，顶部并砌有垛口，形成寨堡式大院落（图10-1-5）。院落经由30米长的坡状涵洞与外界连通，涵洞为砖石拱券。涵洞的外口便是主宅区唯一的大门，由我国著名古建筑专家罗哲文先生题写的"康百万庄园"的匾额高悬于门洞之上，赫然醒目。进寨门通过涵洞可到寨上的外院广场，涵洞出口上方还建有打更房。这一间更房虽小，四面设窗，作用有三：一为打更报时；二是监控寨门涵洞的一道防线；三可防止寨上广场活动的人不慎跌落于涵洞沟内。外院广场长25米、宽20米，是主宅区的集中活动场地。广场南侧设置石刻碑林，北、西两侧分别为进入各个内院的宅门和倒座。东侧临崖壁有女儿墙阻挡。

寨上主宅区建筑根据基地平面形状，以涵洞沟及沟边大路为界，分为南北两个建筑群体，即北部五座院和南部两座院。北五院由东至西并排，皆坐

图10-1-5 康百万庄园主宅区鸟瞰图（摄影：渠滔）

北面南；南两院并列，坐西向东。借用文物管理部门编号，由东往西分别为一至五院，南院为六（北面）、七（南面）院。

与寨门过洞相对的照壁之后，有可通往邙山崖顶的梯道，青石踏步40阶，登上崖顶可俯视主宅区全貌。崖顶建有砖券窑洞（当地俗称天窑）和瞭望楼，供看家护院的家丁值班和休息之用。此处居高临下，与第一道防线的"打更屋"遥相呼应，兵勇家丁日夜持械，严密把守，戒备森严。清代后期的社会动荡，促进聚落和民居防御体系的发展与完善，在河南民居中表现尤为明显。

二、马丕瑶府第

马丕瑶府第位于安阳市西郊水冶镇之北3公里处的蒋村镇，距安阳市区23公里，隶属于安阳县。府第主人马丕瑶，字玉山，安阳县蒋村镇西蒋村人，生于清道光十一年（1831年），清同治元年（1862年）登进士第，步入仕途，时年31岁。初任山西平陆、永济县知县。遂迁解州（今山西运城）、辽州（今山西左权县）知州，又任太原知府。又迁山西按察使、布政使，贵州按察使，布政使、广西布政使。清光绪十五年（1889年）再迁广西巡抚，光绪二十（1894年）十月易任广东巡抚，1895年殁于任上，终年65岁。

（一）马丕瑶府第概况

从河南省文物局在马丕瑶府第门前的碑文中可窥其大概情况：马氏庄园坐落于县西23公里处蒋村乡西蒋村。1988年8月15日，安阳县人民政府公布为重点文物保护单位，2000年9月25日，河南省人民政府公布为重点文物保护单位（公布名称为"马氏民居"）。庄园为清末兵部侍郎，都察院右督副使，广西巡抚马丕瑶的大型府第。建筑群分南区、中区、北区共6组，22个院落。建筑面积5000平方米，占地面积20000平方米。门、厢房、堂、廊、楼计308间，规模宏伟，系中原最大的清代官僚豪宅。北区为其祖居地；中区建于清光绪年间；南区建于民国初期。庄园保存基本完整，部分构件损毁。2001年对中区14～30号建筑予以修缮，基本恢复原貌。该庄园是研究清代官僚府第，建筑风格的实物标本，具有重要的历史建筑艺术研究价值。

碑文中所述马丕瑶府第的中区规模最大，东西并排4个院落，当地民众习惯把我国传统建筑纵向中轴线统领的宅院称为"路"，即沿门前东西大道并列四路院落，均坐北朝南。西边三路院落以中路为主院，两边为次院，属三路并列的深宅大院，其建设年代在中路第二进大堂（前客厅）明间脊檩上有清晰的文字记载："光绪拾叁年叁月拾壹日贵州按擦使马建"。三个院落的面阔稍有差异，东院面阔略小于主院，西边院又略小于东院。以房屋的体量、质量与装饰的豪华程度而论，也是按主院、东院、西院依次排列的。充分体现出了主次分明、左尊右卑的传统建筑思想原则。因马丕瑶建设中区房屋时官阶已达三品，按大清营建条律大门设于中轴线上。中路正院的中轴线上，前后依次排列有大门、二门和二、三进院客厅与后堂楼，形成"九门相照"的格局。东西两侧的院落大门也都在中轴线上。在豫北民间，人们常常以"五门相照"来炫耀居住者的地位和经济实力，而九门相照则是至高无上的豪门大户。最东路的一个院落与东次院之间有一条路相隔，该院有别于西边三路院落，属二进四合院，是"马氏家庙"兼马丕瑶家庭学堂。此院面阔更大一些，通进深与西三院相等，从中间正房（祭堂）悬山屋顶的形制和砖墙体的腐蚀程度来看，这一院落的建造年代要先于西三院。再东为马家花园，已不存在。中区的四路院落有围墙统一围合，内部四路院落格局相互独立，因无围墙分隔，横向连通方便，有序地组成一个完整的建筑群体。从整个建筑群的协调统一性分析，中区的建设是经过周密规划而后实施建设的。中区的这4个院落规模如此宏大，保存基本完整，是中州大地绝无仅有的封建官僚府第，是受官式建筑影响的大型官宅标本，在国内也应是留存至今为数不多的大型清代官僚府第之一。

北区的一处院落坐落在中区后面的一条古老街道上，位于中区西北方向约300米处，是一座较大的两进四合院，亦坐北朝南。此为马丕瑶家的老院，马丕瑶从出生到步入仕途都生活在这里。后来由马丕瑶次子马吉樟继承此院，并重新在老宅基地上建造现在的两进四合院，现在仍然称马家老院。

南区的建筑群是由马丕瑶三子马吉梅所建，与中区斜对面。南区原设计为三路大院，东路院建成于民国13年（1924年），中西两路院仅将两座大门和临街房建好，因中原地区时局沧桑其余未建。南院坐南朝北，3座临街房屋各7间东西一字排开，总长度百米有余。

（二）中区建筑形制

马丕瑶府第中区是马丕瑶身居高官之后于光绪年间所建的大型建筑群（图10-1-6），140余年来经历了三个不同的历史时代，小木作部分曾经损坏严重，但是整体结构保存相对完整。按使用功能区分，该区由两部分组成，其间有较宽的路为界。西边是居住区，三个纵向四进横向并列的院落布置紧凑；东边是用于祭祀的家族公共场所，明显可见空间宽敞。以下按居住与祭祀两部分介绍。

1. 居住区

居住区中路的这个院落是马丕瑶府第中最重要的一个院，由图10-1-6所示可知，其建筑形制是4个院沿中轴线由前而后纵向叠加。

位于中轴线上的主要建筑依次是大门→二门→前堂→后堂→堂楼。大门两边各3间倒座，通面

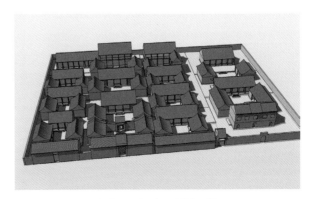

图10-1-6 马丕瑶府第中区鸟瞰示意图（谢威绘制）

阔七间共21.8米，通进深六架共7.1米。大门楼未设置豪华之雕镂，檐檩下只有三只座斗。进深比两边明显外伸，高度突起，突出了它的主导地位。门扇设于前檐金柱位置，属规格较高的官宦人家居住之"金柱大门"，正与马丕瑶的身份地位相称。倒座内侧与一进院厢房之间留有通道，可通往两边庭院。一进院两侧厢房各3间，厢房前檐廊、卷棚顶。二门位于中轴线上，这是马丕瑶府第内唯一的一道二门，起着内外院连接作用，还起到外人到此则止、女眷到此则返的礼教作用，亦兼有防卫作用。它是一道长门面的门，在北京四合院中往往是以垂花门为主。从图10-1-7所示可看到，此门建造并不华丽，光彩夺目的装饰是以门楣上由户部尚书阎敬铭所书的四个大字"整齐严肃"为主调的正脊单间门楼。二进院内，有抄手游廊把二门与二进院厢房南端头的耳房连接起来。两边厢房各3间前檐廊，二进院之正房为中路院落的第一个客厅（图10-1-8），当地人谓之"前堂"，这样称谓是可取的。前堂五间七架前檐廊，两端硬山加后檐墙围合构造，通面阔14.8米，通进深9.3米。二进院之庭院呈正方形平面，前面游廊与厢房和前厅的檐廊构成一条完整回路。

中路第三进院厢房东西两边各3间，前檐廊，仰瓦屋面。开间与进深略大于二进院之厢房，通面阔9.2米，通进深6.5米。坐落位置较一、二进院厢房向后退半米，其目的是为了扩大庭院空间。三进院正房即中路院之后堂，五间六架前檐廊。后堂之面阔大于前堂，进深及房屋高度的尺度则比前堂小。庭院平面南北方向略长，面积亦大于二进院。据记载，清光绪二十六年（1900年）八月中旬，八国联军打入北京，慈禧太后与光绪皇帝及包括马吉樟在内的一班护国大臣逃往西安避难。翌年《辛丑条约》签订后，才由西安返回北京。1901年12月21日抵达彰德（今安阳），在马吉樟的恳请下，慈禧太后准予下榻马府，住在中路三进院正房内。

过后堂便是第四进院，厢房3间前檐廊，尺度形制与二进院厢房同。正房即当地说的堂楼，是带前檐廊的五间六架二层楼房。它尺度高大，比例匀称，是中区现存最好的房屋。硬山屋顶，筒板瓦屋面。后檐墙二层明间设有窗户，两山墙上部山尖下也设有圆形气窗。堂楼通面阔16.1米，通进深7.3米，高度12.15米。楼梯设在室内，室内两层全部用木隔扇隔断，均为近来修复的新作，不甚精细。外部庭院呈正方形，面积略小于三进院，四面房屋围合紧凑，正房后檐墙之后还有6米距离才是大院的围墙。

图10-1-7 马府中区中路二门

图10-1-8 中路前、后堂、堂楼及轴线景观（2004年状况）

东、西两路院落形制也是四个庭院院中轴线由前而后纵向层层叠加，前半部分与中路有差异。位于中轴线上的主要建筑是，大门→前厅→中厅→后厅→正房，较中路倒座低矮，形制有别，明显地拉开了与中路院落的等级。

居住区这三路共12个庭院大体相同，统一性占主导地位，具有如下几个特点：（1）绝大多数正房都是5间，22座厢房全部都是3间，庭院接近正方形（少数为正方形）；（2）正房全部是硬山屋顶，筒板瓦屋面；（3）全部正房和多数厢房都是前檐廊式；（4）所有木构架均为抬梁式；（5）装修不很华丽，突出朴实自然的风格。

2. 祭祀区

鸟瞰图（图10-1-6）中右边的一组建筑群即为祭祀区，享堂内供奉马丕瑶以上四代先人之灵位，是马家用于祭祀的公共场所。该组建筑庭院空间宽敞、建筑疏朗，以满足公共活动之需。家庙轴线上由南往北的建筑依次是家庙门楼、祭堂、享堂。它门楼通体五间两层，明间正脊屋顶高出两边卷棚顶，以此屋顶突出的方式来显示家庙大门。门楼底层为砖券式无梁底座，正门石质匾额上由阎敬铭手书"马氏家庙"。两梢间各开一偏门。二层为砖木结构房屋，设有北檐廊。二层四面采光通风，是为子弟们专门设计的学习场所——读书楼（图10-1-9）。

家庙一进院正房谓之祭堂。该座建筑五间七架，前后廊、悬山屋顶，木质博缝板和悬鱼形制尚古，通进深9.32米，通面阔17.9米，高8.3米，是整个中区建筑面积最大的一座房屋，以满足本家族一定人数高规格祭祀时使用。二进院正房是供奉灵位的寝堂，五间七架，前檐廊形制。

（三）南区建筑形制

马丕瑶府第南区系其三子马吉梅所建。马吉梅财大气粗，加之建房时间已经到民国时期，不再受清朝封建社会建设等级制度的约束，因而，无论是总平面布局、单体建筑体量还是装修档次，都要高于中区建筑。南区建筑群坐南面北，原计划要建三路大院，东路院于1924年建成后，中、西二路仅将大门和大门两侧的临街房建成，因时局动荡，其余房屋未能兴建。本书所述的马丕瑶府第南区，仅指南区东路建筑群。

南区院落东西宽39米，南北长约100米，前

图10-1-9 马氏家庙前楼背立面

图10-1-10　南区东路二门

图10-1-11　嘉禾堂修缮后之面貌

(北)后(南)总共由五进院组成。沿中轴线之空间序列依次为：大门→一进院→二门→二进院→前大厅→三进院→四进院门楼→四进院→后大厅→五进院→后罩房，另外，两边厢房之后，还建有若干间东西裙房。

高悬"广德"牌匾的大门坐于中轴线上。二门是联系一二进院的纽带。这座二门门楼平面设计独特，前后各两根檐柱支撑屋顶（图10-1-10），扶门墙体位于前金檩下方，形成门楼屋面前坡在一进院，后坡在二进院。整个门楼体量较大，与之配套的看面墙随之加高，游廊高度也比一般的要高出将近1米，这与二进院宽阔的空间和大体量的房屋相适应。

二进院由正房、东西厢房、二门及游廊围合而成。正房即南区之前大厅，冠名曰"嘉禾堂"。嘉禾堂体量很大，平面凹字形，中间五间为前檐廊，廊步步距大于室内步距，通面阔七间22米，通进深九架11米，硬山屋顶（图10-1-11）。前立面明间施隔扇门，次、梢间设槛窗。后檐墙上设四花格牖窗，两端山墙上各设二花格牖窗，两尽间前后檐墙，前墙亦为花格牖窗，室内采光很好。在广大中原区域，明三暗五之平面凹字形建筑很多，像这样明五暗七的大体量房屋是很少见的。嘉禾堂梁架步距不等，有鲜明的地方手法特点，有效地解决了大进深房屋的结构问题。

三进院是第一进院平面与空间的重复，四进院是二进院的重复，此不赘述。五进院只有正房，小七开间，进深也不大，相当于北京四合院中的后罩房，屋面采用北方常用的仰瓦覆盖。马吉樟当年佣人居住的房屋和库房都位于厢房之后，东西两排间数很多，进深较小，即前文所说的裙房。

整个南区的建筑规格要明显高于中区，因建设年代为民国时期，不再受清朝营建条律的束缚，马吉梅财力雄厚加之其父、兄的高官背景所使然。

安阳本为古都，像这样的大型官僚府第乃是全国少有的可贵资源，居住建筑对人的亲和力强，在广大人民群众的兴趣中可能会高于殷墟。现在，马丕瑶府第已经基本恢复原貌，像山西王家大院、乔家大院与河南的康百万庄园一样，深受广大游客所喜爱，游人不绝，成为当地新的旅游点。古民居有了造血功能，何愁保护文物在经济方面力不从心！

第二节　古天文建筑

在中岳之阳的登封告成镇，有一处古老建筑群，即登封观星台。登封观星台是中国古老的古代天文建筑，也是世界闻名的古天文建筑之一。观星台院内有一小一大两座古天文建筑，前者是周公测景台，后者是观星台。

一、周公测景台

（一）周公测景台与"天地之中"学说

中原地区是中华文明的发祥地，《史记·封禅书》说："昔三代之居，皆在河洛之间。"周武王灭纣后，他登上嵩山，祭祀上天，告知殷商已亡，并祈求上天保佑大周。周人认为他们是夏人的后裔，嵩山是夏人的神山，"夏之所兴也，祝融降于嵩山"，夏人的先祖还被封为崇伯，那么理所当然嵩山也是周人的神山。周武王的这次祭祀，堪称西周的开国大典，同时也是中国历史上第一次真正意义的封禅。下山后，周武王便作出了一个重大决定，"依天室，定天保"，即要在嵩山脚下的洛邑建立新的都城，以有效控制殷商的旧地，便派太保召公赴洛邑相宅，拉开了洛阳建设的序幕。成王继位，更清楚地认识到，以偏居西土的镐京为中心去控制殷的殷民未免鞭长莫及，为了能够对新得到的东部广大地区实行有效的统治，便遵从武王的遗愿，命周公着手在洛阳营建东都洛邑。迁都毕竟是件大事，涉及王公贵族的众多利益，周公营洛也要寻求根据。于是他受大禹"以身为度"的影响，即以成年男子的标准身高八尺为表高，垒土为圭，使圭正处于当地的子午线上。周公认为，日影尺有五寸尺便是"地中"，为迁都洛阳寻找天象根据。历经测量，他在登封告成镇（古阳城）找到了"地中"，还认为大地南北长三万里，"影差一寸，地差千里"，阳城正处于大地南北的中点上。周公找到了梦寐以求的"地中"，国都三百里内为王畿，于是他便开始营建洛邑。周公创立了"天地之中"学说，找到了"君权神授"的理论根据。此后几千年，无人质疑。周公测得阳城为天地之中，人们也在周公测景台后刻下了对联"道通天地有形外，石蕴阴阳无影中"。因为这个"中"字，人们认定这里是"中国"的起源地，中华、中土、中州、中原、中岳等词语中的"中"字皆由此而来。

（二）周公测景台

周公测景（古汉语"景"、"影"为同一个字，即"景"）台在河南省洛阳市东南约60公里的登封县告成镇。相传是西周时周公旦垒土圭，立八尺木表观日测影的地方，也是我国现存时代最早、保护较好的天文台，还是我国古代测量日影，验证时令季节计年的一种天文仪器，并确定这里为天下的中心。从此，"日至之景，尺有五寸，谓之地中"。被《周礼》记载下来，流传千古。

唐朝著名天文学家太史监南宫悦于唐玄宗开元十一年（公元723年），在遗址旁刻立纪念石表一座，表南面刻"周公测景台"五字（图10-2-1）。周公测景台用青石制作，分台座和石柱两部分。台座上小下大，呈梯形锥体，名曰"圭"，台座上面呈正方平面，石柱置于中间，名曰"表"，高1.96米（合唐代八尺），连同台座通高3.91米。石表距台座北沿连同台座底边在内70厘米（合唐尺一尺五寸）。在夏至之日，表影长一尺五寸，恰与锥体上部北边沿长度相等，地面上看不到日影，故又称测景台为"无影台"。

图10-2-1 唐代周公测景台

二、观星台

观星台位于周公测景台北20米处,由元代天文学家郭守敬创建,是我国现存最古老的天文台,也是世界上最著名的天文科学建筑物之一,它反映了我国古代科学家在天文学上的卓越成就,在世界天文史、建筑史上都有很高的价值。1961年3月4日被国务院公布为第一批全国重点文物保护单位。

观星台建于元代至元十三年(1276年)年,距今已有700多年的历史。元世祖忽必烈统一中国后,为了恢复农牧业生产,任用著名科学家郭守敬和王恂等进行历法改革。首先,让郭守敬创制了新的天文仪器,然后又组织了规模空前的天文大地测量,在全国27个地方建立了天文台和观测站,登封观星台就是当时的中心观测站。经过几年的辛勤观测推算,终于在1218年编制出当时世界上最先进的历法——《授时历》。《授时历》求得的回归年周期为365.2425日,合365天5时49分12秒,与当今世界上许多国家使用的阳历、格里高里历,一秒不差,但格里历是1528年由罗马教皇改革的历法,比《授时历》晚300年。与现代科学推算的回归年期相比,《授时历》仅差26秒。

观星台(图10-2-2)系砖石混合建筑结构,由盘旋踏道环绕的台体和自台北壁凹槽内向北平铺的石圭两个部分组成。台体呈方形覆斗状,四壁用水磨砖砌成,台高9.46米,连台顶小室统高12.62米,顶边各长8米多,基边各长16米多,台四壁明显向中心内倾,其收分比例表现出中国中期建筑的特征。台顶小室是明嘉靖七年(1528年)修葺时所建。台下北壁设有对称的两个踏道口,人们可以由此登临台顶。在环形踏道及台顶边沿筑有1.05米高的阶栏与女儿墙,皆以砖砌壁,以石封顶。为了导泄台顶和踏道上的雨水,在踏道四隅各设水道一孔,水道出水口雕作石龙头状。台的北壁正中,有

图10-2-2　元代郭守敬创建之观星台

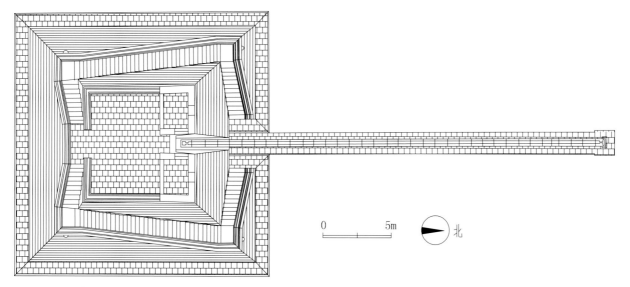

图10-2-3 观星台平面图

一个直通上下的凹槽，其东、西两壁有收分，南壁上下垂直，距石圭南端36厘米。

石圭用来度量日影长短，所以又称"量天尺"，其表面用36块方青石板连续平铺而成，下部为砖砌基座。石圭长31.196米，宽0.53米，南端高0.56米，北端高0.62米，石圭居子午方向。圭面刻有双股水道。水道南端有注水池，呈方形；北端有泄水池，呈长条形，泄水池东、西两头凿有泄水孔。池、渠底面，南高北低，注水后可自灌全渠，不用时水可排出。泄水池下部，有受水石座一方，为东西向长方形，其上亦刻有水槽一周（图10-2-3）。

观星台不仅保存了我国古代圭表测影的实物，也是自周公土圭测影以来测影技术发展的高峰，它反映了我国天文科学发展的卓越成就，对于研究我国天文史和建筑史都具有很高的价值。

第三节 桥梁

河南自古交通四通八达，桥梁建设也备受重视。《清明上河图》中的"虹桥"名声远扬。其形若彩虹，为木制拱桥。因使用短的构造材料，却形成了大的跨度而被视为中国在世界桥梁史上的独特创造，与河北赵县的安济桥（赵州桥）、泉州的万安桥、梅州市梅县区的广济桥并称中国四大古桥。可是其中三座桥梁至今仍保存于世，而汴水虹桥却随着北宋覆亡后与干涸淤死的汴河河道一起湮灭在历史的尘埃中。虹桥为单孔木拱桥，桥长16.8米，宽4米，是古代桥梁的尖端。"《清明上河图》中所绘之东京汴河飞桥，亦虹桥，柱拱主要部分为五排巨木组成拱骨，每根拱骨搁于另二根拱骨的横木上，用绳捆扎起来。这样巨木架桥横跨宽阔的汴河，对于交通非常便利……"③（图10-3-1）桥的坡变平坦，拾级而上，行走平稳，拱梁的两端，分别雕刻狮、虎头像，既增加木桥的外表美，又反映中国的建桥特色和民族风格。

河南现在遗存的古代桥梁主要有临颍的小商桥、安阳的彰善桥和光山县的永济桥。

一、小商桥

小商桥坐落于河南省漯河市临颍县与郾城区交界的小商河（颍河故道）上。小商河为古时商王经此而得名，桥因河而取名，河因桥而出名。小商桥原位于历代官道上，历史悠久，现保存完整。2001年6月25日，小商桥作为宋代古建筑，被国务院批准列入第五批全国重点文物保护单位名单。

小商桥为敞肩单孔石拱桥（图10-3-2），长

图10-3-1 《清明上河图》中的东京虹桥

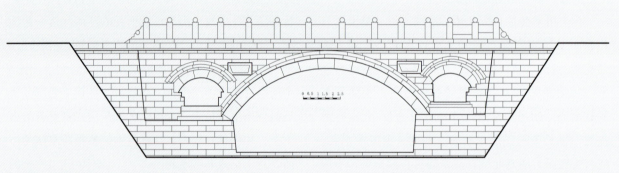

图10-3-2 宋代石桥——小商桥下游正立面图

20.87米,宽6.67米。大拱净跨11.6米,矢高2.13米,矢跨比为1/5,拱券面厚0.65米,小拱净跨2.13米,矢高1.2米,两岸小拱脚间距20.2米,主拱和小拱均由20道拱石并列砌筑而成,主孔每块拱石间均由咬铁连接。"主孔两端砌筑出宽大的墩台,桥墩坐落在两岸河堤,其下为全新世早期淤泥质亚黏土。为提高地基承载力,黏土之中用硬质木材做成木桩打入河底,做成桩基基础。桩径25~30厘米不等,间距80~110厘米。木桩之上横铺石板两层与桥墩海墁石持平,石板之上做桥墩。共用6层条石,总高度2米。下5层石条厚31厘米,最上一层石条厚45厘米,石质为红色石英砂岩。"[④]

券面石浮雕有天马、狮子、莲花和几何图案,拱之上端置有兽,伸出桥身。桥墩下部四角有高浮雕金刚力士像,双肩扛拱,双手上托,大小一尺左右,造型生动,风格古朴。据方志记载,小商桥始建于隋开皇四年(公元584年),但现桥主体结构属北宋建筑风格,元、明、清历代均有修葺。最大的一次修筑是元大德年间(1297~1307年)。小商桥是一座时代较早的古石桥,造型优美,结构严谨,做工精致,是研究建筑和交通史的重要资料。

在桥中央横栏上,有多处明代石栏遗存,上有"明正德三年四月望后重立"字样,捐建人不经意间把自己的名字镌刻在了历史上,也同时记下了小商桥弥足珍贵的历史资料。1982年9月，桥梁专家茅以升曾派考察组对小商桥进行了实地考察，初步认为建造时间早于赵州桥。1994年国家文物局拨款100万元对小商桥进行大修，现为国家级文物保护单位。

二、彰善桥

在安阳市西南数十公里的龙安区马投涧乡大屯村，有一座迄今已有1000多年历史的石拱桥，名曰彰善桥。彰善桥位于古彰德府至鹤壁官道的必经之路上。

彰善桥横卧古防水（今称新惠河）上，桥栏板尚存。据考证其建筑年代不晚于宋代，明代万历三十九年曾经修补过，整个彰善桥建筑风格独特，石刻艺术精湛，是豫北地区迄今保存完好、非常罕见的单孔石拱桥。

彰善桥呈南北走向，桥体通长48米，宽6.7米，高7米，桥上两侧各有望柱12根，装栏板18块，石栏杆至今保存完好，两侧望柱顶端各有10个形态各异的石狮，左侧北起第二根望柱顶端的石狮就是现存仅有的宋代石狮。两块抱鼓石矗立在桥的两端，以增加桥梁的稳固。

三、光山永济桥

永济桥又名万金桥，位于光山县城南25公里的泼陂河镇街北头，呈南北向横跨于泼陂河上。过去是连接南北的商旅要道，后泼陂河上又新建了一座寨新公路泼陂河大桥，此桥便成为连接泼陂河南北两街的步行桥。该桥始建于明代，为典型的联拱石桥，全部由雕凿过的花岗条石构成，建筑结构严谨，其建筑风格具有典型的南方建筑特点。

据《清乾隆光山县志》记载，明万历庚申年（1620年）由泼陂河境内绅士捐资相助，始建成永济桥。后来，此桥在历次整修中，有众多好心行善者倾囊献款，因募捐款多，人们又称此桥为"万金桥"。

永济桥是河南省最长的古代石拱桥。南北长101米，东西宽7米，桥下由9个拱形孔联缀而成，每个拱形孔长度不一，6～12米不等，宽度和高度由中间孔向两边递减，中间桥孔是高大的陡拱，如驼峰突起，逐渐向两边过渡为弓形孔，宛如弯月。这样的造型显示了建筑力学和美学的有机契合。由于中间桥孔高大，整座桥呈八字形。这种建筑在古代既能使船顺利通过，又可以迅速排除桥面雨水，防止桥面积水向桥下渗漏腐蚀桥梁结构。每一桥墩都"肩挑"两拱，拱相连，构成整体，共同承受着整座石桥的重量。由于桥身长、跨度大、桥面较宽，加之全部由花岗石构成，使得大桥形成一种宏伟、壮观的气势。桥墩的东侧，建有高大的分水岭，可分开洪水穿孔而泻，这是减少山洪冲击、保护长桥的一项科学措施。桥面两侧建有栏杆，两边为人行道，中间为车道。据记载，过去两端桥头有华表，两旁有石栏石柱。每个柱头都雕刻着不同姿态的石狮，桥身两边雕刻有各种图案纹饰，使桥的造型从整体结构至局部装饰都达到了完美的程度

第四节 阙

登封少室阙、太室阙、启母阙为我国著名的汉三阙，国之瑰宝。河南正阳贾君阙也是国内不多见之物。

登封汉三阙

（一）太室阙

太室阙位于中岳庙天中阁南600余米处的中轴线上。是中岳庙前身太室祠的神道阙，始建于东汉安帝元初五年（公元118年），与少室阙、启母阙并称为中岳汉三阙。

太室阙的位置和神道一直未变，是古代祭祀太室山神的重要实物见证。阙是建在城门、墓门、宫门、庙门前面的两个相峙对称的建筑物，因中间没有横额，所以叫"缺"（古时"缺"和"阙"两字通用）。阙的作用其实就是象征性的大门，代表着威严。1961年太室阙被国务院公布为第一批全国重点文物保护单位。

太室阙是用长方形石块垒砌而成，上刻有汉隶和篆、隶参半的铭文，记述了建阙的缘由及赞颂中岳神的灵验，是研究我国书法演变的重要实物。阙身雕刻有斗鸡、车骑出行、人物、龙、虎等画像50余幅，是研究汉代风俗习惯和社会生活的珍贵资料，对研究我国汉代建筑史、绘画艺术史具有极高的价值。

（二）启母阙

启母阙位于登封市城西北2公里的嵩山南麓万岁峰下，为汉代启母庙前的神道阙。阙北190米处有一处开裂的巨石，即"启母石"。据《淮南子》载：大禹治水三过家门而不入，其妻涂山氏化为巨石，石破北方而生启，故后世流传有"闻鼓饷夫"的故事。汉武帝游嵩山时，为此石建庙，今庙已不存。东汉延光三年（公元124年）颍川太守朱宠于启母庙前建神道阙，汉代因避景帝刘启之讳改名开母庙、开母阙。

启母阙结构与太室阙同。西阙现存高3.17米，东阙现存高3.18米，阙门间距6.8米。西阙阙基为两层长方石板，下层石板较大而薄。阙身用长方石块垂直垒砌在阙基上，共7层，总高2.75米，每层用石2～3块。最上层的石块雕作斗形，上承托阙顶，下呈斜角与阙身垒相连。上部东侧，雕作四阿顶。顶的上部雕瓦垄、垂脊，四周雕柿蒂纹瓦当和板瓦，下部刻仿木椽子。阙顶正脊已毁。

阙上有两方阙铭，皆在西阙北面。一方为启母阙铭，一方为堂溪典嵩高庙请雨铭。启母庙阙铭为篆书，内容分两部分，前12行为题名，满行7字。后24行为四言颂辞和仿楚辞体裁的赋，满行12字。阙铭的前一部分是回顾中国古代一次触目惊心的特大洪水，鲧因用堵的方法进行治理失败而丧生。禹吸取教训改用疏通河道排洪泄水的方法，终于成功。赞颂因为征服洪水三过家门而不入的可贵精神，以及随着岁月的流逝和秦王朝的统一，禹和他的事迹逐渐埋没无闻的经过。后一部分着重叙述汉王朝的圣德广布天下，在这里兴祠庙祭祀神明，上天的灵应显示了种种瑞兆，风调雨顺护佑了百姓，为此立阙刻铭，使光辉业绩传之千秋万代（图10-4-1）。

堂溪典嵩高庙请雨铭，在启母阙铭下，东汉熹平四年（公元175年）刻，隶书，计18行，行5字。前6行已难以辨识，现存11行，共55字。

铭文间隙处及其他石块上浮雕人物画像、幻术、骑马出行、斗鸡、驯象、吐火、进谒、倒立、饮宴、日御羲和、启母化石、夏禹化熊、郭巨埋儿、月宫、蛟龙穿环、犬逐兔、果下马、蹴鞠、鹳鸣鱼、虎扑鹿、孔甲畜龙等画像70余幅。1961年3月4日，国务院公布为第一批全国重点文物保护单位。

（三）少室阙

少室阙是汉代少室山庙的神道阙，约建于东汉元初五年至延光二年（公元118～123年），与此处的太室阙、启母阙并称为"中岳汉三阙"。

少室山是嵩山的一部分，共有三十六峰，山峦叠翠，景色十分秀丽。根据史书记载，少室山曾是夏禹之妻涂山氏之妹的居所，传说其亦为夏禹之妃，所以当地又俗称"少室庙"为"少姨庙"。

少室阙较为完整（图10-4-2），东西两阙的结构基本相同，两阙一南一北，相互对峙，东阙高3.37米，西阙通高3.75米，两阙相距6.75米。阙身由正阙和副阙两部分组成。正阙以长方形石块垒砌而成，顶部用巨石雕成四阿式，高3.96米，宽1.82米；副阙象征着围墙，因此比正阙低1.31米，顶部为半个四阿顶。北阙雕刻有篆字"少室神道阙"题额，南阙的隶书题铭大部分已剥落，漫漶不可辨识。

阙壁的四周遍饰用减地平雕刻法雕成的彩画，共计有60余幅，这些画的主要内容包括车马出行、马戏、驯象、月宫以及动物图案等，其中的马戏图雕刻有两匹骏马，骏马腾空飞驰，前一匹马鞍上有一名挽双丫髻的少女，穿着紧身衣裤，倒立在马背上，后一匹马上有一女子舒展长袖随风飘扬，人体自然后倾，这些表现手法充分地显示出了奔马飞奔时的情形和马戏的惊险技艺。汉代的雕刻手法十分夸张，风格则显得飘逸自然，这些彩画是汉代雕刻艺术的代表作。

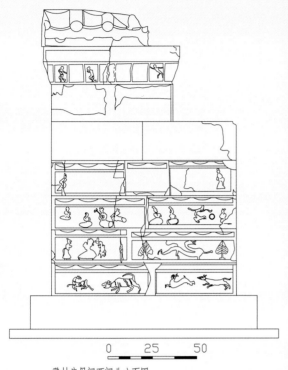

登封启母阙西阙北立面图

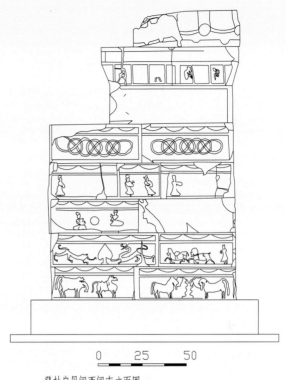

登封启母阙西阙南立面图

图10-4-1　登封启母阙南（右图）北（左图）立面图

登封少室阙东阙北立面图

登封少室阙东阙南立面图

图10-4-2　登封少室阙南（右图）北（左图）立面图

第五节 高台建筑

中国作为历史悠久的文明古国,古建筑也早在原始社会末期就开始萌芽,经历了漫长的社会历史演变,形成了独具特色的建筑体系,而高台建筑在社会发展过程中起到不可估量的作用,是中国建筑史上一颗璀璨夺目的明珠。"高台榭,美宫室"是春秋至魏晋时期的建筑风尚。高台,主要由土建造,是我国特有的一种工程类型,也是我国土木建筑中的一个重要方面。春秋战国到秦汉之际是我国高台建筑最盛行、辉煌的时期,高台工程的质量和规模都达到空前的高度。魏晋之际,由于砖券结构、木构阁楼的稳定发展,高台建筑这种夯土和土木结合的建筑形式已经显得落伍,此时已经发展成完全木构筑。自隋唐以来,中国古代木工技术已迈向成熟,施工方便、效率高的木构为将高台这种凝聚在一个点上的建设代之以全面的都城计划提供了便利,随后,高台建筑渐渐退出历史舞台。但有特殊需求或条件许可时,高台建筑也时而会出现在人们的视野中,开封龙亭和卫辉的望京楼即为典型实例。

一、开封龙亭

现存的开封龙亭(图10-5-1)在中原地区知名度很高,名谓"龙亭",并不是龙亭,只不过是一座清代的高台建筑。

龙亭位于开封市中山路北端,是按清万寿宫布局而建的古建筑群体,自南向北由石狮(图10-5-2)、大门、玉带桥、嵩呼、朝门、东西朝房、照壁、龙亭大殿、东西垂花门和东西跨院、北门、东便门等若干建筑组成。现在为龙亭公园。

龙亭公园的古建筑,有史可据的可上溯到唐德宗李适在位时(公元780~805年)所建的永平军节度使治所——藩镇衙署。之后,五代中的后梁、后晋、后汉、后周相继将其改建为皇宫。北宋时的皇城(包括皇宫)亦在此,称之为大内。金代后期,亦以此为皇宫。元灭金后,它是河南江北行省的衙署。元末红巾军农民起义中龙凤政权也以此为临时行营。至明,当时的统治者又大兴土木兴建周藩王府。

清顺治十六年(1659年),在周王府旧址上设立了贡院,作为考试举人的场所。经过70多年的建

图10-5-1 开封龙亭及环境

图10-5-2　龙亭大门石狮

图10-5-3　龙亭东南方向透视

设，院内建有房舍5000多间。明远楼高4丈，旧日王府遗址重焕生机。但由于此处低洼，积水严重，无法继续使用。清康熙三十一年（1692年），在原周王府煤山上修建了一座"万寿亭"，亭内供奉皇帝万岁牌位，每逢节日大典或皇帝诞辰，地方官员来此遥拜朝贺。于是煤山改为龙亭山，简称"龙亭"，即现在龙亭的前身。清雍正九年（1731年），由总督田文镜主持，将贡院迁至上方寺南新址（今河南大学校内）。清乾隆十五年（1750年），弘历下江南，路经开封。巡抚鄂容安为了接驾，将巡抚衙署改建为行宫，巡抚署搬到按察使司署，按察使司署搬到大道宫，大道宫的道士们移至万寿宫继续布道，并改名为万寿观，把大道宫供奉的真武铜像移入万寿观中。

清嘉庆二年（1797年）曾特诏各直省将储的闲款葺修神祠。河南布政使马慧裕认为神道设教，亦所以奠安斯民，而龙亭实省会之望，尤不可缓。嘉庆五年（1800年）即对万寿观作重点修葺。本着仆者起之，坏者易之，漫漶者黝垩之，俱仍其旧而不改作的原则，在64级蹬道下部，新筑一个一丈六尺的台基，建真武殿三间，将真武铜像移此殿奉祀。龙亭大殿高12米，亭内正中立一巨碑，名"五岳真形"，上悬太极，以应中天房、心二宿。朝门前还增建牌坊一座，上书"拱岳带河"。嘉庆十七年（1812年），督学姚文田对马慧裕的改建十分不满，再次改修，把"拱岳带河"改为"万寿无疆"四字，把"五岳真形"碑移至台下东跨院，大殿正中仍供奉清帝万岁牌位。

清道光二十五年（1845年）二月十九日夜，东北风大作，声如雷鸣，将大殿刮倒。祥符县令于台上建一六角山亭。由下望之，如锥刺空，下大上小，比例严重失调，很不雅观。清咸丰六年（1856年），布政使仍按旧制建成面阔五间的大殿，即当今的龙亭大殿（图10-5-3、图10-5-4）。

龙亭大殿系宋代皇宫后御苑旧址的一部分，殿下高台乃明代周王府花园中的土山。龙亭大殿是公园内整个清代建筑群中的主体，建于72级蹬道的高台之上。大殿坐北朝南，殿前是贯通上下的用青石雕刻的蟠龙盘绕的御道，云龙石雕上至今还留有赵匡胤当年的马蹄印。御道东西两侧各有上下蹬道和便道。大殿高26.7米，东西长19.1米，南北宽11.9米。大殿内天花板上绘有青云彩纹团龙图案，殿外飞檐高翘，檐角皆挂风铃，风铃随风作响，美妙动听。龙亭大殿雄踞于高大的殿基之上，巍峨壮观。

图10-5-4 开封龙亭北立面

图10-5-5 卫辉望京楼外景

特别登上龙亭大殿俯视前方,潘杨二湖,龙亭公园的秀丽景色,繁华的宋都御道,幽雅的古都风貌尽收眼底,使人感慨万千。

高台建筑的意义在文化寓意方面:依靠高台可以取得层叠巍峨的效果,让百姓对帝王产生一种敬畏崇拜的心理。开封龙亭乃晚晴建筑,这一文化心理意义是最主要的。

二、卫辉望京楼

望京楼位于卫辉古城东北角,明万历十九年(1589年)冬动工兴建,万历二十一年秋竣工。望京楼平面呈长方形,底边东西长30米,进深19米,平台高达33米,坐北向南,砖石三合土结构。望京楼作为全国最大的石构无梁殿古建筑,于2006年5月25日,被国务院批准列入第六批全国重点文物保护单位。

望京楼为明潞简王(朱翊镠)思母所建,形体高大,共分两层(图10-5-5)。外壁用青石砌筑,内壁用白石镶筑,外壁中间偏上部位砌筑腰檐。腰檐出挑尺寸和高度尺寸过小,与高大的台体比例失调。第一层东、西、北三面共有四窗,全为半圆拱券顶,青石窗棂残迹尚存。在东、西南角各辟一石券门,青石门框,由两门青石踏步可登至第一层楼。首层内部建十字拱空间,四面辟门,为青石门框,高大宽敞。每券门上有两道木栏杆槽,下有一道石栏杆(50厘米)槽。由东西两门沿青石踏步可登至第二层楼,即平台顶部。

第二层平台之上原有五间歇山式大殿,名曰"崇本书楼",是供潞简王及其子藏书和习书画的宫室。崇本书楼已毁,大殿柱础尚存。大殿前、左、右三面设回廊,殿后有两个小门。

大殿正前方建石坊一座,相对完好,名曰"诚意坊"(图10-5-6)。此坊平面呈一字形,为青石结构建筑,以四柱三楼三间顶的结构形式组成。每柱下前后以如意形抱柱石围绕,下为石质座。上有折枝花卉,上端雕一昂首挺胸、傲视一切蹲坐的石狮,造型逼真,雕琢精美(残五个,毁三个),四阿顶筒瓦瓦垅,清晰地延伸到飞檐的瓦当。下为仿木质结构的昂,昂与昂之间分别有三块镂孔石作装饰,下为"三龙戏珠"横额,正面横额有线雕呈现出阳文三字,下为"童子拜寿"图,四柱分别有龙衔华表式挂轴对联。明间联"雕檐接碧汉会合风云,画栋耸青霄依凭日月",次间联"云楼壮万国雄观,宝殿建千年胜概"。两边为海兽人物图,下为"鹤禄同春"图等。背面横额上为"三龙戏珠"图,下为"八仙庆寿"图。明间联"高阁端严沐九天雨露,崇台镇肃瞻万象光明",次间联"南联地脉嵩衡秀,北观天枢斗极辉"。两柱间横额均雕"二

图10-5-6 望京楼上石牌坊

图10-6-1 开封文庙之棂星门

龙戏珠"图,左边为"迎宾"图,右边为"携子访友"图,石坊的左右两侧均雕有盆景牡丹作装饰。

望京楼起建动因的故事,伴随望京楼一起在卫辉民间流传下来:潞王是明朝万历皇帝的胞弟,当朝太后的亲骨肉。一次潞王到卫辉郊外打猎,跑了整整一上午,跑得腹中饥饿,躺在地上再也不想动了,说是害病了。他的随从,从附近的小摊上,为他拿了一个年糕。潞王一吃病好了,说这年糕真好吃。回到府内,潞王想,我得把这好吃的年糕,送给我母亲。他的想法已定,便出一张告示,所管辖户在三天之内交纳年糕十大船。于是潞王便派专差,把年糕从古城卫辉启程,由水路经卫河通过天津运往北京。时值春天,从卫辉运到北京,已将近五月,所运的年糕,全部霉变。潞王的母亲一看,大放悲声,我儿在卫辉生活的真苦,吃的全是些臭气熏天的东西。她忙叫打开国库,抬出金银财宝,装了满满十船运往卫辉。潞王得到这些银两之后,思母更加心切。他要建一座很高很高的楼,在卫辉能望到北京。这就是我们今天还能看到的望京楼。

故事越传越多、越离奇,而砖石结构的望京楼随着岁月流逝,则是越来越苍老,已经成为国家级文物保护单位的望京楼,如今已成为满目疮痍的危楼,一旦失去,其故事就会更加离奇。

第六节 牌坊、牌楼

一、牌坊、牌楼概述

牌坊、牌楼,可算是最突出的礼制性、标志性建筑小品。它是由具有防范功能的实用性坊门脱胎演变,成了标志性、表彰性、纪念性的纯精神功能的牌坊。明清时期,牌坊用得很普遍,既用于离宫、苑囿、寺观、祠庙、陵墓等大型建筑组群的前导,起显示尊贵身份、组织门面空间、丰富组群层次、强化隆重气氛等作用;也用于街道起点、十字路口、桥梁端头,起标志位置、丰富街景、突出界域的作用。

牌坊与牌楼是中国特有的一种门洞式小品类建筑,一般用木、石、砖等材料构建,上刻题字。牌坊大多在显要部位设正楼匾、次楼匾。这种楼匾和坊额提供了题写彰表、颂词的最有利条件。古人总是充分利用这些条件,使牌坊成为弘扬礼教、歌功颂德、旌表功名、彰扬节孝等最隆重形式的载体。曲阜孔庙的入口和第一进庭院就用了5座牌坊,3座石牌坊处于中轴线上,两座木牌坊东西相向而立,组成了庄严、隆重的门庭气势,渲染了浓厚的景仰气氛。一些地方性的文庙也是如此,开封文庙的棂星门至今尚存,是一座木质牌楼(图10-6-1)。

牌坊用于表彰、纪念等，往往构成当地最显赫的建筑景象。旧时多建于庙宇、陵墓、祠堂、衙署和园林前或街道、路口，用以宣扬标榜功德。

牌坊、牌楼的名称古今都在混用，就连权威的中文词典也把二者混为一谈，如："牌坊，又名牌楼，是一种门洞式的纪念性建筑物……"但是在最初是有区别的。牌坊较牌楼简单，其形制是，在原来两根柱子上加横梁的为牌坊，图10-6-2、图10-6-3所示就是典型的牌坊；在构造简单的牌坊基础上，顶部施以斗栱和屋盖的则成为牌楼，图10-6-4、图10-6-5所示就是典型的牌楼。牌楼要比原有的横门式牌坊更为庄重美观、轩昂巍伟。

牌坊与牌楼以建造材料来分，可分为木构、石构、木石结合、砖构、砖木结合等几种类型。

木构：除了基础、夹杆石及瓦顶之外，其余构件皆以木制成，如开封山陕甘会馆牌楼、汤阴岳飞庙牌楼、沁阳药王庙牌楼等。

石构：所有的构件均以石料制就，另在必需之处以铁活相固，如浚县卫贤乡恩荣石坊、汲县望京楼如意石坊、新乡潞王坟三石坊、社旗山陕会馆三石坊等。

木石结合：除斗栱、檐楼为木制外，其余部分以石为之，如安阳袁世凯坟前的牌楼。

砖构：坊身用条砖砌成，在必要部位施以条

图10-6-2 汤阴羑里城门前的演易坊

图10-6-3 新乡潞简王王妃陵前石牌坊

图10-6-4 洛阳山西会馆门外牌楼

图10-6-5 开封山陕甘会馆内牌楼

图10-6-6 新乡潞简王陵神道起点之石牌坊

图10-6-7 巩义康百万家族之节孝坊

石,如淅川荆紫关关门。

砖木结合：主体构架以木制成,砖砌厚墙夹峙、包固柱身,以墙体替代戗木、夹杆石所建成的牌坊,如济源济渎庙清源洞府门即为此类。

牌坊、牌楼有明显的社会功用：

标志引导的功能。这是最常见的牌坊,它们常常立在街道中间、两端、交叉路口以及寺庙、陵墓等建筑物的前面。牌坊的柱间或门洞也不安设门扇,人们可以穿行或绕它们而行。同时也起着引路导向的重要作用,使人们循着牌坊这一标志,顺利抵达要到的地方,如新乡潞简王陵神道起点处（图10-6-6）、安阳袁林神道的巨型牌坊、卫辉比干庙前的牌坊等。

道德教化的功能。牌坊从一定意义上来讲即是封建礼教和封建道德的一种象征性警示符,是封建道德礼教的物化。立牌坊的一个重要目的是为了给人们树立道德楷模,以此熏陶教育人们要忠君,要讲气节,要孝悌,要贞节,要仁义,要行善积德,要遵循"三从四德"、"三纲五常"等道德礼教。巩义康百万庄园康家"王氏节孝坊"（图10-6-7）即为典型实例。

纪念追思的功能。利用里坊门上表彰功德的做法在牌坊上得到进一步的应用,在各地出现了为纪念重大历史事件或重要历史人物而立的牌坊,这些牌坊就如同是一部凝重的历史教科书,成为我国一些重大事件和重要历史人物生平的实物记录和真实见证。牌坊虽属"建筑"之列,但它又与碑有相通之处,可以用来刻载坊主的姓名、科第、官爵,立坊人的姓名、科第、官爵及立坊的时间等文字,也可以刻载坊主的业绩、功勋、所获荣誉恩宠及对坊主的旌表、颂扬、纪念等方面的文字,常被人们用来表示对先贤或先人的纪念和追思。浚县大型石构"恩荣坊"则属此类。

装饰美化的功能,文化传承。作为建筑文化的载体,牌坊体现了中国古代建筑造型艺术和雕刻艺术的完美结合。在古代的许多大型建筑群中,牌坊常位于整个建筑物组群的中轴线最前端作为"先导"建筑或承前启后建筑,或在整个建筑群里,立于由这个院落空间进入另一个院落空间的交接处（图10-6-8）,使整个大型建筑组群显得布局严整,层次分明,格外庄重、肃穆、雅致、幽深、丰富多变。倘若是大型彩色木牌楼,则又可映衬、渲染周围环境使,其他建筑物更为绚丽多姿。牌坊上所雕绘的龙、凤、狮、虎、豹、鹿、马、鹤、龟、喜鹊、春燕、鲤鱼、牡丹、荷花、水仙、芙蓉、梅花、竹子、松树等被民间奉为祥瑞吉泰的种种动植物及其由这些祥瑞吉泰物组合雕刻而成的一幅幅图案,无一不生动地展示着中国古代的民风民俗等文化传统。

二、浚县恩荣坊

据记载,浚县历史上曾有一百来座古牌坊矗立恩荣坊是明万历年间，皇帝对"亚圣"孟子的后裔孟楠家"一门三进士"的最高奖赏。它原位于浚县卫贤村北大街，后来，为了更好地保护这一河南省重点文物保护单位，文物部门将这座牌坊搬迁至浚县大伾山百猴路中段。浚县恩荣坊被上海辞书出版社出版的《中国名胜词典》作为一处名胜单独列出，它还被权威古建筑专家称为"一座标准的光宗耀祖的功名牌坊"。

恩荣坊，这座石牌坊因雕刻精美被称为"花牌坊"，是明万历四十五年（1617年），神宗皇帝恩准工部主事"一门三进士"的孟楠家族，在其老家卫贤集建立的。这座牌坊高宽皆10米，原为上下两坊。下为四柱三间五楼式大坊，大坊之顶正脊中间原有三间四柱三楼式小坊，人称"牌坊摞牌坊"，这一造型奇特的牌坊建筑样式，在全国可谓独一无二。可惜大牌坊上的那座小牌坊在"破四旧"时被推倒了。1963年，恩荣坊被河南省人民政府公布为文物保护单位，现为国宝单位。

图10-6-8　社旗山陕会馆大殿前石牌坊

这座牌坊建在两座由12块条石砌就的方形平台上，平台的侧面雕有精美的莲花花纹。4根立柱由8块巨大抱鼓石和8块抱柱石围合。抱鼓及抱柱上，各蹲有一只不同姿态的仿佛随时会越壁而起的透雕雄狮。立柱之上有主楼一间，次楼四间，均为歇山式顶，雕有布满花纹的瓦当，并以龙首为脊。因两次间屋顶为重檐，当地人形象地称"四柱五楼石牌坊"。此坊自上而下共7层，主楼檐下横匾上刻有"恩荣"二字。第一层刻二龙戏珠；第二层刻"龙章宠锡"，"锡"在这里读"赐"，意思为圣旨恩赐；第三层是八仙庆寿；第四层刻"敕封承德郎南京工部主事孟含霓"；第五层刻"竹林七贤"图，再现了魏晋时期阮籍、嵇康、山涛、向秀等7位有名的文人于竹林间品酒赋诗、高谈阔论、舒啸长吟的情景，图中还雕有书童等，并雕出了阴晴雨雪四季变化；第六层刻"赐进士及第承德郎工部主事孟楠"并有题记；最下一层的画面上共有16个人物，有骑士、仪仗，上方还有仙人。画面前方刻有一半开半掩的城门，一人从门内探头向外张望，空中有仙人

图10-6-9　浚县恩荣坊外景

于全县城乡，甚为壮观。穿过这一道道牌坊，犹如穿越历史时空中的一道道门槛。这其中大多为文人旌表牌坊，也有贞节牌坊。可惜20世纪50年代，这些古牌坊相继被人为拆除，如今仅有恩荣坊保存下来（图10-6-9）。

图10-6-10 恩荣坊下部巨大的抱鼓石与夹杆石

护送，描绘了孟楠祖孙三代"衣锦还乡、荣归故里"的喜人情景。

整个牌坊以圆雕、浮雕、透雕等雕刻手法，雕出的神兽、人物、房舍、树木、花草，栩栩如生、匠心独运、巧夺天工，其雕刻之精美，花纹之细密，让人叹为观止。可惜的是，牌坊上的人物头像大都在"文革"时期"破四旧"中毁损，只有一个人物雕塑保存完整。

坊柱旁边的麒麟，虽已残缺不全，但它身上细密的纹理、鳞片依然清晰，可见当时的能工巧匠在雕刻的过程中倾注了极大的心血，是灵魂投入后的艺术结晶与文化积淀。

石坊上有几块明显补上去的现代石刻，和旁边古代石刻艺术形成了鲜明对比，更显出古代雕刻艺术的精妙绝伦。坊体上的雕刻，大气、典雅、自由、奔放，可谓浑然天成。

1997年，由省文物部门拨款对恩荣坊进行搬迁和修复。卫贤镇、卫贤村及孟氏族裔忍痛割爱，鼎力相助，历时8个月才将其迁移至大伾山。搬迁后的恩荣坊得到了更好的保护，也方便了人们研究、观赏。

牌坊作为中华文明的有机组成部分，在中国传统文化中具有独特的地位和重要价值。耸立于城乡各地的牌坊，经过历史的沧桑，如今仍以其特殊的形象点缀着环境，它们使这些城市和乡村更加富有历史和文化内涵。

注释

① 河洛交汇即伊洛河与黄河的汇合处，场面博大壮观；黑石关乃是嵩山与邙山对峙，形成的狭小关隘，地形险要，是豫秦古道上的第一道关口。

② 康百万庄园文史编纂委员会. 康百万庄园[M]. 香港：香港国际出版社，2002：19.

③ 周宝珠. 宋代东京研究[M]. 开封：河南大学出版社，1992：194.

④ 河南省古代建筑保护研究所. 河南临颍小商桥[M]. 郑州：河南人民出版社，2002：4~5.

河南古建筑

第十一章 石窟石刻

河南石窟石刻分布图

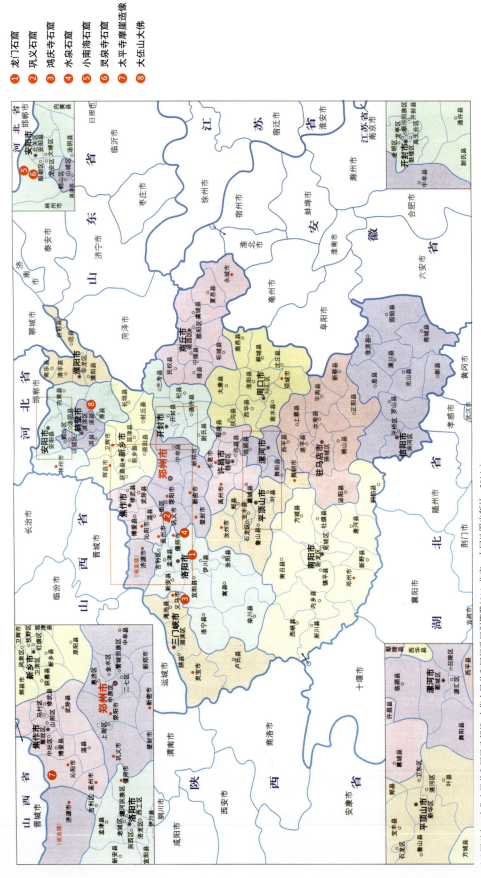

① 龙门石窟
② 巩义石窟
③ 鸿庆寺石窟
④ 水泉石窟
⑤ 小南海石窟
⑥ 灵泉寺石窟
⑦ 太平寺摩崖造像
⑧ 大伾山大佛

（地图引自：中华人民共和国民政部编. 中华人民共和国行政区划简册2014. 北京：中国地图出版社，2014.）

第一节 概述

石窟是指就着山势，从山崖壁面向内部纵深开凿的古代庙宇建筑，里面有宗教造像或宗教故事的壁画。石窟是佛教建筑中最古的形式之一，在印度称为"石窟寺"。石窟本是佛教僧侣的住处，一般石窟寺是开凿岩窟呈一长方形，在入口的地方有门窗。石窟中间是僧侣集会的地方，两边是住房。后来发展成为两种形式：一种叫做"礼拜窟"，一种叫做"禅窟"。礼拜窟雕造佛像，供人瞻仰礼拜；禅窟主要是供修禅居住的。从公元4世纪到8世纪之间，印度佛教的建筑艺术向东传播，我国如新疆的库车、甘肃的敦煌、山西的云岗以及河南的龙门与河北的南、北响堂山等地现存的古代石窟，就是首先吸取了印度石窟造型艺术而建造的。中国的石窟起初是仿印度石窟的制度开凿的，多建在中国北方的黄河流域。从北魏（公元386～534年）至隋（公元581～618年）唐（公元618～907年），是凿窟的鼎盛时期，尤其是在唐朝时期凿筑了许多大型石窟，唐代以后逐渐减少。中国石窟可分为新疆、中原北方和南方三大地区。形制除佛殿、僧房两大类外，又增窟内立中心塔柱或佛像的塔庙窟。龙门石窟、敦煌石窟、云冈石窟是中国石窟寺的三大代表，都属于世界上最优秀的石窟。

河南位于中国中东部、黄河中下游地区，是我国古代文明的主要发祥地。4000多年前的龙山文化中晚期，中原进入了石、铜器并用的时代，产生了私有制，阶级社会开始萌芽，进而出现了我国历史上第一个奴隶制国家——夏朝。以后，商代的首都西亳和殷均在河南境内。佛教东来，最先到洛阳，后四处传播。河南是中原文化的腹地，中原文化作为中华民族传统文化的根源和主干在中华文化发展史上占有突出地位。河南境内存在大量石窟寺遗迹，洛阳龙门石窟被列入世界文化遗产名录，在全球有广泛影响；河南第二大石窟是巩义石窟寺，也是我国重要石窟之一，系国家级重点文物保护单位；义马鸿庆寺石窟为河南第三大石窟，亦为国家级文物保护单位。另有比较重要的省级文物保护单位：偃师水泉石窟、安阳县小南海石窟、安阳县灵泉寺石窟、浚县大伾山石窟、洛阳吉利区万佛山石窟、宜阳虎头寺石窟、新安县西沃石窟等40余处。"河南石窟寺和摩崖造像自北魏至明清千余年间连续开凿，从无间断，不但数量多，更具有很高的历史和艺术价值，在全国同类文物中占有非常重要的地位。"①

第二节 龙门石窟

龙门石窟坐落于素称"十三朝古都"的洛阳城南伊河两岸，南北长达1公里。1961年，龙门石窟被我国政府公布为第一批全国重点文物保护单位，2000年11月30日，联合国教科文组织第24届世界遗产大会将其列入《世界文化遗产名录》。

一、地理环境及历史背景

洛阳位于河南省西部，横跨黄河中游两岸，地势西高东低。境内山川丘陵交错，地形复杂多样，其中山区45.51%，丘陵40.73%，平原13.8%，周围有郁山、邙山、青要山、荆紫山、周山、樱山、龙门山、香山、万安山、首阳山、嵩山等多条山脉；境内河渠密布，分属黄河、淮河、长江三大水系，黄河、洛河、伊河、清河、磁河、铁滦河、涧河、瀍河等10余条河流蜿蜒其间，有"四面环山、六水并流、八关都邑、十省通衢"之称。

龙门石窟位于洛阳市城南6公里的伊阙峡谷，这里香山和龙门山两山对峙，伊河水从中穿流而过，古称"伊阙"。隋炀帝迁都洛阳后，把皇宫的正门正对伊阙，从此，伊阙便被人们习惯地称为龙门。龙门自古为险要关隘、交通要冲，向为兵家必争之地。因山清水秀，环境清幽，气候宜人，被列入洛阳八大景之冠。唐代大诗人白居易曾说："洛都四郊，山水之胜，龙门首焉。"此处素为文人墨客观游胜地；又因石质优良，宜于雕刻，故而古人择此而建石窟。这里青山绿水、万象生辉，伊河两

图11-2-1 龙门石窟全景图

岸东西山崖壁上的窟龛星罗棋布、密如蜂房,场景壮观(图11-2-1)。龙门石窟始凿于北魏孝文帝迁都洛阳前后,经历东魏、西魏、北齐、北周、隋、唐和北宋等朝,雕凿断断续续达400年之久,与敦煌莫高窟、大同云冈石窟并称为中国三大艺术宝库。

从魏孝文帝迁都洛阳到孝明帝时期的35年间(公元493～528年),是龙门石窟雕造佛像的第一个兴盛时期,石窟造像的三分之一,主要集中在伊河西边的山崖上,以古阳洞、宾阳三洞等为代表。

北魏末年的朝廷政变、社会动荡和连年战争,使龙门石窟的建造一度停滞,直到隋唐雄浑瑰丽的时代风潮带来第二次开窟造像的高潮。唐朝之后,龙门石窟的建造渐落帷幕,而佛教也最终融入了博大精深的中原文化,并被宋儒所代替。

北魏时期人们崇尚以瘦为美,所以,佛雕造像也追求秀骨清像式的艺术风格。而唐代人以胖为美,所以唐代的佛像脸部浑圆、双肩宽厚、胸部隆起,衣纹的雕刻使用圆刀法,自然流畅。龙门石窟的唐代造像继承了北魏的优秀传统,又汲取了汉民族的文化,创造了雄健生动而又纯朴自然的写实风格,达到了佛雕艺术的顶峰。

二、现状

龙门石窟以北魏和唐代为两大造像高潮时期,历时近150年。其他朝代只是零星开凿,且规模较小。龙门两山现存窟龛2345个、造像10万余尊、碑刻题记2800多块、佛塔70多座。在整个石窟中,北魏造像约占三成,全部在西山,最有代表性的洞窟有古阳洞、宾阳中洞、莲花洞、皇甫公窟、魏字洞、普泰洞、火烧洞、慈香窑等;唐代造像几乎占六成,大部分在西山,自武则天时转移到东山,最有代表性的洞窟有西山潜溪寺、宾阳南洞、宾阳北洞(以上两洞的洞窟及窟顶装饰完成于北魏,佛像完成于隋和初唐)、敬善寺、摩崖三佛龛、奉先寺大像龛、万佛洞、极南洞和东山擂鼓台三洞、看经寺、高平郡王洞、千手千眼像龛、二莲花洞等;其他年代造像仅占一成。"西山主要石窟由北向南依次为:潜溪寺、宾阳三(北、中、南)洞、敬善寺、摩崖三佛龛、新罗像龛、双窑洞、万佛洞、清明寺、惠简洞、汴州洞、慈香窑、老龙洞、莲花洞、弥勒洞、奉先寺、大统洞、药方洞、香竹龛、来狮九洞、六师洞、北市狮行龛、古阳洞、王祥洞、火烧洞、石窟寺、皇甫公窟、六座塔、八作司洞、尤骥将军洞、地华洞、路洞、净土堂洞、龙华寺、极南洞"等。[②]

(一)潜溪寺

潜溪寺是龙门西山北端第一个大窟。窟高9.3米、宽9.5米、进深6.7米,大约建于1300多年前的唐代初期。窟顶藻井为一朵浅刻大莲花。主佛阿弥陀佛端坐在须弥台上，面颐丰满，胸部隆起，衣纹斜垂座前，身体各部比例匀称，神情睿智，整个姿态给人以静穆慈祥之感。主佛左侧为大弟子迦叶，右侧为小弟子阿难。两弟子旁边分别为观世音菩萨与大势至菩萨。阿弥陀佛与两侧的两位菩萨共称为西方三圣，即掌管西方极乐世界的三位圣人，是佛教净土宗信仰的对象。

（二）宾阳中洞

宾阳中洞是北魏时期代表性的洞窟。"宾阳"意为迎接出生的太阳。宾阳三洞开凿于北魏时期，是北魏宣武帝为他父亲孝文帝做功德而建。开工于公元500年，历时24年，用工达80多万个，后因为发生宫廷政变以及主持人刘腾病故等原因，计划中的三所洞窟（宾阳中洞、南洞、北洞）仅完成宾阳中洞，南洞和北洞都是到初唐才完成了主要造像。

宾阳中洞内为马蹄形平面，穹隆顶，中央雕刻重瓣大莲花构成的莲花宝盖，莲花周围是8个伎乐天和两个供养天人。他们衣带飘扬，迎风翱翔在莲花宝盖周围，姿态优美动人。洞内为三世佛题材，即过去、现在、未来三世佛。主佛为释迦牟尼。他在29岁时出家修行，经过6年，悟道成佛，创立了佛教。由于北魏时期崇尚以瘦为美，所以主佛释迦牟尼面颊清瘦，脖颈细长，体态修长，衣纹密集，雕刻手法采用的是北魏的平直刀法。由于北魏孝文帝迁都洛阳后实行了一系列的汉化政策，所以洞中主佛的服饰一改云冈石窟佛像那种偏袒右肩式袈裟，而身着宽袍大袖袈裟。释迦牟尼身边侍立二弟子、二菩萨。二菩萨含睇若笑，文雅敦厚。左右壁还各有造像，都是一佛、二菩萨，着褒衣博带袈裟，立于覆莲座上。洞中前壁南北两侧，自上而下有四层精美的浮雕。第一层是以《维摩诘经》故事为题材的浮雕"维摩变"；第二层是两则佛本生故事；第三层为著名的帝后礼佛图；第四层为"十神王"浮雕像。特别是位于第三层的帝后礼佛图，反映了宫廷的佛事活动，刻划出佛教徒虔诚、严肃、宁静的心境，造型准确，制作精美，代表了当时生活风俗画的高度发展水平，具有重要的艺术价值和历史价值。在20世纪的三四十年代被盗往国外，现在分别陈列在美国纽约大都会博物馆和美国堪萨斯州纳尔逊艺术博物馆。

（三）宾阳南洞

宾阳南洞的洞窟为北魏时期开凿，但洞中几尊主要佛像都完成于初唐。洞中主佛为阿弥陀佛，面相饱满，双肩宽厚，体态丰腴，体现了唐朝以胖为美的风格（图11-2-2）。宾阳南洞是唐太宗李世民的第四子魏王李泰在北魏废弃的基础上又续凿而成，为其生母长孙皇后做功德而建，属于过渡时期的作品。

（四）摩崖三佛龛

摩崖三佛龛共有7尊造像，其中3尊坐佛，4尊立佛，这种造像组合在中国石窟寺中极为罕见。中间主佛为弥勒，坐于方台座上，头顶破坏，仅雕出轮廓，未经打磨。据佛经记载，弥勒佛是"未来佛"，是作为现在佛释迦牟尼的接班人而出现的。武则天利用弥勒信仰为其登基制造舆论，登基后又自称"慈氏"（即弥勒），推动了弥勒信仰的风行，摩崖三佛龛的开凿正是在这样的历史背景下出现的。随着武周政权的垮台，摩崖三佛龛也因此而停

图11-2-2　龙门石窟宾阳三洞之南洞造像

图11-2-3 龙门石窟之万佛洞

工。虽然这组造像是半成品，却为我们了解石窟造像的开凿程序提供了一份宝贵的实物资料。

（五）万佛洞

万佛洞因洞内南北两侧雕有整齐排列的15000尊小佛像而得名（图11-2-3）。洞窟呈前后室结构，前室造二力士、二狮子，后室造一佛、二弟子、二菩萨、二天王，是龙门石窟造像组合最完整的洞窟。窟顶有一朵精美的莲花，环绕莲花周围的为一则碑刻题记："大唐永隆元年十一月三十日成，大监姚神表，内道场运禅师，一万五千尊像一龛。"它说明了该洞窟是在宫中二品女官姚神表和内道场智运禅师的主持下开凿的，完工于唐高宗永隆元年（公元680年）。洞内主佛为阿弥陀佛，端坐于双层莲花座上，面相丰满圆润，两肩宽厚，简洁流畅的衣纹运用了唐代浑圆刀的雕刻手法。主佛施"无畏印"，表示在天地之间无所畏惧，唯我独尊。主佛端坐在莲花宝座上，在束腰部位雕刻了四位金刚力士，那奋力向上的雄姿与主佛的沉稳形成了鲜明的对比，也更加衬托出主佛的安详。主佛背后还有52朵莲花，每朵莲花上都端坐有一位供养菩萨，她们或坐或侧，或手持莲花，或窃窃私语，神情各异，像是不同少女的群体像。52代表着菩萨从开始修行到最后成佛的阶位，即十信、十住、十行、十回向、十地、等觉、妙觉。

在洞内南北两壁整齐地刻有15000尊小佛像，每尊只有4厘米高。在南北两壁的壁基上各刻有6位伎乐人，舞伎在悠扬的乐曲声中翩翩起舞，体态轻盈，婀娜多姿。整个洞窟金碧辉煌，向人们展现了西方极乐世界的理想国土，烘托出一种热烈欢快、万众成佛的气氛。

（六）莲花洞

莲花洞因窟顶雕有一朵高浮雕的大莲花而得名，大约开凿于北魏年间。莲花是佛教象征的名物，意为出淤泥而不染。因此，佛教石窟窟顶多以莲花作为装饰，但像莲花洞窟顶这样硕大精美的高浮雕大莲花，在龙门石窟也不多见。莲花周围的飞天体态轻盈，细腰长裙，姿态自如。北京人民大会堂的莲花顶就是依据此莲花设计而成的。

洞内正壁造一佛、二弟子、二菩萨，主像为释迦牟尼立像，著褒衣博带式袈裟，衣褶简洁明快。这是释迦牟尼的游说像，即释迦牟尼外出讲经说法时的形象。二弟子是浅浮雕，左侧弟子迦叶深目高鼻，胸部筋骨突兀，手持锡杖，似一西域苦行僧，可惜其头部早年被盗，现存法国吉美博物馆。

（七）奉先寺大像龛

奉先寺是龙门石窟规模最大、艺术最为精湛的一组摩崖型群雕，因为它隶属于当时的皇家寺院奉先寺而俗称"奉先寺"（图11-2-4）。此窟开凿于唐高宗咸亨三年（公元672年），皇后武则天赞助脂粉钱两万贯，上元二年（公元675年）功毕。长宽各30余米，洞中佛像明显体现了唐代佛像艺术特点，面形丰肥、两耳下垂，形态圆满、安详、温存、亲切，极为动人。主佛莲座北侧的题记称之为"大卢舍那像龛"。这里共有9尊大像，中间主佛为卢舍那大佛，为释迦牟尼的报身佛，据佛经说，卢舍那意即光明遍照。这座佛像通高17.14米，头高4米，耳朵长达1.9米，佛像面部丰满圆润，头顶为波状形的发纹，双眉弯如新月，附着一双秀目，微微凝视着下方。高直的鼻梁，小小的嘴巴，露出祥和的笑意。双耳长且略向下垂，下颌圆而略向前

图11-2-4 龙门石窟之奉先寺大像龛

突。圆融和谐，安详自在。身着通肩式袈裟，衣纹简朴无华，一圈圈同心圆式的衣纹，把头像烘托得异常鲜明而圣洁。整尊佛像，宛若一位睿智而慈祥的中年妇女，令人敬而不惧（图11-2-5）。有人评论说，在塑造这尊佛像时，把高尚的情操、丰富的感情、开阔的胸怀和典雅的外貌完美地结合在一起，因此，她具有巨大的艺术魅力。饱经沧桑、老成持重的大弟子迦叶，温顺聪慧的小弟子阿难，表情矜持、雍容华贵的菩萨，英武雄健的天王，咄咄逼人的力士与主佛卢舍那一起构成了一组极富情态质感的美术群体形象（图11-2-6）。

奉先寺的九尊大像的背后有很多长方形的小龛，这是大约在宋、金时期，人们为了保护大像龛，依龛修建了木结构屋檐式建筑，这些建筑影响了佛像的通风，加速了佛像的风化，因而后来被拆除。

以卢舍那为中心的大像龛群雕，在构图设计上利用简练的对称排列布局，整组群雕突出的是卢舍那大像（图11-2-4），在文殊、普贤、天王、力士

图11-2-5 卢舍那大佛近景

图11-2-6 卢舍那大像龛右半部景象

等众神的陪衬下，构成佛国圣众的完美组合（图11-2-6）；在艺术表现手法上，大像龛也是精心谋划设计的，如眼睛和服饰都经过特殊艺术处理，体现出该佛龛的创作者在艺术处理上的认真严肃，也增加了这组群像的真实感。大像龛九尊大像的雕刻，在造像的总体比例尺度方面，注意利用透视关系，刻意调整雕刻、绘画的人体比例关系，消除观者视觉差，取得了极佳的艺术效果。正常人体头与身高的比例坐像是5.5∶1，站像是7.5∶1。经勘测，卢舍那大像的实际比例是4.2∶1。但当人们站在大像前，并未感到不协调。一般瞻仰者很少有人能注意到九尊大像在雕凿时已纠正了人们的视觉差。除了在比例上对视觉差进行调整，还合理地安排了朝拜者拜佛时所站立的地面位置、距大佛不同距离的高度调整（图11-2-7）。大佛前40米左右的距离，除中间阶道供皇帝贵妃行走，整个地面共设计了4级高度差，越远越低，台阶缓减，使人们在龛前任何位置、任何角度看卢舍那大佛，都感到十分亲切，大佛的眼睛与你对视，亲近地面对仰望者微笑，让人们只有抬头仰望才能看到群雕、看到佛面，从而感到大佛的慈祥和雄伟，这也是建筑艺术上的杰作。1990年将像龛前沿清理整修，将皇家行走的9米宽台阶道整修、补缺并向前延伸砌筑到山下道边。使人们到奉先寺下，抬头隐隐仅可见到卢舍那在微笑，但完整的面部却难以看到，它吸引着游者到大像龛前去朝拜。③

奉先寺大型艺术群雕以其宏大的规模、精湛的雕刻高居于中国石刻艺术的巅峰，成为中国石刻艺术的典范之作，也成为唐朝这一伟大时代的象征。

（八）古阳洞

古阳洞在龙门山的南段，开凿于公元493年，是龙门石窟造像群中开凿最早、佛教内容最丰富、书法艺术最高的一个洞窟。它规模宏伟、气势壮观，洞中北壁刻有楷体"古阳洞"三字。到了清末光绪年间，道教徒将主像释迦牟尼涂改成太上老君的形象，讹传老子曾在这儿炼丹，所以古阳洞又叫老君洞（图11-2-8）。

古阳洞是由一个天然的石灰岩溶洞开凿而成的。窟顶无莲花藻井，地面呈马蹄形。主像释迦牟尼，着双领下垂式袈裟，面容清瘦，眼含笑意，安详地端坐在方台上，侍立在主佛左侧的是手提宝瓶的观音菩萨，右边的是拿摩尼宝珠的大势至菩萨，

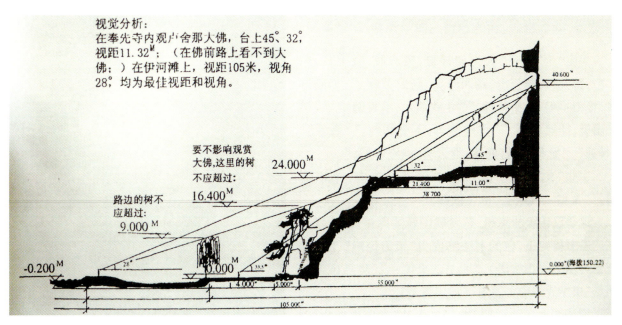

图11-2-7 龙门石窟奉先寺群雕最佳视觉分析图

他们表情文静,仪态从容。古阳洞大小佛龛多达数百,雕造装饰十分华丽,特别是表现在龛的外形、龛楣和龛额的设计上,丰富多彩,变化多端,有的似莲瓣样的尖拱、有的是房屋形的建筑、有的是帷幔和流苏,并且在龛楣上雕造有佛传故事,如古阳洞南壁释迦多宝龛上,有树下诞生、步步生莲、九龙灌顶等。

古阳洞是北魏皇室贵族发愿造像最集中的地方。这些达官贵人不惜花费巨资,开凿窟龛,以求广植功德,祈福免灾,而且留下了书法珍品——龙门二十品。古阳洞中就占有十九品,另一品在慈香窑中。龙门二十品是指从北魏时期精选出不同的20块造像题记,它们记载着佛龛的雕凿时间、人物、目的等。二十品的特点是:字形端正大方、气势刚健质朴,结体、用笔在汉隶和唐楷之间。清代学者康有为曾大力提倡整个社会书写要用魏碑体。康有为认为:"古今之中,唯南碑与魏碑可宗。可宗为何?曰有十美:一曰魄力雄健,二曰气象浑穆,三曰笔法跳跃,四曰点画峻厚,五曰意态奇逸,六曰精神飞动,七曰兴趣酣足,八曰骨法洞达,九曰结构天成,十曰血肉丰美。是十美者,唯魏碑南碑有之。"现在,龙门二十品仍有无穷的艺术魅力,每年吸引无数的海外友人,漂洋过海,为的是能够亲眼看见这一书法奇珍。

（九）药方洞

药方洞在龙门西山奉先寺和古阳洞之间,开凿于北魏晚期（图11-2-9）。造像为一佛、二弟子、

图11-2-8 龙门石窟古阳洞

图11-2-9 龙门石窟药方洞

二菩萨。正壁主佛身躯粗壮，造型敦实厚重。佛和菩萨衣服宽松，褶纹稀疏，其造像特征、衣饰、刀法都具有响堂山石窟像的基本特征。

窟门两侧所刻之古代药方，共140多个，涉及内科、外科、妇科、儿科、五官科、神经科等。制剂方法有丸、散、膏、汤等，所涉及的药物达120多种，包括植物、动物、矿物等，是我国现存最早的石刻药方，是唐代初年我国医疗学、药物学的珍贵遗产。

（十）看经寺

看经寺位于龙门东山万佛沟北侧，为武则天时期所雕刻，双室结构，前室崖壁有数十个小龛造像，主室进深11.1米，宽12.6米，高8.3米。平顶，洞顶雕有莲花藻井，周围环绕着4个体态丰润、形象优美的飞天。石窟方形平面，四壁垂直，三壁下部雕出传法罗汉29尊，为中国唐代最精美的罗汉群像，是据隋代费长房《历代法宝记》刊刻的。这种不雕佛像仅雕罗汉的大窟，似是一大型禅堂，可能是禅宗所主持开凿的。看经寺是龙门东山最大的一个洞窟，29尊传法罗汉保存完好。

三、价值

龙门石窟具有石窟艺术中典型的皇家风范，龙门石窟这一突出的特征是其他石窟无法匹敌的。龙门石窟是中国历史上繁荣时代雕刻艺术的典范之作，龙门石窟的造像，丰富多彩、姿态各异，有佛像、菩萨像、罗汉像、天龙八部护法像、佛传故事像、经变故事像、供养人像等。造像组合布局，适度得体、和谐优美；佛及菩萨、弟子等形象的塑造，形神兼备、栩栩如生；刀法运用娴熟流畅，可谓独具匠心、不拘一格；龙门石窟的碑刻题记是一部涵盖多种学科的"石史"。龙门石窟的碑刻题记多达2840余块，凡30多万字。其数量之多，在全国乃至世界各地诸石窟寺中居首位，故有"古碑林"之美誉。造像铭记的内容涉及广泛，是研究政治、经济、历史、地理、宗教、民俗、艺术、医药、中外文化交流等学科领域的珍贵资料。那些有纪年的题记，不仅是龙门石窟考古分期断代的重要依据和标尺，而且在一定程度上也是中国石窟考古的准绳；龙门石窟是佛教众多宗派的集成，在中国佛教史上，由于信仰的神祇和义理不同而出现了许多宗派。龙门石窟就聚集了佛教众多宗派的造像，大大地丰富了石窟造像的题材内容，反映了龙门石窟初、盛唐时期的中心地位，也为研究佛教宗派的活动及其仪轨提供了可靠的实物资料；龙门石窟对中国石窟造像艺术变革作出了重要贡献，龙门石窟则是远承印度石窟艺术，近继大同云冈石窟风范，与魏晋洛阳和南朝先进而深厚的汉族历史文化相碰撞、融合开凿成的，有自身成套而独特的雕塑艺术语言，揭示了雕塑艺术创作的各种规律和法则。

第三节 巩义石窟

巩义石窟寺位于河南省巩义市区东北9公里的河洛镇寺湾村邙岭大力山下（图11-3-1），始建于北魏孝文帝太和年间（公元493～499年），宣武帝景明年间（公元500～503年）开始大规模凿窟造像。后东西魏、北齐、隋、唐、北宋，相继于此造窟凿像。现存石窟前的木构建筑为清同治年间所修。寺南临洛水，背依大力山。山的上部为厚

图11-3-1　巩义石窟寺全景图

4.5米的黄土层，下为岩石层，露出地面的部分厚20米。石窟群就开凿在岩石层上。现有主要洞窟5个，千佛龛1个，摩崖造像3尊及历代造像龛328个，总计大小造像7743尊，造像题记及其他铭刻186则。造像题记包括北魏3则、东西魏10则、北齐29则、北周2则、唐代85则、宋代2则、时代不详的30则。新中国成立前，石窟寺各窟被盗严重。第3、4、5窟及千佛龛被泥沙淤埋2/3以上。1954年清理了各窟内的淤土，新建了石窟寺保护房。1973年以后，国家多次拨款对石窟寺进行全面化学合剂技术粘接、勾缝、修补，另外还修建了大型排水沟，扩建围墙和其他建筑。1987年建立巩县石窟寺文物保管所。现为国家级重点文物保护单位。

一、历史背景

巩义石窟寺位于闻名世界的丝绸之路的陆路起点段，始建于北魏孝文帝时期，历代相继在此凿龛造像，现存洞窟5个，佛龛300多个，造像7743尊，具有很高的艺术价值和历史价值，其中《帝后礼佛图》生动地反映了当时皇家礼佛的宏大场面，雕刻精美，堪称国宝。该寺初名希玄寺，唐改为净土寺，宋称大力山十方净土寺，明代称大力山十方净土禅寺，清代迄今俗称石窟寺。这里的雕刻既保留着北魏浓重的艺术特点，又孕育着北齐、隋代的雕刻艺术萌芽，形成由北朝向唐朝过渡的一种艺术风格，在雕刻艺术史上占有重要地位。巩义市石窟寺在总体设计上突出的是利用窟内外壁面上端宽大的二方连续形式的边饰，造成整体格局上的完整和宏丽基调。窟内雕像位置的安排则以观者进门首先映入眼帘的一坐佛、二立佛为主，加上两壁整齐划一的小千佛，给人以一种繁盛崇高的审美感受。当观者返身离开石窟面对大门内侧又是场面肃穆的大幅礼佛图，尤能加深观者虔敬的宗教印象。

二、现状

石窟寺依山开凿五窟，五窟中以第一窟的规模最大。窟中的雕像，大部分取材于《妙法莲花经》，部分则采自汉魏两晋以来的本土艺术传统，是外来宗教与中原文化融合的优秀艺术作品。石窟寺是继洛阳龙门石窟之后开凿的，经历了1500多年的风风雨雨，寺内建筑多已不存，现存大雄宝殿和东西庑殿10间。石窟诸佛造像多为方圆脸型，神态文雅恬静，衣纹简练。礼佛图、飞天、神兽、佛教故事等是现存较完整的北魏浮雕造像。

第一石窟为正方形，高、阔各6米。门内两侧雕有"帝后礼佛图"，余三壁雕佛像和佛传故事。

壁角雕神王、怪兽、乐伎等。左侧三幅是皇帝礼佛图（图11-3-2），右侧三幅是皇后礼佛图。帝后礼佛图分为3层6组，每层由比丘和比丘尼作前导，帝后、侍从，前呼后拥，反映皇室之宗教信仰。帝、后身后跟着文武大臣和成群的嫔妃，帝后皆有侍女搀扶，前有僧人导引。礼佛图构图协调，刀法熟练，造型逼真（图11-3-3、图11-3-4），充分表现了工匠巧夺天工的艺术技巧。正中有一根方柱，四面雕有佛龛。龛内各雕有一佛、二弟子、二菩萨。佛座下面最小，两侧有一对石狮子，蹲伏披毛，形象逼真。佛像的背光刻有火焰纹，两侧有对称的飞天、化生和莲花。弹琵琶、横吹笛的会乐飞天，生动活泼，栩栩如生，构成以佛为主的对称协调的成组石雕。方柱的基座每面都雕有力士，力士下面雕有姿态各异的神王。方柱上端每面都有由化生、莲花和垂鳞纹、彩铃、飘带组成的垂幔，刻工精细，美丽而庄重。此等雕像多已破损，且经后世加塑补彩，大抵失去本来面目，然其构图简练生动，是我国现存浮雕中较为完整者。

第二窟为一尚未完工的窟穴。东壁有3个佛龛，是北魏初期的作品。龛内雕一佛、二弟子、二菩萨、二力士，座下刻二狮子。中心方柱南面从上到下开凿三个佛龛，最下面的一个较大的为唐代龙朔三年（公元663年）所造。龛内雕一佛、二弟子、二菩萨，分立于莲花或莲蓬之上。龛楣刻有七尊佛像，其两侧刻有飞天。龛外两侧刻雕有比龛门还高的两个菩萨。

第三石窟中央方柱之每面作有三尊佛、两罗汉等佛龛，四面壁上并雕有千体佛像、奏乐天人及供养行列等。第四石窟和第三石窟从形制布局到艺术风格与第一窟大体相同，比第一窟略小一点。也有帝、后礼佛的浮雕，刻工之精，如出一手。

第四窟系由东、西二窟组成。东窟有北魏所造之三尊佛，上有唐咸亨元年（公元670年）十月之铭文，其左右并有二佛龛。西窟前面西方之侧壁上亦有大小之三佛龛，其一即刻有唐乾封二年八月之铭文。又东西二窟之界壁上，尚有三层之佛龛，佛像中并有唐龙朔二年及三年之铭文。盖此等石窟之最初，只刻三尊佛而已，至唐代开始开凿更多之佛龛。

第五窟突兀在壁面之外，是一平面正方形的小

图11-3-2 巩义石窟寺皇帝礼佛图

图11-3-3 巩义石窟寺帝后礼佛图之一

图11-3-4 巩义石窟寺帝后礼佛图之二

图11-3-5 巩义石窟寺千佛龛

窟，面积最大，窟高3米，四壁边长2米。外壁入口之左右安置金刚力士像。入口东方之侧壁已崩坏，西方则有小佛龛，刻有唐延载元年（公元694年）、久视元年（公元700年）、咸通八年（公元867年）等之铭文。中央有约3米之方柱，其四面各刻有大佛龛，窟内东西北三壁上，各开四佛龛，安置三尊佛，上部并造千体佛。前面入口之左右壁同于第二、第三窟，三层浮雕上，刻有供养人物行列之图，上面亦有千体佛。四壁之腰壁如同第二、第三窟，其前面及左右均刻有天人奏乐之图。石窟门外上方和两侧有许多从北魏到唐代的小型佛龛。在窟门左侧雕有一座佛塔，9级，下3级为楼阁式建筑形式，每一级都有佛像，为世所罕见，对研究北朝的建筑史有重要价值。窟内设有中心方柱；窟顶为方形藻井，藻井中心是一朵特大的莲花，周围环绕6个凌空高翔的飞天，四角有图案化的化生佛并间有忍冬。整个藻井是以莲花为主题，构图匀称，美观大方。

千佛龛石壁较低，内有一个较大的佛龛，为唐代乾封年间（公元666～667年）所造。龛高1.5米，宽2.12米，龛额为拱形。后殿平直、规整，有一坐佛。殿壁刻有排列整齐的小佛龛，有小佛999尊，加上中间的大佛，恰巧是1000尊，故曰"千佛龛"（图11-3-5）。龛外两侧有许多摩崖造像，刀法多变，形象生动（图11-3-6）。

五窟共同之特色，系在各窟内筑造大方柱，观其手法，则是承云冈、龙门之后，于北魏开凿而成。然或因年久破损，或经涂抹塑土，故第一窟除存有东魏天平三年（公元536年）之造像铭外，其他之北魏铭刻已不见。第四、五窟岩壁间有佛龛，内置三尊摩崖大佛像，其巨大之佛龛大半破坏，左胁侍菩萨已失，右胁侍菩萨之头部亦损，然颇能显出北魏雕刻之特质；本尊为释迦立像（图11-3-7），表现北魏风格。此外，该寺大殿之外壁间所嵌入之碑中，保存有唐代禅宗大德演公（明演）之塔铭并序，寺之前庭亦存有宋绍圣三年（1096年）十二月建立之净土寺宝月大师碑。

图11-3-6 千佛龛西侧摩崖造像

图11-3-7 巩义石窟寺之大佛造像

第四节 其他石窟

在河南境内还存有价值较高的其他石窟，如偃师县的北魏至宋的水泉石窟，义马市北魏至唐的鸿庆寺石窟，安阳县北齐的小南海石窟及东魏至隋、唐时期的灵泉寺石窟，沁阳县隋、唐、五代的窄涧谷太平寺摩崖等。

一、水泉石窟

水泉石窟位于河南偃师市寇店乡石窟村南、沙河东岸万安山的断壁上，坐东朝西，依山面水，窟深6.5米，宽4.8米，高12米。窟内后壁正中，雕主佛两尊，现仅存北侧一佛，高约3米。窟内两侧洞壁雕有大小佛龛400余座，龛内的造像多为一佛、二弟子、二菩萨，也有不少的交脚弥勒造像；龛楣及近侧多刻飞天、化生、莲花、帏幔、璎珞；佛座下有金刚力士及蹲狮、卧兽等。造像刻工简朴硬直，具有北魏石刻艺术的特点。

佛龛刻有题记年代，可识的有北魏永平三年（公元510年）、北魏熙平二年（公元517年）、北魏普泰二年（公元532年）、北宋皇祐五年（1053年）等。石窟门外的北侧有一雕刻细腻的佛龛，刻有一佛、二弟子、二菩萨，其面部丰满、体态雄健，属盛唐时期作品。石窟门外的南侧有摩崖碑记一通，记载石窟的营造历史，对了解石窟分布、造像及佛教兴盛情况有重要价值。

水泉石窟的特点是造像集中、雕刻工艺精美，有的可与龙门石窟媲美，是研究古代雕刻、绘画、建筑及佛教发展的珍贵资料。1963年，水泉石窟被列为河南省第一批重点文物保护单位。

二、鸿庆寺石窟

鸿庆寺石窟位于河南省义马市东南7公里处的石佛村，"鸿庆寺"之称谓于唐代改名确立。昔日之窟区，奇峰嵯峨，林秀壑深，流水潺潺。石窟显迹凿石为洞，镌成千佛之妙。根据文献记载和造像的雕刻风格，除第四窟为唐代作品外，其余三窟均为北魏时期雕凿。石窟开凿于北魏时期，后有续凿。

"第一窟平面略呈长方形，面宽6.1米，深6.5米，高6.1米。靠后开凿方柱。平顶，顶大部崩塌，余皆剥蚀。尚存格框痕迹，推测上雕刻平綦。"④现多存浮雕，西壁刻佛传故事，上部刻绘释迦在菩提树下，一手支颐，神态安详；下部是两位妃子及宫女劝释迦不要出家的情景。南壁刻一佛坐莲座上，两侧各有两菩萨。北壁中间刻浮雕降魔变图，两侧各刻一龛，龛内有佛和弟子菩萨，龛外有兽。东壁刻有高大的城楼，上下有菩提树和身着长衣的人群。中心柱上有佛、鹿及执伞侍者等形象。浮雕构图严谨，雕刻精致，堪称北魏佛教石雕艺术的佳作。第二窟坍塌较为严重，正壁刻荷花瓣形尖拱龛，南壁龛内坐佛，头、手均有损毁。第三窟与第二窟损毁程度相近，正面刻释迦坐像，两侧为二弟子、二菩萨；右壁有三龛，中间大龛为交足弥勒，上有飞天。第四窟雕有一佛、二弟子、二菩萨，佛有火焰背光，空间有8比丘浮雕，窟顶和四面各雕飞天二身，姿态颇为活泼。第五、六窟尚待清理。1963年被公布为河南省第一批重点文物保护单位。2001年被公布为全国重点文物保护单位。

三、小南海石窟

小南海石窟，又称北齐石窟，位于安阳县西南25公里小南海北滨，面临洹水，背靠大山，依山而凿。由于它凿于风景优美的小南海附近，所以称之为小南海石窟。现存三窟，均为北齐天保年间建造。三窟造像大同小异，规模相近，风格古雅。

西窟进深1.76米，面阔1.36米，高1.76米，平面呈方形，面积为2.4平方米。正中雕释迦牟尼佛一尊，结跏趺坐于长方形台座，左右为胁侍菩萨二像，两侧壁各镌刻菩萨三立像。门作拱券状，门楣上雕有滚龙两条，中间有一莲花。门两旁各雕刻有护法神王一尊，组成火焰拱门。

中窟进深1.34米，面阔1.19米，高1.78米，平面呈方形，面积约1.6平方米。正中雕释迦佛一尊，火焰背光，内浅刻腾空飞舞的飞天6个，左右刻二胁菩萨，两侧壁各镌侍立菩萨3尊，其间各浅刻小型菩萨3尊，手拿莲枝。东壁上部有浮雕弥勒说法图案，西壁有浮雕莲枝菩提树图案。座台上刻有3个伎乐人。全窟紫壁遍布拜佛积德、敬佛造像的题刻。门亦作拱状，有门槛。门额饰形象生动的二青龙，间有火焰宝珠，下为两只金翅鸟。门洞两旁对称地刻有停立着的天王浮雕，威武雄壮。门额上有大片削平岩石镌《方法师镂石板经记》。此摩崖题刻石板经，乃标准的北齐书体，苍劲浑重，委婉秀丽，书法价值极高。中窟壁内四壁均有浅浮雕，前壁窟门上方刻维摩、文殊问答；左壁分为两个画面，后侧弥勒菩萨结跏趺坐，两旁共七八尊供养弟子和菩萨，下有"弥勒为天众说法时"榜提。前侧为一结跏坐佛，身袒右袈裟，左手施禅定印，右手施无畏印，结跏趺坐于莲花上，佛座下三法轮和二卧鹿。两旁共有二菩萨和6尊比丘，跪坐作听法状，应为释迦"初转法轮"题材；右壁刻有佛座、莲花、莲叶、树木等，榜题有"上品下生"、"八功德水"等"九品往生"的内容。整个壁面表现的是《观无量寿经》中的"十六观"题材，这是目前国内发现最早的"十六观"；正壁浮雕在背光两侧，左侧上部为弗沙佛度释迦菩萨故事，下部为"比丘僧稠供养"像，右侧为舍身闻偈故事。

东窟毁坏较重，进深和面阔均为1.29米，高1.67米，平面呈正方形，面积为1.66平方米。正面中间雕琢释迦佛1尊，左右刻二胁侍菩萨，两侧壁各雕3尊菩萨。其间弥刻大小佛像23尊，无统一布局，不像是一次刻成的。小南海石窟现为全国重点文物保护单位。

四、灵泉寺石窟

灵泉寺石窟位于河南省的安阳市区西南25公里的宝山，地处安阳县善应镇南坪村南。这里山青泉碧，谷幽林深。灵泉寺原名宝山寺，东魏高僧道凭法师于东魏武定四年（公元546年）创建。隋开皇十一年（公元591年）隋文帝诏寺僧灵裕法师（道凭的弟子）到长安，封为国统僧官，管理全国寺院僧尼。又将宝山寺改为灵泉寺。寺院东西两山，大造石窟，山岩遍刻塔龛，俗称"万佛沟"。灵泉寺石窟是一处东魏（公元534~550年）至宋代（公元960~1279年）

的石窟及塔林群。现为国家级文物保护单位。

现存有东魏至宋代的石窟造像、摩崖石塔200余处，并有北齐双塔和唐代双石塔。灵泉寺摩崖石塔按年代编排，反映出历代塔式的沿革，堪称中国最大的高浮雕塔林群。

由寺院向东西方向延伸的宝山沟，即万佛沟，现存石窟2座，塔（殿宇）龛245个，佛、僧雕像数百尊，高僧铭记百余篇。位于寺西的大住圣窟，隋开皇九年（公元589年）开凿。窟门雕迦毗罗和那罗延神王（图11-4-1），身躯魁伟，顶盔贯甲，手持剑叉法器，脚踏牛羊，威严挺立。窟外的墙壁上遍凿佛龛及雕佛刻经。窟内雕镌释迦、弥勒等佛像近百尊（图11-4-2、图11-4-3）。窟顶呈宝相莲花藻井，周围环绕凌空飞舞的飞天。门两侧浅阴刻佛事图（图11-4-4）为沉寂的洞窟增添了无限情趣。以两窟为中心，从东到西千米有余，浅龛造像密布山崖，其中有少量佛龛（图11-4-5、图11-4-6），个别的浅龛房屋（图11-4-7），绝大多数是摩崖塔造像（图11-4-8、图11-4-9），这些刻于南北朝至北宋时期，历时600余年。万佛沟按年代编排，可看出塔式的沿革，可谓"宝山塔林"，堪称全国最大的高浮雕塔林，是研究古代建筑史、石刻艺术史、佛教史的珍贵文物。

五、窄涧谷太平寺摩崖造像

窄涧谷太平寺摩崖造像位于河南省焦作市沁阳市西北30公里的太行山脉北侧的悬谷山峭壁上。现存三窟六龛，分别雕刻菩萨、佛僧、道士、天王像、金刚经文，其中一窟的四壁雕刻造像1251尊，每个都有姓名，始建于南北朝时期北魏，从唐至清历代皆有，唐、宋、明、清的作品特征明显，且有确切铭记。这在我国石窟造像中是独一无二的，是研究我国古代佛教门派及艺术的珍贵资料，窟内底层周壁所雕造的25尊传法弟子像，亦具有重要的研

图11-4-1 灵泉寺万佛沟石窟窟门

图11-4-2 灵泉寺万佛沟石窟正壁佛像

图11-4-4 灵泉寺万佛沟石窟门内侧佛事图

图11-4-3 灵泉寺万佛沟石窟侧壁佛像

图11-4-5 灵泉寺万佛沟浅石窟之一

图11-4-7 灵泉寺万佛沟摩崖房屋造像

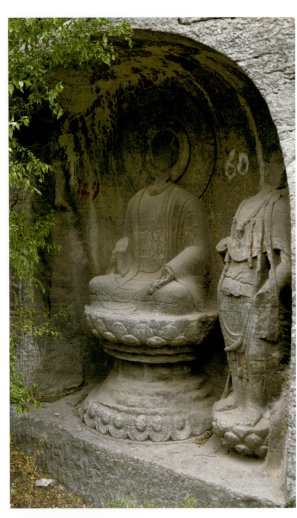

究价值,其崖雕工艺和风格均可与洛阳龙门石窟相媲美,被称为豫西北"小龙门",1963年6月,公布为河南省第一批省级文物保护单位。

六、大伾山大佛

大伾山现有佛道建筑9处,其中,北魏的天宁寺(图11-4-10),因保存有八丈石佛七丈楼而闻名遐迩。大伾山大佛开凿于十六国后赵时期,距今1600余年,高22.29米,为善跏趺坐式的大型弥勒佛像,其开凿年代比乐山大佛早400多年,高度

图11-4-6 灵泉寺万佛沟浅石窟之二

图11-4-8 灵泉寺万佛沟摩崖塔之一

图11-4-9 灵泉寺万佛沟摩崖塔之二

比龙门大佛高5米有余。因此,被专家称为"中国最早,北方最大"的大型摩崖石佛。大石佛造型古朴,线条遒劲,风格雄建,反映了早期造像的艺术特点,与北魏后期尤其是隋唐造像的清秀匀称风格大不相同,是我国佛教造像史发展中留下的典型范例,其历史、考古、宗教、艺术价值早已引起专家学者的高度重视。

为什么这里会有这么高峻的佛像?传说当年黄河从大伾山下流过,河水经常暴涨,冲坏堤坝、淹毁庄稼,闹得民不聊生。弥勒佛不忍心看着黎民百姓受苦,就驾祥云来到大伾山,发功治水,河妖纷纷逃匿,河水又归了东海。群众称其为"镇河将军"。为保护佛像,北魏时修建了大佛阁,建天宁寺,明代重修大佛楼,就有了今天"八丈佛爷,七丈楼"的奇观。

"八丈佛爷七丈楼",对于许多未曾领略过大佛风貌的人来说,这句话很费解。不过到了近前,你就明白了。原来,大石佛底部低于楼房底座两米多,所以佛爷虽然住在楼里,个头儿却比楼高。

摩崖大佛依山而凿,面向黄河。摩崖大佛附近,现存历代摩崖石刻300多块,包括北魏石兽,唐代"大山铭"、千佛洞石窟、王阳明的《大任山诗》等。摩崖大佛及石刻大体保存了南北朝时期原样的大佛像,同时也保存了北魏到明代大量珍贵的石刻、碑铭和石窟,具有深厚的文化内涵和较高的历史研究价值。

浚县大伾山大佛是一躯善跏趺坐式大型弥勒佛

图11-4-10　浚县大伾山天宁寺

图11-4-11　浚县大伾山摩崖大佛

像。面庞方颐，丰满适中。目平视，唇紧闭，挺两肩，表情庄重。左手覆膝，右手曲肘前举，示无畏印。坐四方墩，脚踩仰莲，脚面平直，五趾平齐，披双领下垂式五彩方格袈裟（图11-4-11）。

大佛俗称镇河将军。当时，古黄河流经大伾山之东，水患频仍，为害黎阳甚烈。人民苦于水患，却又无力抗拒。"凿大石佛以镇河"，迎合了广大人民的夙愿。凿石佛是一件浩大工程，后赵时期是不可能全部完成的。

1984年4月，国内一些专家莅浚考察大佛，一致认定，浚县大石佛是"全国最早、北方最大"的一躯大型摩崖造像，因而，伾山大佛也成了国家级一级重点保护文物。伾山大佛象征着古黎阳的繁荣，见证了浚县今天的繁荣昌盛，更成为浚县一重要标志。

注释

① 杨焕成.杨焕成古建筑文集[D].北京：文物出版社，2009：19.

② 王铎.洛阳古代城市与园林[M].呼和浩特：远方出版社，2005：353.

③ 刘景龙.龙门石窟奉先寺与大卢舍那像龛研究及修缮纪实；张家泰、左满常.中国营造学研究（第二、三集）[D].开封：河南大学出版社，2012：251~252.

④ 河南省古代建筑保护研究所.鸿庆寺石窟[M].郑州：中州古籍出版社，2008：37.

河南古建筑

第十二章 河南古建筑营造与装饰手法

图12-1-1 穴居发展序列示意图（杨鸿勋. 建筑考古学论文集[D]. 北京：文物出版社，1987.）

建筑是人类最基本的实践活动之一，是人类文化的重要组成部分。中原古代建筑与中原历史几乎同步发展，远在原始社会即有木构架建筑之萌芽，经过奴隶社会到封建社会的发展，逐步形成一个独特的建筑体系。

第一节 概述

中原地区历史悠久，文化灿烂，也是中国古代建筑最发达的地区之一。原始先民在这里居住，由深袋穴发展为浅袋穴，进而又发展转变为地面建筑。一开始就呈现出土与木的结合方式，"土"的穴身与"木"的顶盖组成土木结合的初级构成方式。在此构成中，以土为主，木为次；随着居住面的上升，土与木的分量发生变化；直到演进为地面建筑时，土与木的分量关系完全颠倒，即木为主、土为次，并且二者的结合方式发生了很重要的变化，变成了木柱承重、木骨草泥墙和木檩椽草泥顶的构成方式。正是这种构成形态的进步，为我国土木建筑成为独立之体系奠定了坚实基础。

在建设程序方面，有史可据的如古人营洛先"堪天道，舆地道"，"相土、尝水"择"吉地"（图12-1-1），而后"立基"开始大搞建设，成为之后乃至当今营造的基本程序。

中国古代建筑的原材料取自自然，金、木、土、石、皮"五材并举，百堵皆兴"[①]，一直延续到近代。古代金属产量有限，在建筑中很少使用。土、木在长期的营造活动中，一直是主要材料，是建筑的根本，这与中国的"土木"成为营建工程的代名词应有直接渊源关系。河南古建筑中除土木之外，还用石、砂、竹、柳条、芦苇、草等。河南洛阳至焦作一带产竹，《营造法式·竹作制度》也有明确记载，虽为官式制度，但其来自民间，又必影响民间。用竹篾编制竹笆、柳条编织的条笆用于屋顶以替代望板。竹和柳条的地域性强，应用不普遍；芦苇产地范围广，苇箔代替望板，应用比较普遍。

土孕育万物，河南地处黄河中下游流域，黄土资源丰厚，从远古到现代都为人们提供了穴居处

图12-1-2 太保相宅图

所。我们的祖先早在仰韶文化时期就会利用黄土，刘敦桢先生曾说："更重要的是在郑州发现商朝的夯土高台残迹，用夯杵分层捣实而成。夯窝直径约3厘米，夯层匀平，层厚约7～10厘米，相当坚硬。可见当时夯土技术已达到成熟阶段。有了这种夯土技术，就可以利用黄河流域经济而便利的黄土来做房屋的台基和屋身，后来春秋战国时代还广泛应用于筑城和堤坝工程。夯土的出现是中国古代建筑技术的一件大事。"②即使社会进步了，人们还是以黄土为主要原料，创造出了各种类型的建筑。

木材一直是中国古代建筑重要的原材料之一。木材竖置有很好的耐压性能，横向有优良的抗挠曲性能，适于房屋结构。易加工又适于各式各样的小木作。远古时代，中原这块土地属亚热带气候，森林茂密，盛产木材。曾有热带动物大象在此繁衍生息，河南简称"豫"与此有关。黄河中下游流域盛产榆树、槐树、柏树、楝树、杨树、泡桐树等，这些都是民居建筑中常用的优良木材。河南民居中优选地方树种榆木做梁和檩条，槐木、楝木生长缓慢，成材多为檩材。尤其是楝木，因性涩苦而不招虫蛀，更为优良。枣木坚硬，常用作农具。椿木、杨木、桐木易加工，常用于小木作。民间建筑以就地取材为主，因而传统民居中也因地方林木种类而取舍，如周口一带盛产泡桐，袁世凯故居中的柁梁与檩条则以桐木为主。

石料在河南古建筑中应用也比较广泛。豫西北有太行山，豫西有伏牛山，豫南有大别山、桐柏山等，石材取之不竭，用之不尽。青石储量更加丰富，因其深灰、灰黑色泽与传统砖瓦颜色基本一致，加之易开采、抗压性能和耐久性都很好，因而广泛用于建筑的基础、墙身、台基、阶石、路面等。此外，它还是生产石灰和水泥的主要原料。石灰古称白垩，它是可塑性和保水性很好的胶凝材料，为中国古代建筑中的主要粘接材料。它又有很强的吸潮性，又是传统的防潮材料，后来还用生石灰作消毒剂。河南富煤多青石，为石灰生产与应用提供了方便条件。青石学名石灰岩，主要化学成分为$CaCO_3$，经900～1000℃煅烧生成生石灰（CaO），再经加水消化变为熟石灰$[Ca(OH)_2]$。以石灰为黏结材料的石灰砂浆、麻刀灰一直是墙体砌筑与墙体粉刷的主要黏结材料，用石灰膏稀释成的石灰乳剂用作内墙和顶棚的粉刷方法，在城市一直延续到20世纪70年代末，在农村现在还仍有使用。用石灰配制的灰土（石灰＋黏土）和三合土（石灰＋黏土＋大砂或碎石）的应用，在我国有悠久历史，技术十分成熟。经夯实后的灰土或三合土广泛用作建筑物的基础、地面垫层和城墙、寨墙的重要地段，其强度和耐水性比石灰和黏土都高。其原因是黏土表面的少量活性氧化硅、氧化铝与石灰发生反应，生成水化铝酸钙等不溶于水的水化矿物的缘故。另外，石灰改善了黏土的可塑性，在强力夯打下，密实度更高，也是其强度和耐水性提高的原因之一。石灰在中国古建筑中用量虽小，作用极大，在中国古代社会有很大影响。早在明朝就有文人志士借咏石灰之物言己之志："千锤万凿出深山，烈火焚烧若等闲。粉身碎骨浑不怕，要留清白在人间。"

第二节 木结构

木构架承重的建筑使用的地域范围基本遍及我国各地，是使用面最广、数量最多的一种建筑类型，也是我国古代的代表性建筑。数千年来，帝王的宫殿、坛庙、陵墓及宫署、佛寺、道观、祠庙，还有大量的民宅等都普遍采用。因木构架建筑覆盖面广，各地的自然与社会条件各不相同，使用场所不同，又有很多变化。在平面组成、外观造型、内部装饰等方面也都呈现出多姿多彩的繁荣景象。

梁架与斗栱体系

河南地区现存木结构古建筑以明清时期为最多，金元时期的还有30座，宋代木构建筑仅存两座。以下介绍即以现存部分实物为例。

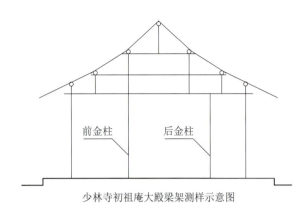

图12-2-1 少林寺初祖庵大殿测样与《营造法式》规定之相应图样比较

(一) 两座宋代建筑之大木作

河南现存两座木构建筑，一是少林寺初祖庵大殿（图4-2-24），二是济源济渎庙寝宫，它们均为国家级文物保护单位。

1. 少林寺初祖庵大殿

大殿建于宋宣和七年（1125年），大殿虽经多次修葺，梁架结构、斗栱比例和细部做法、圆栌斗和讹角斗的搭配、真昂的使用等都反映始建结构特征。初祖庵大殿的建造比《营造法式》问世仅晚25年，所以，殿宇的许多构件及工程做法乃至石雕花纹，都为这部历史建筑名著提供了实物例证。此大殿平面近方形，为单檐九脊殿，建在砖砌台基上。大殿面阔进深各三间，属《营造法式》中所述的"六架椽屋"四柱类型。但是，它毕竟是民间建筑，其构架侧样与《营造法式》中规定并与大殿所对应的"乳栿对劄牵、四柱六椽架"的标准侧样有明显差别（图12-2-1），明间两道梁架为"六架椽屋前后用四柱"，但其后金柱距后移约1.2米。这种后内柱后移的布置，可使室内佛坛处空间加大，便于前设佛坛。大殿檐柱均为八角形青石柱，内石柱与檐（史）柱等高，石木连接以斗栱为节点，铺作上按平坐插柱造的方法立上层木柱，以承托平梁（图12-2-2）。

大殿铺作系统古朴疏朗大气，外檐为单抄单昂五铺作，柱头为圆栌斗。心间补间铺作2朵，次间1朵，座斗为讹角栌斗（图12-2-3）。

图12-2-2 初祖庵大殿后金柱石木结合部位之节点

图12-2-3 初祖庵大殿外檐铺作

2. 济源济渎庙寝宫

济渎庙是中国古四渎唯一一处保存最完整、规模最宏大的历史文化遗产，也是河南省现存最大的古建筑群落之一。济渎庙中部的庙院，其主体建筑渊德殿毁于清末战火，但基址仍清晰可见。难得的是，主殿与其后的寝宫连成工字形布局，这正是宋代典型的极富特色的殿宇形制。尤其是与之相配置的大型廊院，内转82楹，外转94楹，围合完整，规模宏大，韵味十足，也是自唐宋以来盛行的古代廊院制组合形式的典范。经1936年著名古建筑学家刘敦桢先生来此考察验证，像这种工字形殿宇加廊院制二者相结合的实例能留存下来，实在是国内罕见的古建奇迹。

位于渊德殿遗址后的寝宫，与渊德殿同为济渎庙的早期建筑，建于宋初开宝六年（公元973年），现今已1078年历史，比上述初祖庵大殿还早147年，为河南省现存最早的木结构建筑（图6-2-24）。寝宫外部形体古朴典雅，檐柱粗矮，屋面坡度平缓，斗栱雄巨疏朗。就寝宫这些表象，刘敦桢教授来此考察时指出："无一不是宋代初期的特征。"寝宫面阔五间，单檐九脊顶，转角及三面围以土墙，屋身敦厚壮实。

寝殿木构架比较普通，草架侧样（梁架横剖面图）属《营造法式》中规定之"四架椽屋通檐用二柱"③类型。如图12-2-4、图12-2-5所示可见，梁架较《营造法式》中规定之"四架椽屋通檐用二柱"的标准形式简化很多，变成了明清时期民间一般的重梁起架形式。这可能是在后人修葺时更换梁架简化的。此外，四椽栿下中间又多一根立柱，以支顶直径较细的四椽栿，使梁架变成"四架椽屋分心用三柱"的类型。但其构造方法并不是四架椽屋分心用三柱的构造方法，图中直接支顶的处理方式明显是后加的。

檐柱间阑额、普拍枋如旧，转角处阑额不出头，普拍枋出头。柱头上置柱头铺作，正立面各间均施一朵补间铺作。两侧及背面未设补间铺作。外檐铺作为偷心上转计心五铺作，做法非常古朴。柱头铺作内转直接承四椽栿，而补间铺作内转双抄偷心（图12-2-6、图12-2-7）。

济渎庙寝宫建于北宋初年，其前檐补间铺作只设一朵的时代特征明显。唐代建筑斗栱主要是柱头铺作，补间铺作非常简单，常用人字栱。建筑经五代时期的发展到宋初，补间铺作形式完善，但明间仍用一朵。到北宋《营造法式》问世则有明确要求，"凡与阑额上座栌斗安铺作者，谓之补间铺作，当心间须用补间铺作两朵，次间即梢间各用一朵。其铺作分布令远近皆匀。"而寝宫前檐当心间与其他间一样都用一朵补间铺作，两侧及后檐不用补间铺作，这正是唐末到宋末建筑铺作层发展定型的过渡时期的实例。

（二）金元时期建筑大木作

河南境内现存金元时期的木构单体建筑还有30座，分布在豫西、豫西北和豫西南地区。30座金元建筑中，有16座分布在位于豫西北地区的古怀庆府[1]，占五成以上（表12-2-1）。

图12-2-4 济渎庙寝宫梁架

图12-2-5 济渎庙寝宫收山梁架构造局部

图12-2-6 济渎庙寝宫柱头铺作

图12-2-7 济渎庙寝宫转角铺作

河南现存金元时期单体木构建筑分布简况表[II]　　　　表 12-2-1

序号	建筑名称	所在地	年代	屋顶形式	备注
1	济源奉仙观三清殿	济源市	金代	悬山	怀庆府
2	汝州风穴寺中佛殿	汝州市	金代	歇山	
3	登封清凉寺大殿	登封市	金代	歇山	
4	宜阳灵山寺中佛殿	宜阳县	金代	歇山	
5	宜阳灵山寺大雄殿	宜阳县	金代	庑殿	
6	济源大明寺中佛殿	济源市	元代	歇山	怀庆府
7	济源济渎庙临渊门	济源市	元代	悬山	怀庆府
8	济源逢石汤帝庙大殿	济源市	元代	悬山	怀庆府
9	济源济渎庙龙亭	济源市	元代	歇山	怀庆府
10	济源清真观玉帝殿	济源市	元代	歇山	怀庆府
11	博爱汤帝庙大殿	博爱县	元代	歇山	怀庆府
12	博爱樊哙庙大殿	博爱县	元代	悬山	怀庆府
13	博爱成汤庙大殿	博爱县	元代	悬山	怀庆府
14	博爱观音寺大佛殿	博爱县	元代	悬山	怀庆府
15	博爱观音寺中佛殿	博爱县	元代	悬山	怀庆府
16	温县慈胜寺天王殿	温县	元代	悬山	怀庆府
17	温县慈胜寺大雄殿	温县	元代	歇山	怀庆府
18	孟州显圣王庙大殿	孟州市	元代	悬山	怀庆府
19	孟州岳云宫大殿	孟州市	元代	悬山	怀庆府
20	沁阳静应庙紫虚元君殿	沁阳市	元代	悬山	怀庆府
21	焦作昭惠王行宫大殿	焦作市	元代	歇山	怀庆府
22	登封会善寺大殿	登封市	元代	歇山	
23	新乡关帝庙大殿	新乡市	元代		
24	洛宁通真观前殿	洛宁县	元代		
25	洛宁通真观后殿	洛宁县	元代		
26	安阳韩王庙大殿	安阳市	元代	悬山	

续表

序号	建筑名称	所在地	年代	屋顶形式	备注
27	禹州关王庙大殿	禹州市	元代		
28	禹州天宁万寿寺大殿	禹州市	元代		
29	洛阳河南府文庙戟门	洛阳市	元代	悬山	
30	洛阳河南府文庙大成殿	洛阳市	元代	歇山	

Ⅰ 明清时期的怀庆府，府治即现在的沁阳市，辖现在的沁阳、焦作、武陟、修武、博爱、孟州、济源等7个县市。

Ⅱ 本表由河南大学土木建筑学院硕士毕业生，郑州市文物局古建所张高领工程师提供。

1. 金代建筑大木作

金朝统治着中国北部和中原地区，吸取了宋、辽文化与技术。在建筑方面，由于工匠几乎全是汉人。因此，其建筑风格沿袭一些辽代传统，又受宋代建筑影响很大，形成金代建筑有些方面与辽代建筑相似，另一方面与宋代建筑接近。河南现存5座金代建筑，它们分别是济源奉仙观三清殿、汝州风穴寺中佛殿、登封清凉寺大殿、宜阳灵山寺中佛殿、宜阳灵山寺大雄殿等。这5座建筑体量大的是济源奉仙观三清殿、宜阳灵山寺大雄殿，均为面阔五间，进深三间，前者悬山屋顶，后者单檐庑殿顶。其余均为面阔、进深各三间。5座建筑中，有4座大木作为减柱造，可见金代建筑之减柱造是梁架的主流。

济源奉仙观三清大殿，单檐悬山造。八边形石质檐柱承托着狭而高的阑额，其上未置普拍枋。前檐斗栱为单抄单下昂五铺作，明间补间铺作两朵，余为一朵，补间铺作用真昂；后檐斗栱为单抄四铺作，未设置补间铺作。琴面昂昂嘴扁瘦，近于三角形。昂栱和耍头的卷杀形制、断面狭而高的撩檐、正心枋上重栱素枋、斗栱后尾偷心及施华栱两跳等结构形制及制作手法皆与宋代建筑相同。唯一不同的是令栱位置与第一跳的慢栱在同一高度上。该殿建于金大定二十四年（1184年），却保留了上述诸多宋代建筑手法，"具有非常重要的建筑史料价值，是全国重要的金代木构单体建筑之一，与山西大同善化寺三圣殿齐名。"④殿内梁架为前四椽栿后对乳栿搭牵。平面采用减柱造，8根内柱减掉6根，只有当心间两缝梁架设置后通顶金柱（图12-2-8、图12-2-9），这种大胆豪放的建筑营造手法，国内罕见。建于金大定十五年（1137年）的山西五台山佛光寺文殊殿，平面保留4根金柱，被誉为全国减柱造的典型案例，而奉仙观三清大殿与之相比，则可称为更典型的减柱造作品。为了提高减柱后金柱的承载能力，一改早期常用的上下柱相叉柱造结构方法，变成通柱造；为了解决减柱后次间与梢间这缝四椽栿对后二椽乳栿之梁架的承托问题，遂于之下另设两间面阔的大梁，东西两根大梁西为荆木梁、桑木柱，东为柿木梁、枣木柱，梁柱硕大（图12-2-9）。殿内构架全部采用自然材加之露明造，显得更加粗犷。

奉仙观三清大殿自建成以来，除顶部瓦件、木椽、飞椽望板等易朽蚀构件在后期修缮时多被更换以外，主体木架及斗栱梁枋基本保持了原貌，是河南乃至全国现存金代建筑纯度最高的一座。风穴寺中佛殿少量主体构件被更换过，但仍不失为仅次于三清大殿的河南第二座原构纯度高的建筑物（图12-2-10）。其他三座近金代建筑，后来修缮时原构改换相对较多，但仍有较高的历史价值。

2. 元代建筑大木作

河南现存元代单体建筑还有25座（表12-2-1），这25座建筑中，其中3座面阔五间，其余均为面阔三间。总体来说，河南现存的元代建筑，体量较小。这些建筑的大木作，有几座基本是元代遗构，原汁原味，如济源市轵城镇大明寺中佛殿，温县慈胜寺大雄殿，天王殿，焦作昭惠王行宫大殿，博爱樊哙庙大殿等。这些建筑反映了元代建筑之特征，是河南地区尤为珍贵的元代建筑；有些建筑于后多次修葺中更换了部分大木作构件，更换这些构件仍是以原法制作，故也很珍贵；有的建筑后期更换了较多构件，但还保留了部分元代特征，也比较珍贵。

济源大明寺中佛殿，位于济源市区轵城镇，建于元至元年间。面阔三间，进深六椽架，平面接近方形，单檐歇山顶建筑。梁架为前四椽栿对乳栿用三柱，草架露明造（图12-2-11、图12-2-12），由图可看出极度弯曲的木料经工匠的妙手加工，成为四椽栿。就连厦两头造乳栿这样的短木料也是弯曲的。内柱仅有两根也是拼接的，且接缝明显（图12-2-13），两柱

图12-2-8 济源奉仙观三清大殿梁架结构

图12-2-9 济源奉仙观三清大殿梁架结构局部

图12-2-10 汝州风穴寺中佛殿梁架

图12-2-11 济源大明寺中佛殿梁架

图12-2-12 济源大明寺中佛殿梁架局部

图12-2-13 大明寺中佛殿拼接柱实例

间设截面较大的内额连接。弯曲的自然形材、拼接的立柱，反映了元代物资匮乏的社会基本情况。此建筑外檐柱头铺作为单抄单下昂计心五铺作。补间铺作明间施两朵，次间一朵，双下昂重栱计心造（图12-2-14）。这座殿宇的大木作除斗栱外，无一不显示出粗糙的外表。正式这种粗糙的草架，成为元代建筑重要的基本特征之一。

温县慈胜寺天王殿，面阔三间，进深四椽架，单檐悬山式建筑。檐下斗栱为单下昂四铺作，昂下刻有假华头子，不设齐心斗，材高19厘米，栔高6厘米。当心间和次间补间铺作各1朵，当心间用瓜楞形栌斗。木构架为分心用三柱，两根内中柱上施额枋与普拍枋，二者断面为"T"字形。普拍枋上置四铺作斗栱。柱头铺作承接插柱，插柱支顶二椽栿（图12-2-15、图12-2-16）。这座小体量建筑的构架可比《营造法式》中"分心用三柱"复杂得多，该省的工没省，多余的构件也不少，这也许是元代社会乱象在建筑方面的表现。该殿是木构保护比较好的元代建筑。

慈胜寺内的大雄殿位于上述之天王殿之后。大雄殿面阔三间11.6米，进深六架椽10米，接近方形，单檐歇山式建筑。苍老的凤字牌上，雄健的"大雄之殿"四字（图12-2-17）诉说着这座建筑的历史，具权威文物部门考证，此牌系该殿初建之原物。大雄殿梁架系统采用前五椽栿对乳栿用三柱的构架类型（图12-2-18），草架彻上明造。最上的二椽栿和脊槫后换的迹象明显。檐下柱间阑额与普拍枋断面呈"T"字形。阑额制作粗放，就是平直的原木上下面见光，裸露的外侧面亦为原木状。角柱阑额出头部位刻三卷瓣，普拍枋出头盖于三卷瓣上。檐下斗栱为单抄单下昂五铺作计心造，昂为琴面昂，昂嘴扁瘦。跳头上施令栱，其上置替木承

图12-2-14 济源大明寺中佛殿补间铺作

图12-2-15 温县慈胜寺天王殿木构图一

图12-2-16 温县慈胜寺天王殿木构图二

图12-2-17 温县慈胜寺大雄殿门额

托撩檐槫。补间铺作当心间两朵，次间一朵。该殿屋架举折略显平缓，上檐出宽大，外部造型宋风犹存。因殿堂结构保留元代结构纯度高，室内尚存元代壁画和凤字牌，为河南省现存元代木构建筑文物价值之首。

河南元代建筑明显的基本特点有四：一是草架梁栿，自然原材、制作粗糙，彻上明造；二是就构架而言，与《营造法式》相比，有简略的也有繁杂的，小型构件以简略、简化为主，平面减柱造上承金代之风，较为普遍；三是斗栱沿袭宋代为主，斗栱朵数少，硕大疏朗本色未变，因斗栱硕大出挑远，因而上檐出仍然宽大；四是屋顶起坡仍然比较平缓，尽管建筑体量不大，仍气势恢宏。

（三）明清时期建筑大木作

明清两个朝代经历500余年，国家长期统一，是生产力不断提高、科技水平不断进步、各族文化大交流的重要社会时期。此时期的建筑，在唐、宋、元代发展成熟的基础上进一步得到了巩固和提高，沿着中国古代建筑的既有传统轨迹继续向前发展，取得了不少成就，形成了官方和民间建筑活动欣欣向荣的局面。明初，国家为了发展经济，采取了有效的移民政策和土地政策，中原经济得以恢复，中小地主、商人、手工业作坊主的数量快速增加，推动了地方建筑的蓬勃发展，使中国建筑的地方特色从明代起更加显著。河南现存千余座明清建筑中只有武陟嘉应观、登封中岳庙和安阳袁世凯袁林等三处建筑群为官式建筑，其余绝大多数都是地方特色明显的地方性建筑。

1. 明代建筑

河南现存明代建筑现有20余座，其中一座为明代中期建造的官式建筑，即登封中岳庙寝宫（图12-2-19）。从图中可明显看出，平身科斗栱数量显著增加，斗栱、额坊大梁制作规整精细（图12-2-20）。这是河南现存最早的明代官式建筑，其他全为"地方手法"建筑。代表性强、文物价值高的有济源阳台宫大罗三境殿、济源济渎庙清源洞府门（即大门）、洛阳周公庙大殿等。

济源阳台宫位于"愚公移山"寓言故事的发生地，王屋山南山脚下的王屋镇。阳台宫内的大罗三境殿（图12-2-21）建于明正德十年（1515年），面阔五间，进深四间，单檐歇山造，灰色筒板瓦屋面。此殿古朴庄重，建筑构件与建造手法师古性极强，如檐口滴水全部是早期的波纹状重唇板瓦（图12-2-22）；更为奇特的是正脊用《营造法式》中明确记述的叠瓦脊。我省权威古建专家认为，在同期建筑中全省仅有，全国罕见。檐下斗栱为五踩重昂，里转重翘重栱计心造。明、次间平身科各两攒，梢间一攒。殿内层层构建的斗栱构建的藻井，造型奇特，工艺精湛，巧夺天工，为河南乃至全国明代木构艺术精品。该殿具有诸多师古手法，为河南现存的重要的明代建筑。

济源济渎庙大门位于济渎庙前中部位，系三间

图12-2-18　温县慈胜寺天王殿木构图三

图12-2-19　中岳庙外檐明代斗栱

图12-2-20 中岳庙内檐明代斗栱

图12-2-21 济源阳台宫明代建筑——大罗三境殿全景

图12-2-22 济源阳台大罗三境殿檐口重唇板瓦

四柱挑山式木牌楼建筑。四根中柱一线排列，上承庞大的楼顶，极具观赏价值。九踩重翘重昂斗栱（图12-2-23）。单材蚂蚱头上置齐心斗。柱头为覆盆状，柱础亦为低矮的覆盆式，明显是早期的形式，师古手法明显。这是一座原构纯度高，造型奇特，保留古制多的明代木构建筑。论体量和建造时间，它都是河南木牌楼建筑之冠。

洛阳周公庙大殿（亦名定鼎堂）建于明代，后经多次重修，大体保存旧制。殿堂面阔五间，进深九架，单檐歇山顶建筑。青灰筒板瓦覆面。图12-2-24所示为该殿之木构架图，图中显示的大梁、檩等黑色构件均为原始构件。由此可见，到了明代，洛阳地方手法建筑与早期建筑相比，构件明显简化。檩下之随檩枋与檩之间露空，即为河南明清时期的通行做法。内柱规整，数量足，不再沿袭金元时期之减柱造法。

河南现存的木构建筑数量有限，但反映出了时代特征。一是官式建筑与民间建筑（即地方手法）差异明显，地方特点愈加突出；其次，地方建筑按自身规律发展，明显表现出明代早、中、晚期的特点；再次，师古性强，甚至到明中晚期仍沿用某些宋元时期的建筑手法。所以，河南现存明代木构建筑，不但是研究中原地区明代建筑的主要实物资料，也是研究中国建筑史必不可少

图12-2-23 济源济渎庙大型牌楼式大门斗栱

图12-2-24 洛阳周公庙大殿之明代木构架

的资料。

2. 清代建筑

清代的河南古建筑分官式建筑和地方性建筑两大类。现存官式建筑群即：武陟嘉应观的主体建筑、中岳庙的主体建筑和袁林。中岳庙因历代皇帝重视，不断封赐，因而中轴线上的主要建筑以官式建筑为主。嘉应观因清雍正皇帝钦赐建设，传说还派宫廷匠人，故而该建筑群为官式建筑理所当然。嘉应观中路的所有建筑，堪称河南清代官式建筑的代表，从台基高度，屋身之柱径比（1∶10）、柱径与斗口之比（1∶6）斗栱之形等，都是纯粹的官式做法（图12-2-25）；袁林系袁世凯墓园，虽至民

图12-2-25 嘉应观钟楼内檐斗栱

国,但属民国初期,建筑仍沿清式。又是按最高规格下葬,清官式建筑顺理成章。袁林碑亭、堂院大门、左右厢房、景仁堂(享堂)等。如图12-2-26所示可见,大额枋与平板枋组合而成的断面为"凸"字形,这和斗栱均为正宗官式建筑。景仁堂坐北朝南,歇山顶建筑。面阔七间30.63米,通进深10.66米,体量宏大。堂院之后的袁氏墓冢则为中西合璧式建筑,反映了近代的时代特征。

河南清代地方性建筑分布在全省各地。不仅数量多,而且建筑手法与同时期官式建筑有很大差异,表现出明显的地方特征。下面,我们以斗栱为例,仅凭视觉观感就可分辨出官式与地方手法的明显区别:

(1)斗栱形状。图12-2-27所示为北京故宫建筑斗栱,图12-2-28~图12-2-31所示为河南现存会馆建筑斗栱。周口关帝庙、洛阳山陕会馆和潞泽会馆、社旗会馆均为清中晚期之地方性建筑,它们的斗栱形状呈放射状,与官式正宗斗栱形状大相径庭。每攒斗栱的体形都很大,且雕刻有不同的花饰。就其复杂程度而言要比官式建筑斗栱复杂得多。这几处建筑群虽不在同一个地方,但它们的形状相近,与正统斗栱相比,发生了严重变异,这种变异代表了河南地方建筑斗栱的特色之一。

(2)下昂夸张。如图12-2-32~图12-2-37所示,这6幅斗栱实例图又有别样造型,这些斗栱形象相近,它们的显著特点是下昂造型夸张,形如弯弓;昂嘴上卷如同翻转的象鼻,6例有5例如此,图12-2-7所示的下昂上卷不似象鼻而是如意;外挑尺度大,也很夸张,粗看下昂夺目,成为斗栱的主体,非常突出。地方建筑的夸张手法自有它存在的价值,其装饰效果更具视觉冲击力。

(3)平身科斗栱攒数少。仍按早期明间两朵,其他间两朵或一朵设置。

(4)承托斗栱的额枋断面形状与官式建筑刚好颠倒,呈"T"字形。图12-2-28~图12-2-37所

图12-2-26 袁林景仁殿内斗栱

图12-2-27 北京故宫建筑斗栱

图12-2-28 周口关帝庙斗栱实例

示全部如此,这不是作者有意挑选的特例,而是中原地方性手法的普遍规律。就连民居建筑也遵循这种规律,凸显地方特征。

上述明清时期河南地方建筑斗栱的变异性和夸张性,与官式建筑和中原早期建筑斗栱形成独具特色的地方手法风格。之所以说是独具特色的地方风格,有以下三点理由:一是非常独特,易于辨识;再者,这种形式人民喜闻乐见,愿意接受,互

图12-2-29 洛阳山陕会馆斗栱实例

图12-2-30 社旗会馆斗栱实例

图12-2-31　洛阳潞泽会馆斗栱实例

图12-2-32　武陟千佛阁斗栱实例

图12-2-33　郑州城隍庙大殿斗栱实例

图12-2-34　开封相国寺斗栱实例

图12-2-35　许昌天宝宫斗栱实例

相模仿,传播地域广泛,从豫东到豫西,从豫南到豫北,甚至周边省份和豫地接壤地区,不是几座建筑所独有,而是遍地开花;还有,这些形式成熟稳定。上述建筑实例,建造年代的时间跨度不是几年或十几年昙花一现,而是一个朝代,经过了较长时间实践检验,成熟稳定。

还有一些地方建筑外形特征也十分突出,如平顶山、南阳、信阳等地的建筑屋脊曲线仍很好地保留着。宋代建筑优美的屋脊曲线、檐口曲线是用柱升起、升头木这些结构方法,辅以调整苫背泥层厚薄,这两种技术措施来实现的。随历史渐进,建筑技术之简化,柱升起与升头木逐渐消失,官式建筑屋脊平直,檐口除挑角部位外,中间也呈平直状态。然而,河南南部地区屋脊仍沿袭旧制,曲线优美流畅,柔和之状赏心悦目(图12-2-38)。

第三节 建筑装饰及其手法

建筑是人类生活中基本的物质产品,实用性强。爱美之心,人人皆有,建筑与人朝夕相伴,与人的关系最为密切,也必反映出人们的美学需求。建筑是有形的大型器物,在人类不断创造的过程中,也不断对房屋的整体和房屋所用的各种构件进行程度不同的艺术加工处理,赋予了建筑美的形象。经长期的发展完善,形成了丰富多彩的艺术形象。除它自身的形式美以外,装饰艺术在古建筑中的应用也非常重要,大大提高了建筑的可观赏性,提高了建筑的品位。

传统建筑装饰具有鲜明的艺术特征,即建筑及其构件的功能、结构与艺术的高度统一性。纵观古建筑各个部位的装饰,它们的产生几乎都与构件本身紧密结合,凡露明的构件都是经过美的加工,而后成为装饰件。小的如瓦当、滴水(图12-3-1),大

图12-2-36 开封山陕甘会馆牌楼斗栱实例

图12-2-37 济源阳台宫玉皇阁斗栱实例

图12-2-38 内乡县衙建筑屋脊曲线

图12-3-1 瓦当滴水图案

的如月梁、梭柱、梁枋头部的菊花头、麻叶头等。小木作更是经过精心处理，就连隔扇门窗棂条看面的形状也要是指甲圆面。这些构件的加工处理都是在保证自身功能原则下进行的，显得贴切自然毫不勉强。比之当今的建筑装饰手法与建筑构件无关，靠生贴硬粘的附加物有着本质区别。

中国传统建筑常将装修按房屋的内外位置，分为外檐装修和内檐装修。位于室外或用于分隔室内外空间的装饰为外檐装修，用于室内的装饰则被称作内檐装修。实现这些装饰的手法主要有雕刻（木、石、砖雕）、粉刷与彩绘甚至是文字。时过境迁，现存的古建筑少说也都经历百年以上历史了，除石雕、砖雕、木雕还保留原物以外，小木作全都腐朽更新，即使按原物恢复，因工艺技术水平退化，观赏效果也逊于原物；彩绘、壁画尚有少量遗存。以下将以原物为据，加以描述。更改、撤换、翻新之物不予采用，以示对建筑文物的尊重。

一、石雕

石材在以土木为主的中国古建筑中一直充当配角作用，但石料作为构件，因其质地坚硬、耐磨又耐蚀，往往被用于房屋关键而又显眼的部位。露明部位的石质构件经美学加工处理，即成为装饰性很强的石雕艺术品。古建筑中的石雕应用主要集中于门枕石、柱础和檐柱，另有其他石雕如：石牌坊、经幢、石狮、石像生，房屋的挑檐石以及石花窗等。

（一）门枕石雕刻

门枕石是承托木门和门框的石质构件，门枕石的雕刻艺术将作为重点来描述。房门洞口所用的门枕石多为抱鼓石，抱鼓石是门枕石向外的延伸部分加以艺术化处理，成为入口的显著标志。抱鼓石是大中型门枕石的统称，有三种截然不同的形式，一是圆鼓形（图12-3-2），二是立方形，三为狮子（图12-3-3）。

圆鼓形门枕石是名副其实的抱鼓石，一般分为上下两部分。上部为圆鼓，系由大圆鼓和两个小圆鼓组成。大鼓呈鼓形，两边有鼓钉、鼓面。小鼓是大鼓下面的荷叶向两侧翻卷而形成的腰鼓部分。大小鼓高度约占总高的2/3（个别的约为1/2）；下部为台座，高档的有莲花台式须弥座，一般的则是立方形台座。雕刻复杂程度与做工精细程度不等，有

图12-3-2 开封朱仙镇清真寺大门抱鼓石（摄影：李东禧）

图12-3-3 济源奉仙观大门抱鼓石

的虽然少雕镂，但光洁鉴人，仍不失其俊。两侧鼓心雕刻题材有丹凤朝阳、河清海晏、转角莲花、犀牛望月、松鹤延年、牡丹花、荷花、狮子滚绣球等图案，随主人所好，任匠人所写。圆鼓形抱鼓石有大型、中型之分。大型高约1米，厚约30厘米，用于追求气魄的大门。中型的高约64～80厘米，厚约25厘米，用于大中型庭院的大门。

立方形抱鼓石又称幞头抱鼓石，属中型门枕石，多用于体量较小的二门。它由幞头和台座两部分组成，总高约65厘米左右，厚约30厘米。幞头上平面一般刻有卧狮或素平。幞头侧面及正面的雕刻由于不受圆形的限制，构图安排更为灵活方便，雕刻题材为吉祥类图案，如鹤鹿同春、松竹梅等。

狮子抱鼓石民间称为"狮子门墩儿"，在河南民居中用量较大。龙、麒麟与狮子都是备受炎黄子孙崇敬和喜爱的吉祥物，唯有狮子是自然界的动物，也被大量用于建筑装饰。狮子以它彪悍凶猛的形象，勇猛威武之态势，忠实地为人们守护着大门。上从皇帝的宫殿下到黎民百姓的家门，都可见到狮子的身影，近年来用狮守门又有扩大范围的现象。狮子完全取代抱鼓石。狮子的雕刻也是非常费工时的，笔者曾向河北曲阳的匠师请教，以狮子口中含的宝

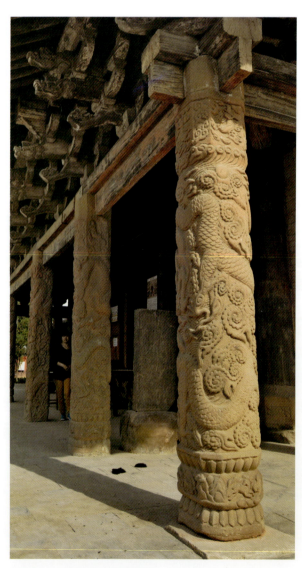

图12-3-4　济源阳台宫玉皇阁石檐柱

图12-3-5　开封朱仙镇清真寺大门石檐柱

珠为例就要3天时间。由此可知，雕刻在建筑中成本之高昂，是普通民居难以承受的，只有宫廷、寺庙、官府建筑才大量使用。狮子除它的形象以外，同时又以"狮"与"事"谐音组成不少吉祥含义的内容，如两只狮子就表示"事事如意"……

（二）石柱与柱础雕刻

河南古建筑中用石柱的现象比较多，大多数都用于檐柱，且雕刻精到。多数石柱用浮雕手法（图12-3-4），少数用浅阴刻之法美化石柱（图12-3-5）。阴刻技法在石雕中应用较多，具有水墨丹青之韵味，表现力也很强。

柱础为结构构件，有它的功能作用，也是石雕艺术的重点刻画对象。河南古建筑中的柱础，体量大、雕刻精、费工多、造型复杂的都在会馆类建筑中，这些柱础均为河南古建筑中的柱础精品（图12-3-6～图12-3-9）。其中不乏柱础艺术珍品。

图12-3-6 会馆建筑柱础实例之一

图12-3-7 会馆建筑柱础实例之二

图12-3-8 会馆建筑柱础实例之三

图12-3-9 会馆建筑柱础实例之四

图12-3-10 少林寺初祖庵台帮石雕

（三）其他石雕

官府与寺院、庙堂等建筑大门前摆放的狮子是最常见的石雕，全国各地数量众多，人们习以为常不再赘述。大型建筑台基上的勾栏也是常见之物。另有窗台石、挑檐石等也是石雕表现的重点部位。值得一提的是少林寺初祖庵台明石雕（图12-3-10），系线刻手法精雕而成，线条流畅，几乎无败笔，历千年之风霜雨雪，仍完好如初，令人惊叹！

河南古建筑中石雕用量以及石雕艺术水平不太平衡，与石材资源的贫富直接关联。石材资源丰富的地区石雕匠多且艺术水平也高，如豫西北、豫西、豫西南等地石雕构件多且艺术性强；石材资源匮乏的豫东黄淮海平原地区应用范围小且艺术性降低，如门枕石以门墩为主，柱础石形状也多为简单的鼓形。因这些地方无石也无石匠，使用石雕构件靠购买商人的大路货。从而，在古建筑中反映出石雕艺术水平远比木雕、砖雕差别大。

二、砖雕、陶塑

河南古建筑中的砖雕包含有塑（雕塑）的成分。砖雕即在青砖上进行雕镂的艺术；雕塑则是在砖（或其他陶制品）未烧制之前对泥坯料直接塑成或接近于所需形状，烧制后再经进一步简单雕镂即为成品艺术构件。对于砖的雕塑，河南也有悠久的历史和高超的技术、艺术水平。南阳著名的画像砖就是以塑为主，河南出土众多的汉代建筑明器也都是雕塑品，应为陶塑范畴。以下将砖雕和陶塑分别介绍。

（一）砖雕

河南古建筑中的砖雕受到过人为严重破坏，现完整者似为少数。有些保留下来的还是采取了一些措施，如用泥巴覆盖法。砖为陶质材料，比石材软易于雕凿，比木材坚硬耐侵蚀，适合在室外使用。砖雕主要用于影壁和大门侧面墙壁、门窗洞口及门楣、墀头、檐口以及其他部位，也有个别纪念性建筑四壁布满砖雕的。

1. 影壁砖雕

河南古建筑的影壁，尤其是开封山陕甘会馆的巨型砖雕影壁，为河南现存砖雕艺术精品（图12-3-11～图12-3-14）。

开封山陕甘会馆影壁砖雕构图严谨，题材丰富，刀法细腻，巧夺天工。会馆乃商贾会聚之地，"算盘一响，黄金万两"的商业追求（图12-3-14），以砖雕的形式表现出来。古建筑表达主人的意

图12-3-11 开封山陕甘会馆影壁砖雕之一

图12-3-12 开封山陕甘会馆影壁砖雕之二

愿，细细品读，耐人寻味。

2. 墀头砖雕

硬山墙的墀头砖雕遍及全国各地，是砖雕的重点表现部位，也是外檐装饰最强的部位。砖雕主要在戗檐及其上侧面的博风头上（图12-3-15、图12-3-16）。河南古建筑中的墀头戗檐形式多样，法无定式。雕刻题材既有常见的福禄寿禧、吉祥如意的内容，也有局部地方流传的民间故事。总之，都有深厚的文化内涵。就连博风头部的砖雕，相同的题材，形象差异也非常明显。充分体现出了"花

图12-3-13 开封山陕甘会馆影壁砖雕之三

图12-3-14 开封山陕甘会馆影壁砖雕之四

图12-3-15 开封古建墀头砖雕之一

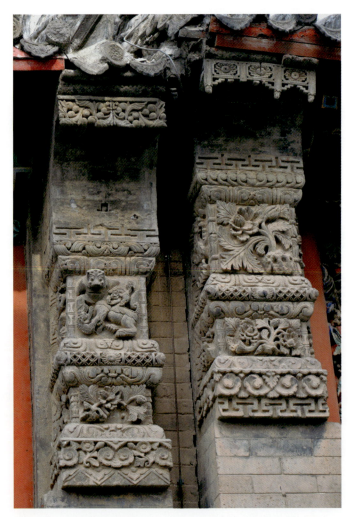
图12-3-16 开封古建墀头砖雕之二

无正果，似像非像"的民间艺术创作原则。

3. 门窗及门楣砖雕

门窗及门楣砖雕也是常见的装饰手法，各种建筑类型都有应用。安阳文峰塔之门楣砖雕最有代表性（图12-3-17），三尊佛像雕刻与雕塑结合，神态各异，半圆拱券看面之二龙戏珠栩栩如生。

4. 其他砖雕

河南古建筑中还有用于其他部位的砖雕，如前后檐墙封檐处的砖雕斗栱与栱眼壁，较为普遍。如开封延庆观玉皇阁的檐口、斗栱、额枋等部位的砖雕也很有代表性。

（二）陶塑

陶塑构件在传统建筑中早有应用，并非常普遍，如脊兽等大小构件均属此类。河南古建筑中所用陶塑主要有正脊、垂脊兽和走兽。建筑因绝大多数为地方手法，所用的这些脊饰构件远比官式建筑的种类多、形象差别大。这种装饰方法就是在陡板砖坯上粘接泥塑花朵，然后烧制的陶塑品。这类陶塑品立体感突出，装饰效果颇佳（图12-3-18），正脊、垂脊均有应用（图12-3-19）。

三、木雕

传统的木雕技法早在北宋时期已经基本完备，《营造法式》卷十二记载有混作（圆雕）、雕插写生华（浮雕）、起突卷叶华（落地雕）、剔地洼叶华（落地平雕）等4种技法。明清时期建筑装饰更加华丽，雕刻技法也随之发展，出现了透雕以及多层透雕的玲珑雕。清代后期，为节约材料、提高工效、改革工艺，出现了贴雕和嵌雕新技法。建筑木雕艺术在河南古建筑民居中应用广泛。从现存建筑情况来看，主要用于结构构件的美化加工以及由其演化的纯雕饰部件。

结构构件的雕刻系指不影响构件的使用功能，经过美学加工而后成为具有装饰性的构件。这是我们中国传统建筑艺术的主要特征之一，即建筑功能、结构和艺术的统一。

额枋是结构构件，在官式建筑中额枋的装饰仅限于彩画，河南地方手法建筑中有的额枋成为木雕

图12-3-17 安阳文峰塔之门楣砖雕

图12-3-18 延庆观玉皇阁之腰檐砖雕

图12-3-19 河南较为普遍的陶塑脊饰

的表现的重点对象。如开封朱仙镇大门额枋木雕就很精致（图12-3-20）。尤其是开封山陕甘会馆的建筑木雕，可称国内建筑木雕的精品。木雕展示的部位主要在额枋、平板枋和雀替上。这些雕刻技法都是各种技法综合应用的，其精美程度国内罕见（图12-3-21～图12-3-28）。

还有的木雕构思也很精巧，如图12-3-29所示的斗栱下昂，夸张以后，利用上边有限的空间另雕出小动物坐于其上，显示出能工巧匠们的奇思妙想，极具观赏价值。

图12-3-20　朱仙镇清真寺大门木雕

图12-3-21　开封山陕甘建筑木雕之一

图12-3-22　开封山陕甘建筑木雕之二

图12-3-23　开封山陕甘建筑木雕之三

图12-3-24　开封山陕甘建筑木雕之四

图12-3-25 开封山陕甘建筑木雕之五

图12-3-26 开封山陕甘建筑木雕之六

图12-3-27 开封山陕甘建筑木雕之七

图12-3-28 开封山陕甘建筑木雕之八

图12-3-29 周口关帝庙外檐斗栱木雕

注释

① （宋）李诫. 营造法式（第一册）[M]. 北京：商务印书馆，1934：15.

② 刘敦桢. 中国古代建筑史（第二版）[M]. 北京：中国建筑工业出版社，1984：30.

③ （宋）李诫. 营造法式[M]. 北京：中国书店，2006：795.

④ 杨焕成. 杨焕成古建筑文集[D]. 北京：文物出版社，2009：26.

河南古建筑地点及年代索引

名称	类型	地点	建成年代（变化情况）	材料结构	规模	文保等级	涉及的古建筑名词
洛阳	古都	河南省中西部	最早建成于夏朝（二里头遗址），有东周、东汉、曹魏、西晋、北魏等朝代在此定都，因此有"十三朝古都"之称，与西安、南京、北京并列为中国四大古都			联合国命名的世界文化名城	
开封	古都	河南省东部	古称东京、汴京（亦有大梁、汴梁之称），简称汴，历史上曾有魏、梁、晋、汉、周、宋、金等七个王朝建都于此，史称七朝古都。再加上西汉时的梁国、后宋和明，又称十朝古都。北宋东京开封是当时世界最繁华、面积最大、人口最多的大都市			国务院首批公布的24座历史文化名城之一	
安阳	古都	河南省最北部	简称殷、邺，七朝古都，有3300多年的建城史，500年建都史，是早期华夏文明的中心之一，中国八大古都之一。安阳殷墟是世界公认的现今中国所能确定的最早都城遗址，有"洹水帝都""殷商故都""文字之都"之美誉			中国历史文化名城	
郑州	古都	河南省中部偏北	历史上夏朝、商朝、管国、郑国、韩国五次为都，八代为州			中国历史文化名城	
南阳	古城	河南省西南部	秦朝三十六郡之一的南阳郡治所所在地，东汉时期曾作为陪都，乃光武帝刘秀发迹之地，故在东汉时期又有"南都"、"帝乡"之称			国务院第二批公布的历史文化名城	
商丘	古城		简称商或宋，拥有1500余年建都史、5000余年建城史，为六朝古都，商朝建都于商丘，古称商、亳、宋国、梁国、睢阳、梁郡、宋州、宋城、应天府、南京、归德府等			中国历史文化名城	
许昌	古城	河南省中部	夏王朝的发源地夏都夏邑（阳翟，今许昌禹州）。东汉末年和三国时期，许昌为汉、魏国国都			中国历史文化名城	
濮阳	古城	河南省东北部	上古时代，五帝之一的颛顼及其部族就在此活动，故有"颛顼遗都"之称。濮阳夏代叫昆吾国，春秋时期称卫都、战国后期始称"濮阳"、秦代设置濮阳县、宋代称澶州、金代叫开州，民国时复名濮阳				

续表

名称	类型	地点	建成年代（变化情况）	材料结构	规模	文保等级	涉及的古建筑名词
浚县	古城	河南省北部，隶属于鹤壁市	古称"黎阳"				
汤阴	古城	河南省北部，隶属于安阳市	汉时称荡阴县，唐改名汤阴县				
淇县	古城	河南省北部，隶属于鹤壁市	称殷国、雅歌、朝歌县、临淇县。古称朝歌，曾为古代商朝殷商末四代帝王的行都				
卫辉	古城	河南省北部，隶属于新乡市	自西汉高祖二年设置汲县，先后为州治、路治、府治和道治				
沁阳	古城	河南省西北部，隶属于焦作市	夏为覃怀首邑，商属京畿重地，周称野王邑，汉为野王县，隋改河内县，明清为怀庆府				
济源	古城	河南省西北部	曾是夏王朝的都城"原"，战国至两汉时期"轵邑"以富庶闻名天下。隋开皇十六年（公元596年）设县				
登封	古城	河南省中西部，隶属于郑州市	夏王朝最早在阳城(今登封市告成镇)建都，称为禹都阳城。西汉武帝刘彻游嵩山，正式设立崇高县。隋大业初年（公元605年）改为嵩阳县。公元696年，武则天改嵩阳县为登封县，改阳城县为告成县。金代将两县合并为登封县				
巩义	古城	河南省中部，隶属于郑州市	夏代曾建都斟鄩（今稍柴、罗庄一带）。西周、春秋时，巩为巩伯国。战国，称东周。秦庄襄王元年（公元前249年）置巩县				
新郑	古城	河南省中部，隶属于郑州市	夏、商时，新郑属豫州。春秋，新郑属郑国，为国都				
禹州	古城	河南省中部，隶属于许昌市	自夏始，经商、西周、春秋战国，曾三次为夏韩古都；秦以降，至清顺治十八年（1661年）历时两千多年，均为京畿重地或一方一地政治、经济、文化中心。秦汉为颍川郡，晋唐为阳翟，宋元明为钧州，明万历三年四月，为避皇帝朱翊钧讳，改名禹州				

续表

名称	类型	地点	建成年代（变化情况）	材料结构	规模	文保等级	涉及的古建筑名词
睢县	古城	河南省东部，隶属于商丘市	秦朝置襄邑县，属砀郡。西汉沿袭秦制，仍称襄邑。西汉末外戚王莽"改制"，改襄邑为襄平，东汉初仍称襄邑。三国、晋朝时期属陈留国，南北朝属阳夏郡。唐太宗贞观年间属宋州。五代时期襄邑县属开封府，宋改拱州，元称睢州，故金朝时仍称为睢州。清朝此建制保持不变。民国2年由州降为县				
淮阳	古城	河南省东南部，隶属于周口市	太昊伏羲在此建立中国第一个都城，名宛丘；后炎帝神农氏继都于宛丘之旧墟，易名为陈				
邓州	古城	河南省西南部，隶属于南阳市	古称"邓"或"穰"。夏、商、西周、春秋早期诸侯国邓国的国都就在邓州				
汝南	古城	河南省中部，隶属于驻马店市	古属豫州，豫州为九州之中，汝南又居豫州之中，故有"天中"之称。自春秋战国时代有建制，距今已有2700多年的历史。上自秦、汉，下至明、清，汝南一直是郡、州、军、府治所，为八方辐辏之地				
社旗	古城	河南省西南部，隶属于南阳市	县城所在地赊店镇，史称赊店，因东汉时刘秀举义兵赊旗而得名，历史上与景德镇、佛山镇、朱仙镇齐名，为全国的四大商业重镇之一。县城内七十二条古街道保存完好，构成中原最大的明清建筑群				
朱仙镇	名镇	河南省开封市开封县县城西南部	自唐宋以来，一直是水陆交通要道和商埠之地，明朝时是开封唯一的水陆转运码头，朱仙镇因此而迅速繁荣。到明末，朱仙镇已与广东的佛山镇、江西的景德镇、湖北的汉口镇，并称为全国四大名镇。明末清初是朱仙镇最繁盛的时期				
陈桥镇	名镇	河南省新乡市东北部封丘县城东南13公里处	公元960年，宋太祖赵匡胤在此开创了宋代300年基业。宋文化从这里开始，与开封密不可分			1997年河南省人民政府公布为历史文化名镇	
荆紫关镇	名镇	河南省淅川县西北76公里的丹江右岸西部边陲	形成于唐代，兴盛于明清时期			全国重点文物保护单位	

续表

名称	类型	地点	建成年代（变化情况）	材料结构	规模	文保等级	涉及的古建筑名词
神垕镇	名镇	河南省禹州市西南30公里禹、郏、汝三县市交界处	唐代神垕开始起步，到了北宋徽宗年间，达到鼎盛时期			中国历史文化名镇	
临沣寨	名镇	河南省郏县东南12公里处	始建于明末，重修于清同治元年（1862年），整个村落用一种红色条石砌筑，当地人又称"红石寨"或"红石古寨"			河南省文物保护单位	
南阳府衙	衙署类建筑	南阳古城西南隅民主街100号	我国目前保存最完整的封建时期府级官署衙门。始建于元正统五年（1440年）同知汪重重修，清代衙署内建筑有增改裁并			全国重点文物保护单位	
内乡县衙	衙署类建筑	内乡县东大街中段北侧	始建于元大德八年（1304年），明、清、民国时期均为县治所			全国重点文物保护单位	
密县县衙	衙署类建筑	新密市老城区十字街	创于隋代，迄今已有1400多年历史，是河南省目前保存较完整的封建县级官署衙门之一			河南省文物保护单位	
叶县县衙	衙署类建筑	位于叶县县城中心街	始建于明洪武二年（1369年），历经明、清、民国，直至20世纪70年代初，一直作为县级官署办公所在地			全国重点文物保护单位	
许州州衙	衙署类建筑	许昌市原州城中轴线北端	清直隶州州署，是河南省现存唯一一处直隶州署衙			许昌市文物保护单位	
荆紫关协镇都督府	衙署类建筑	淅川县荆紫关镇古街道南侧1000米处	西汉称"草桥关"，南宋改称"荆籽关"，明清进入鼎盛时期，现存建筑3座10间			全国重点文物保护单位，荆紫关镇古建筑群的重要组成部分	
赊店厘金局	衙署类建筑	社旗县赊店镇清代一条街——瓷器街中心	河南省现存唯一一处古代部门衙署建筑群。始建于清咸丰八年（1858年），建筑群布局完整，单体建筑保存较好			河南省文物保护单位	
洛阳白马寺	宗教类建筑	河南省洛阳老城以东12公里处	始建于东汉永平十一年（公元68年），现存的遗址古迹为元、明、清时所留			全国重点文物保护单位	

续表

名称	类型	地点	建成年代（变化情况）	材料结构	规模	文保等级	涉及的古建筑名词
登封少林寺	宗教类建筑	登封市西北13公里的少室山五乳峰下	北魏太和二十年（公元496年）创建，除天王殿、大雄宝殿、藏经阁、钟鼓楼及部分厢房为原址恢复重建者外，余为古代遗存			初祖庵大殿及塔林为全国重点文物保护单位，其余为河南省文物保护单位	
汝州风穴寺	宗教类建筑	汝州东北9公里嵩山少室主峰南坡的风穴山中	创建于北魏，唐代扩建，现存殿堂禅舍140余间、石桥5座、碑碣百余通			全国重点文物保护单位	
开封相国寺	宗教类建筑	开封市鼓楼区白由路	南北朝北齐天保六年（公元555年）初创寺院，唐景云二年（公元711年）在郑审宅院基础上改为寺院，北宋发展到了鼎盛。宋太宗晚年进行了大规模营建，明崇祯十五年（1642年），河决开封，寺院淹没坍塌，清顺治、康熙年间相国寺有所恢复，清乾隆三十一年动工，三十三年十月告讫，清道光二十一年（1841年）黄河决口，寺中建筑破坏严重			河南省文物保护单位	
武陟千佛阁	宗教类建筑	武陟县木城镇南大街北端	武陟现存规模最大的古代建筑群之一。创建于明嘉靖三十六年（1557年），清咸丰六年（1856年）进行了重修，保留了明代主要建筑和建筑风格			全国重点文物保护单位	
济源奉仙观	宗教类建筑	济源市荆梁北街	始建于唐垂拱元年（公元685年），北宋时，著名道士贺兰栖真修缮，金大定二十四年（1184年）重修三清大殿，元世祖至元二十七年（1290年）道士卫葆光重修玉皇殿、三官殿等。清乾隆十七年（1752年）重修三官殿，重建山门和厢房4座16间			全国重点文物保护单位	
开封延庆观	宗教类建筑	开封市包公湖北侧	创建于金大定九年（1169年），金末观毁。元太宗五年（1233年）重修，元末毁于兵燹，明洪元年（1368年）恢复，明崇祯十五年（1642年），道观被黄河淹毁，清康熙七年（1668年）重修，清道光二十一年（1841年）又毁于洪水，六年后修葺，清光绪二十年（1894年）和三十四年（1904年）又两次修葺，恢复规模			全国重点文物保护单位	

续表

名称	类型	地点	建成年代（变化情况）	材料结构	规模	文保等级	涉及的古建筑名词
许昌天宝宫	宗教类建筑	许昌县艾庄乡北面的石梁河畔	始建于宋嘉熙四年（1240年），后多次修缮，至今保存基本完整，现存殿宇均为明清、民国建筑			河南省文物保护单位	
温县遇仙观	宗教类建筑	温县徐家堡村北沁河堤下	始建于元世祖年间（1260~1294年），历经明清、民国历代维修，现保存完整			河南省文物保护单位	
睢县吕祖庙	宗教类建筑	睢县县城内，坐落在文化路中段北侧	始建于明天启年间（1621~1627年），清道光二十九年（1849年）进行大修			河南省文物保护单位	
沁阳北大寺	宗教类建筑	沁阳市区北寺大街中段	始建于元代，明嘉靖四十年（1561年）年重建，明万历十八年（1590年）建拜殿。明崇祯元年（1628年）寺毁于火灾，四年重修门、庭、堂、室，重建窑殿。清代续建厦殿、讲堂和沐浴所等。清道光年间，因地震窑殿崩裂，清光绪十三年（1887年）在原址上重建，并对殿宇进行重新彩绘。清道光二十六年（1846年）于寺西北创建清真新寺，后改女寺			全国重点文物保护单位	
朱仙镇清真寺	宗教类建筑	开封市朱仙镇东南隅的老虎洞街	始建于明嘉靖十年（1531年），清乾隆三年（1738年）重修			全国重点文物保护单位	
开封东大寺	宗教类建筑	开封市清平南北街7号	时间年代无考，据传为唐宋时期建。明洪武年间重建，明永乐五年（1407年）重修，明末河决被毁，清顺治十二年（1655年）重建，清道光二十一年（1841年）再次毁于黄河水患，5年后重建			全国重点文物保护单位	
博爱清真寺	宗教类建筑	博爱县城西关街中段路北	始建于明万历年间，明清以来又重修多次，逐步扩大			河南省文物保护单位	
宁陵清真寺	宗教类建筑	宁陵县城东大街路南50米	建于明万历年间，历经明清两代逐步落成			河南省文物保护单位	
社旗山陕会馆	会馆类建筑	社旗县城内西部	会馆的建筑主要由两次大的营建活动组成。第一次始于清乾隆年间，竣工于清乾隆四十七年（1782年），建造活动一直延续到清道光年间。清咸丰七年（1857年）后半部被毁。第二次营建始于清同治八年（1869年），终于清光绪十八年（1892年）			全国重点文物保护单位	

续表

名称	类型	地点	建成年代（变化情况）	材料结构	规模	文保等级	涉及的古建筑名词
开封山陕会馆	会馆类建筑	开封市徐府街路北	始建于清康熙年间，清道光年间多次扩建，清同治三年（1864年）重修后道院，清光绪二十八年（1902年）于大殿后建春秋楼			全国重点文物保护单位	
周口关帝庙	会馆类建筑	周口市沙河北岸富强街	始建年代无考，康熙十二年（1693年）在原基础上创建了大殿，后历经清雍正、乾隆、嘉庆、道光年间扩建，于清咸丰二年（1852年）完工			全国重点文物保护单位	
洛阳路泽会馆	会馆类建筑	洛阳市瀍河区	清乾隆九年（1744年）由商人集资所建，初为关帝庙，后改为会馆。抗日战争胜利后至新中国成立前，此处为路泽中学			全国重点文物保护单位	
洛阳山陕会馆	会馆类建筑	洛阳市九都路东段	始建于清康熙、雍正年间			全国重点文物保护单位	
禹州怀帮会馆	会馆类建筑	禹州市城关西北隅	始建于清同治十一年（1872年）			河南省文物保护单位	
禹州十三帮会馆	会馆类建筑	禹州市内西北隅	清同治十年（1871年）建成会馆内寺庙建筑，现存清代建筑20座68间			河南省文物保护单位	
辉县山西会馆	会馆类建筑	辉县市区南大街西端路北	创建于清乾隆二十五年（1760年），清嘉庆二年至十七年（1797~1812年）陆续增建，始成今日之规模			河南省文物保护单位	
登封中岳庙	祭祀纪念类建筑	登封市东4公里处的中岳庙村	始建于秦，历经多代增扩建、重建和修缮，经唐宋两代大力整修，进入鼎盛时期，规模宏大			全国重点文物保护单位	
济源济渎庙		济源市西北的庙街村	创建于隋开皇二年（公元582年），后经多次增扩建、重建和修缮，现存基本保持了唐宋遗制格局			全国重点文物保护单位	
武陟嘉应观	祭祀纪念类建筑	武陟县东13公里的大刘庄和相庄之间	创建于清雍正元年至四年（1723~1726年），建设时遵照北京皇宫的建筑规制，并结合满族的传统风格营建			全国重点文物保护单位	
卢氏城隍庙	祭祀纪念类建筑	卢氏县城中华街路北130米处	始建于元代，明洪武重修，至明宣德年间因战争化为灰烬，明天顺甲申年（1464年）重修，至明成化丙戌年（1466年）落成，清乾隆十年（1745年）重修，现存建筑基本保持了这次重修后的规模和布局			河南省文物保护单位	

续表

名称	类型	地点	建成年代（变化情况）	材料结构	规模	文保等级	涉及的古建筑名词
郑州城隍庙	祭祀纪念类建筑	郑州市商城路东段北侧电力学校内	明代初所建，明弘治十四年（1501年）重修，其后屡有修葺			河南省文物保护单位	
安阳城隍庙	祭祀纪念类建筑	安阳市老城区鼓楼东街路北6号	始建于明洪武二年（1369年），清乾隆三十七年（1772年）重修			河南省文物保护单位	
卫辉比干庙	祭祀纪念类建筑	卫辉市西北7.5公里的顿坊乡比干庙村内	周武王时封墓，北魏太和十八年（公元494年）魏孝文帝时因墓建庙。唐贞观十九年（公元645年）修缮，明弘治七年（1494年）重建，明清历代曾有多次修缮			全国重点文物保护单位	
洛阳周公庙	祭祀纪念类建筑	洛阳市区中心定鼎路的东侧	始建于隋末，明嘉靖四年（1525年）旧址重建，清康熙十三年（1674年）大修，而后又经多次重修，民国还进行过扩建			全国重点文物保护单位	
洛阳关林	祭祀纪念类建筑	洛阳城南7公里的洛龙区关林镇	始建年代无考，现存关林始建于明万历二十一年，后历经多次修缮和添建			全国重点文物保护单位	
汤阴岳飞庙	祭祀纪念类建筑	汤阴县城西南隅，文化街与岳庙街交界处的岳庙街86号	明景泰元年（1450年）春开始兴建，明弘治丁巳年（1497年）扩建，后经多次扩建和增建，至清乾隆十五年（1750年），规模与布局与现在大致相同。此后还经多次重修			全国重点文物保护单位	
南阳武侯祠	祭祀纪念类建筑	南阳市西部卧龙岗上	始建年代可上溯至魏晋时代，后经多次增建和修葺，基本保持了元明的布局风格			全国重点文物保护单位	
嵩阳书院	书院文庙类建筑	登封市城北嵩山南麓的太室山峻极峰下	始建于北魏孝文帝太和八年（公元484年），多次易名，后经明清两代多次重修、增建和修葺			全国重点文物保护单位	
扶沟大程书院	书院文庙类建筑	扶沟县城内西南隅书院街北侧	于北宋神宗熙宁八年（1075年）至元丰三年（1080年）所建，明代曾多次改建，清代在原址上扩建，现存建筑就是扩建遗留下来的			河南省文物保护单位	
洛阳河南府文庙	书院文庙类建筑	洛阳老城区东南隅文明街中段路北，文明街小学院内	初创年代无考，明清屡经修葺，规模日盛			全国重点文物保护单位	

续表

名称	类型	地点	建成年代（变化情况）	材料结构	规模	文保等级	涉及的古建筑名词
郏县文庙	书院文庙类建筑	郏县县城区南大街中部东侧	五代后周年间初建，后周世宗显德元年（公元854年）竣工，北宋毁于战火，金泰和六年（1206年）旧址修建，规模扩大，后经明清多次修缮，才达到今天的宏大规模			全国重点文物保护单位	
太康文庙	书院文庙类建筑	太康县城黉东街东北	始建于汉代，明洪武三年（1370年）重建，后经多次重修，清初期重建，后经多次修缮。现仅存拜殿和大成殿，均为清代建筑			全国重点文物保护单位	
南阳府文庙	书院文庙类建筑	南阳市老城区新华东路北侧	始建于元代，后屡经毁建，清代在原址上重建至今。现仅存大成殿和照壁			河南省文物保护单位	
归德府文庙	书院文庙类建筑	归德府古城内，商丘市睢阳区中山东二街北侧	始建于元代初期，后毁于兵灾水患，明洪武六年（1373年）重建，明弘治十五年（1502年）被洪水淹没，现址新建，后经多次修葺保存至今。现仅存大成殿、明伦堂和泮池，均为清代建筑			河南省文物保护单位	
开封佑国寺塔	塔幢类建筑	开封市东北隅	创建于北宋皇祐元年（1049年），竣工时间为宋神宗熙宁年间，从开始到竣工经历30年左右的时间，我国现存最早最高的一座琉璃构件建筑物	琉璃砖塔		全国重点文物保护单位	
开封繁塔	塔幢类建筑	开封市东南的禹王台区域	创建于北宋开宝七年（公元974年），元代时，塔已"半摧"，明初因"铲王气"而"止遗三级"。是宋塔中的代表作	砖塔		全国重点文物保护单位	
安阳文峰塔	塔幢类建筑	安阳市古城内西北隅，文峰中环路西端	据现存清乾隆三十七年（1772年）《重修天宁寺图》碑文记载：始建于隋仁寿初，维修于周显德中，宋元之际相继增修，明洪武间置僧纲司于此。又据民国安阳县志记载，始建于五代后周广顺二年（公元952年）	砖塔		全国重点文物保护单位	
鹤壁玄天洞石塔	塔幢类建筑	鹤壁市西南郊15公里处淇河北岸的山腰台地上	始建于明正德七年至九年（1512~1514年），为河南现存体形最大的楼阁式石塔	石塔		河南省文物保护单位	
汝南无影塔	塔幢类建筑	汝南县城南关，东邻小南海寺院	关于塔的建造时间，史无记载，明清之际均有维修，根据现存特征、建筑结构分析，此塔建于北宋中早期	砖塔		全国重点文物保护单位	

续表

名称	类型	地点	建成年代（变化情况）	材料结构	规模	文保等级	涉及的古建筑名词
鄢陵乾明寺塔	塔幢类建筑	鄢陵县城西北隅，西临汶河，南临乾明寺路	根据此塔的建筑特点及造型，为宋代建筑	砖塔		全国重点文物保护单位	
邓州福胜寺塔	塔幢类建筑	邓州市十字街东南角	初建于隋，重修于北宋天圣十年（1032年），原为13级，元末兵毁，明天顺年间重修为7层	砖塔		全国重点文物保护单位	
睢县圣寿寺塔	塔幢类建筑	睢县后台乡阎庄村西北隅圣寿寺遗址上	所建年代没有明确记载，根据建筑结构和造型特点推断应为宋代遗构	砖塔		全国重点文物保护单位	
原阳玲珑塔	塔幢类建筑	原阳县西南17.5公里原武镇善护寺旧址	创建于北宋崇宁四年（1105年），明万历二十九年（1601年）重修	砖木结构		河南省文物保护单位	
光山紫水塔（风水塔）	塔幢类建筑	光山县东门外	塔建于明末，清康熙三年（1664年）完工。为八角7级楼阁式砖塔，通高27米	砖塔		河南省文物保护单位	
登封嵩岳寺塔	塔幢类建筑	登封市西北6公里处的嵩山南麓、太室山脚下	始建于北魏正光年间，后代曾经维修，现存主体仍为北魏原构	砖塔		全国重点文物保护单位	
沁阳天宁寺三圣塔	塔幢类建筑	沁阳市城区东南隅的天宁寺旧址上	创建于金大定十一年（1171年）	砖塔		全国重点文物保护单位	
武陟妙乐寺塔	塔幢类建筑	武陟县阳城乡东张村古怀城遗址上	创建于唐，后周显德二年（公元955年）重修	砖塔		全国重点文物保护单位	
登封永泰寺塔	塔幢类建筑	登封市西北11公里永泰寺东侧的山坡上	整塔展示了浓厚的唐代密檐砖塔的建筑风格，是我国唐代密檐砖塔的典型代表之一	砖塔		全国重点文物保护单位	
登封法王寺塔	塔幢类建筑	登封市北5公里太室山南麓玉柱峰下的坡台地上	约建于唐代盛时期即公元8世纪前半叶，是唐代甚至中国最优美的古塔	砖塔		全国重点文物保护单位	
汝州法行寺塔	塔幢类建筑	汝州市区东北隅寺街原法行寺院内	所创年代无明确记载，据考证，第一层具备唐代密檐式塔特点，第二层以上具有宋金时期密檐式塔一些特点，故推断塔为唐代创建	砖塔		全国重点文物保护单位	

续表

名称	类型	地点	建成年代（变化情况）	材料结构	规模	文保等级	涉及的古建筑名词
三门峡宝轮寺塔	塔幢类建筑	三门峡市西部5公里，原陕州故城东南隅宝轮寺旧址上	历经战火，寺院早毁，仅存孤塔。既采用了唐代密檐式方塔的外形，又吸收了宋塔的内部结构，是唐代密檐式塔与宋代楼阁式塔的有机结合，是研究金代砖塔的珍贵实物资料	砖塔		全国重点文物保护单位	
洛阳白马寺齐云塔	塔幢类建筑	白马寺山门外东南500米处	建于金大定十五年（1175年），距今已有800多年历史	砖塔		全国重点文物保护单位	
新郑凤台寺塔	塔幢类建筑	新郑市区南洧水河南岸	凤台寺已毁于战乱年代，古塔尚存。凤台寺建于宋朝，距今近1000多年	砖塔		河南省文物保护单位	
林州洪谷寺塔	塔幢类建筑	林州市西南15公里的洪谷山上	典型的唐密檐式塔造型，为研究唐代砖塔提供了珍贵资料	砖塔		河南省文物保护单位	
安阳修定寺塔	塔幢类建筑	安阳县西北35公里磊口乡清凉山东南麓修定寺旧址上	修定寺据传创建于北魏太和十八年（公元494年），寺院建已无，唯唐代砖塔尚还遗存	砖塔		全国重点文物保护单位	
安阳灵泉寺双石塔	塔幢类建筑	安阳县西南30公里的宝山东南麓	建于北齐河清二年（公元563年），是我国现存最早的石塔	石塔		全国重点文物保护单位	
安阳灵泉寺摩崖塔	塔幢类建筑						
宝丰文笔峰塔安阳	塔幢类建筑	宝丰县城南五里之外的文笔山	兴建于明万历四十七年（1619年）	实心砖塔		河南省文物保护单位	
少林寺塔林	塔幢类建筑	登封少林寺院内	共有唐、宋、元、明、清历代墓塔228座，是我国目前现存最大的塔林			全国重点文物保护单位	
汝州风穴寺塔林	塔幢类建筑	汝州市东北9公里嵩山少室山主峰南坡的风穴山中	原有塔115座，现尚存元、明、清历代砖石塔73座，仅次于少林寺塔林			全国重点文物保护单位	
博爱月山寺塔林	塔幢类建筑						
宜阳灵山寺塔林	塔幢类建筑	宜阳县城西8公里灵山山脉的凤凰山北麓的灵山寺院内	共有清代砖构和尚墓塔16座			河南省文物保护单位	

续表

名称	类型	地点	建成年代（变化情况）	材料结构	规模	文保等级	涉及的古建筑名词
林州洪谷寺塔林	塔幢类建筑						
新乡县经幢幢身	塔幢类建筑						
新乡县水东村经幢	塔幢类建筑						
沁阳经幢	塔幢类建筑						
卫辉经幢	塔幢类建筑						
温县慈胜寺经幢	塔幢类建筑	温县城西北20公里的大吴村	五代后晋高祖天福二年（公元937年）雕凿，高5.4米			全国重点文物保护单位	
皇陵（宋陵）	陵墓建筑						
虢国墓葬	陵墓建筑						
芒砀山梁孝王陵	陵墓建筑						
潞王坟	陵墓建筑	新乡市北郊13公里处的凤凰山南麓	建成于明万历四十三年（1615年），完全仿照万历皇帝在北京的定陵，被誉为"中原定陵"				
朱载堉墓	陵墓建筑	河南省沁阳市东北18公里张坡村九峰山下	南有神道120米。土冢用石围砌，直径7.6米，高2.5米		占地86000多平方米		
许慎墓	陵墓建筑	漯河市召陵区，姬石乡许庄村东土岗上	墓冢高5米，周长33米，墓前立有清顺治十三年（1656年）郾城县知县荆其惇重修墓碑				
张衡墓	陵墓建筑	南阳市石桥镇小石桥村西北隅	坐北向南，景色幽美。据史载：张衡墓原来规模宏伟，有翁仲、石兽、庙宇、读书台、张衡宅等胜迹			全国重点文物保护单位	
登封观星台	天文建筑	登封市城东南7.5公里的告成镇周公庙内	建于元至元十三年（1276年），距今已有700年的历史，它是我国现存最古老的天文台。是世界上现存较早的天文科学建筑物	水磨砖砌筑		全国重点文物保护单位	

续表

名称	类型	地点	建成年代（变化情况）	材料结构	规模	文保等级	涉及的古建筑名词
小商桥	桥梁	临颍县南皇帝乡商桥村	初建于隋开皇四年（公元584年）。北宋时依隋制重建小商桥，元大德、明正德、清康熙年间均曾维修	石拱桥	长21.3米，宽6.45米		
安阳彰善桥	桥梁	安阳县南马投涧乡大屯村南	初建年代无考。据桥头存清咸丰七年（1857年）《补修彰善桥碑记》载，明万历三十九年（1611年）赐名为彰善桥	石拱桥	长20.4米，宽6.5米	河南省文物保护单位	
光山永济桥	桥梁	光山县城南25公里的泼陂河镇	始建于明万历庚申年（1620年），8年完成。清康熙和雍正间都曾被洪水所毁。清乾隆十六年（1751年）再次修成此桥				
登封少室阙	阙	登封市西北6公里少室山东麓十里铺村西	约建于汉安帝延光二年（公元123年）			全国重点文物保护单位	
登封太室阙	阙	登封市城东4公里太室山南麓中岳庙前	始建于东汉安帝元初五年（公元118年），原是汉代太室祠前的神道阙，石阙为汉安帝元初五年时的阳城长吕常所建，与少室阙、启母阙并称为"中岳汉三阙"			全国重点文物保护单位	
登封启母阙	阙	登封市区城西北2公里嵩山南麓万岁峰下	东汉延光二年（公元123年），颍川太守朱宠于启母庙前建神道阙，即是启母阙			全国重点文物保护单位	
正阳贾君阙	阙	正阳县东岳庙	约建于公元169~189年之间			河南省文物保护单位	
开封龙亭	高台建筑	开封市老城内，地处古城中轴线北部	建于清代初年，是一座规模庞大的高台建筑		通高26.7米	河南省文物保护单位	
卫辉望京楼	高台建筑	卫辉市城内后街	始建于明万历十九年（1591年），历时两年建成	砖石结构	现存高23米，宽32米，进深19米	河南省文物保护单位	
商丘阏伯台	高台建筑	商丘古城西南1.5公里火星台村	元代在台上建大殿、拜厅、禅门、钟鼓楼，台前建山门、戏楼		火神台为圆形夯土筑成，台高35米，台基周长270米		

续表

名称	类型	地点	建成年代（变化情况）	材料结构	规模	文保等级	涉及的古建筑名词
浚县荣恩坊	牌坊	浚县城区内的大伾山西麓风景区内	明万历四十五年（1617年）建造		三间四柱五楼式，总高10.4米，总宽9.31米	河南省文物保护单位	
辉县望京楼如意坊	牌坊	卫辉古城东北隅				全国重点文物保护单位	
潞王坟坊	牌坊						
新乡七世同居坊	牌坊	新乡市平原东路牌坊街北端	清道光四年（1824年）奉旨"旌表"所建，为一石构过街式牌坊			河南省文物保护单位	
社旗火神庙木牌楼	牌坊	社旗县赊店镇公安街东端第一小学内	创建于清道光元年（1821年）八月			河南省文物保护单位	
沁阳药王庙木牌楼	牌坊	城东天鹅湖附近，现为沁阳市佛教协会	建于清嘉庆六年（1801年）			河南省文物保护单位	
龙门石窟	石窟	洛阳南郊伊河两岸的龙门山与香山上	开凿于北魏孝文帝年间，之后历经东魏、西魏、北齐、隋、唐、五代的营造，南北长达1公里，今存有窟龛2345个，造像10万余尊，碑刻题记2800余品			全国重点文物保护单位，世界文化遗产	
巩义石窟寺	石窟	巩义市南河渡镇寺湾村，距市区10公里	创建于北魏孝文帝之时（公元471~499年），宣武帝时开始凿石为窟，刻佛千万像，后来的东西魏、唐、宋时期陆续在这里刻了一些小龛。初建寺称"希玄寺"，唐初改称"净土寺"，宋代改称石窟寺			国家级文物保护单位	

参考文献

[1] 邹学德，刘炎，河南古代建筑史[M]．郑州：中州古籍出版社，2001．

[2] 杨换成．塔林（上、下册）[M]．少林书局，2007

[3] 河南省文物局．河南文化遗产（一）[M]．北京．文物出版社，2011

[4] 河南省文物局．河南省文物志[M]．北京：文物出版社，2009．

[5] 李诫．营造法式（上下册）[M]．北京：中国书店出版社，2006．

[6] 刘敦桢．中国古代建筑史[M]．北京：中国建筑工业出版社，2008．

[7] 梁思成．梁思成文集（第4、5、7卷）[M]．北京：中国建筑工业出版社，1982．

[8] 刘叙杰．中国古代建筑史（第1卷）[M]．北京：中国建筑工业出版社，2009．

[9] 傅熹年．中国古代建筑史（第2卷）[M]．北京：中国建筑工业出版社，2009．

[10] 郭黛姮．中国古代建筑史（第3卷）[M]．北京：中国建筑工业出版社，2009．

[11] 孙大章．中国古代建筑史（第5卷）[M]．北京：中国建筑工业出版社，2009．

[12] 孙大章．中国民居研究[M]．北京：中国建筑工业出版社，2004．

[13] 贺业钜．中国古代城市规划史[M]．北京：中国建筑工业出版社，1996．

[14] 杨宽．中国古代都城制度史[M]．上海：上海人民出版社，2006．

[15] 田永复．中国古建筑知识手册[M]．北京：中国建筑工业出版社出版，2013．

[16] 李剑平．中国古建筑名词图解辞典[M]．太原：山西科学技术出版社，2011．

[17] 杨焕成，张家泰．中原文化大典．文物卷．历史文化名城[M]．郑州：中原文物出版社，2008．

[18] 河南省文物局．河南文化遗产[G]．北京：文物出版社，2007．

[19] 河南省文物考古学会．论裴李岗文化．[G]．北京：科学出版社，2010．

[20] 徐光春．中原文化与中原崛起[K]．郑州：河南人民出版社，2007．

[21] 邹学德．刘炎．河南古代建筑史[M]．郑州：中州古籍出版社，2001:21．

[22] 侯幼彬．中国建筑美学[M]．哈尔滨：黑龙江科学技术出版社，1997．

[23] 王铎．洛阳古代城市与园林[M]．呼和浩特：远方出版社，2005．

[24] 中国科学院考古研究所．洛阳中州路（西工段）[M]．北京：科学出版社，1959．

[25] 河南省博物馆．河南汉代明器[M]．郑州：大象出版社，2002:16．

[26] 张勇．河南汉代建筑明器定名与分类概述．河南汉代明器[M]．郑州：大象出版社，2002．

[27] 李明哲．五经四书．礼记．月令篇[M]．乌鲁木齐：新疆青少年出版社，2002．

[28] 杨换成．杨换成古建筑论文集[M]．北京：文物出版社，2009．

[29] 周宝珠．宋代东京研究[M]．开封：河南大学出版社，1992．

[30] 司马光．资治通鉴．卷第二百四．唐纪二十[M]．

[31] 欧阳修．新唐书．卷二十五．志第十四．车服．

[32] 刘致平著．王其明增补．中国居住建筑简史[M](第二版)．北京：中国建筑工业出版社，2000．

[33] 刘迎春．考古开封[M]．开封：河南大学出版社，2006．

[34] 戴吾三．考工记图说[M]．济南：山东画报出版社，2003．

[35] 宿白．中国石窟寺研究M]．北京：文物出版社，1996．

[36] 崔尔平．广艺丹双楫注M]．上海：上海书画出版社，2006．

[37] 河南省文化局文物工作队．巩县石窟寺石刻录[M]．北京：文物出版社，1963．

[38] 荆三林．中国石窟雕刻艺术史[M]．北京：人民美

术出版社，1988．

[39] 魏收．魏书[M]．北京：中华书局，1974．

[40] 洛阳市地方史志编纂委员会．洛阳市志[M]．郑州：中州古籍出版社，1996．

[41] 宫大中．龙门石窟艺术[M]．北京：人民美术出版社，2002．

[42] 王振国．龙门石窟与洛阳佛教文化[M]．郑州：中州古籍出版社，2006．

[43] 李泽厚．美的历程[M]．天津：天津社会科学院出版社，2009．

[44] 刘鹏久．内乡衙与衙门文化[M]．郑州：中州古籍出版社，1999．

[45] 杨鸿勋．建筑考古学论文集[M]．北京：文物出版社，1987．

[46] 沈福煦，沈鸿明．中国建筑装饰艺术文化源流[M]．武汉：湖北教育出版社．2002．

[47] 计成著．赵农．园冶图说[M]．济南：山东画报出版社，2003．

[48] 张家泰，左满常．中国营造学研究（第1辑）[D]．开封：河南大学出版社，2005．

[49] 张家泰，左满常．中国营造学研究（第2、3辑）[D]．开封：河南大学出版社，2012．

[50] 左满常，渠滔．中国民居建筑丛书．河南民居[M]．北京：中国建筑工业出版社，2012．

[51] 河南省文物考古学会．河南文物考古论集[D]．郑州：中州古籍出版社，1996．

[52] 赵成甫．南阳汉代画像砖[M]．北京：文物出版社，1990．

[53] 张晓军．南阳汉代陶塑[M]．郑州：中州古籍出版社，2004．

后记

由中国建筑工业出版社、中国民族建筑委员会民居建筑专业委员会共同策划，编撰大型系列丛书——《中国古建筑丛书》，其中，河南古建筑单列成册。《河南古建筑》的撰写由左满常、李丽、渠滔、王放、张献萍、董阳、郭玮、时宗伟等8人承担，由左满常对全书统撰。我们写作组组成人员多为高校教师，对撰写《河南古建筑》一书热情很高。写作组成员年富力强，有精力完成各自承担的写作任务。河南古建筑资源丰富，但我们手头资料相对匮乏，所幸笔者身边有同事和众多学生做后盾，我们从外出调研、资料整理、分析研究，都得到了部分同事和众多学生的帮助。

河南古建筑专家杨换成、张家泰二位先生对《河南古建筑》一书更加关注，从本书的撰写提纲开始，就给予了具体翔实的指导意见。在我们写作过程中，又提供了大量宝贵的文字和图片资料，有的还是先生们经年积累的第一手资料，弥足珍贵。他们的无私帮助为本书的质量增色不少。

在本书搜集资料阶段，得到了河南省建设厅和省文物局的大力支持。特别是省文物局文物处、资源处为我们考察文物建筑大开方便之门。我们所到之处的各有关基层文物管理单位都直接提供了方便，使我们的考察在较短时间内顺利完成。

学生张卫国为本书提供了洛阳龙门和洛阳关林的全部照片；三门峡吴子明先生提供了三门峡宝转寺塔的照片。在此，对二位学生的无私帮助表示感谢！

河南大学土木建筑学院的领导对本书也给予了大力支持。

我现在的工作单位，郑州工业应用技术学院建筑工程学院的领导和同事们都给予了关怀和大力支持，并期待着本书的出版。

《河南古建筑》经几年努力，今已成稿，即将付梓。在此，对上述关心、指导、帮助过我们的领导们、先生们、同事和同学们致以由衷感谢！

左满常
2015年6月于开封

主编简介

　　左满常，河南开封人，1952年4月生。河南大学教授，硕士生导师。河南大学土木建筑学院建筑历史学科牵头人，硕士生导师组长。中国民族建筑委员会民居建筑专业委员会委员、中国民族建筑研究会专家。主要从事"建筑历史与理论"的研究。尤其在"民居研究"方向有所建树，出版专著有：《河南民居》、《中国民居系列丛书　河南民居》各一本，合编（第二主编）《中国营造学研究》两本。发表现代住宅设计、营造法式研究、近代建筑研究、民居研究等方面的论文20多篇。其中民居建筑方面的有《古韵流香——古村落寨卜昌》、《试析康百万庄园文化内涵》、《中原传统民居平面形态研究》、《窑洞民居的典范——庙上村地坑院》等十余篇论文。因在建筑理论研究领域成果突出，深受媒体关注，曾先后四次登载上《河南日报》与《大河报》，一次登上河南《大地产》杂志。社会影响较大。2011年10月受河南电视台之邀请，录制"河南传统民居"系列讲座30集电视片，于2012年2月10日至3月15日在河南电视台·新闻频道·传承栏目连续播出。电视节目播出后，有更广泛的社会影响，成为河南建筑界知名学者。